L'ÉCRITURE PHOTOGRAPHIQUE

Collection Champs Visuels
dirigée par Pierre-Jean Benghozi,
Jean-Pierre Esquenazi et Bruno Péquignot

Une collection d'ouvrages qui traitent de façon interdisciplinaire des images, peinture, photographie, B.D., télévision, cinéma (acteurs, auteurs, marché, metteurs en scène, thèmes, techniques, publics etc.). Cette collection est ouverte à toutes les démarches théoriques et méthodologiques appliquées aux questions spécifiques des usages esthétiques et sociaux des techniques de l'image fixe ou animée, sans craindre la confrontation des idées, mais aussi sans dogmatisme.

Dernières parutions

Monique MAZA, *Les installations vidéo, «œuvres d'art»*, 1998.
Jean-Claude SEGUIN, *Alexandre Promio ou les énigmes de la lumière*, 1998.
Fanny LIGNON, *Erich von Stroheim, du ghetto au gotha*, 1998.
Emmanuelle MICHAUX, *Du panorama pictural au cinéma circulaire*, 1999.
Frédéric SOJCHER, *La kermesse héroïque du cinéma belge,* 3 tomes, 1999.
Christel TAILLIBERT, *L'institut international du cinématographe éducatif*, 1999.
Jean-Paul TÖRÖK, *Pour en finir avec le maccarthysme*, 1999.
Claude JAMET, Anne-Marie JANNET, *La mise en scène de l'information,* 1999.
Claude JAMET, Anne-Marie JANNET, *Les stratégies de l'information,* 1999.
Bernard LECONTE, *Images abymées*, 2000.
David BUXTON, *Le reportage de télévision en France depuis 1959. Le lieu du fantasme,* 2000.

ISBN : 2-7384-8922-2

Emmanuel Garrigues

L'ÉCRITURE PHOTOGRAPHIQUE

Essai de sociologie visuelle

L'Harmattan
5-7, rue de l'Ecole-Polytechnique
75005 Paris - FRANCE

L'Harmattan Inc
55, rue Saint-Jacques
Montréal (Qc) – Canada H2Y 1K9

Introduction

L'ECRITURE PHOTOGRAPHIQUE

Y a-t-il une écriture photographique ?

Nous commençons directement notre ouvrage par un paradoxe. Mais nous n'avons pas le choix. Si nous voulons montrer que la photographie est un langage à part entière, nous allons être obligés de le démontrer par le langage. Et nous savons qu'il nous faudra beaucoup de langage avant de pouvoir nous exprimer enfin et aussi en langage photographique.

Pour montrer que la photographie a cette capacité de langage, il faut explorer d'abord ce que nous proposons d'appeler les savoirs de la photographie. Et nous nous rendons bien compte qu'il s'agit-là d'un autre paradoxe.

En fait, nous sommes partis de ce que la photographie nous a appris. Et c'est une sorte de panorama progressif que nous sommes tentés de tenter : retracer les étapes d'un itinéraire qui nous a beaucoup apporté et qui a, forcément, une dimension autobiographique.

Ce que nous voulons démêler, c'est une partie du retour du savoir accumulé, depuis près de trente ans, aussi bien dans les sciences humaines que dans la photographie, et l'effet dialectique de cette double pratique.

Dernière piste enfin, et qui n'est pas la moindre, l'ensemble de notre démarche est inspiré par un point précis que nous n'aurons de cesse d'élucider : comment éviter les préjugés et les prénotions de façon pratique et concrète, comme le recommande Durkheim dans sa première règle de la méthode sociologique, mais sans dire comment faire.

Mais commençons par le commencement.

Devons-nous dire je ou nous ? Si je dis je, j'accentue la dimension autobiographique et subjective de mon travail, mais, par là même, je la revendique et je l'assume. Si je dis nous, je respecte une vieille règle du discours scientifique et académique qui conseille fortement d'avoir le courage de mettre son ego entre parenthèses dans le travail scientifique.

Débat paradoxal et difficilement tranchable.

Mais l'étude de la photographie, dans sa dimension de phénomène social et de production sociale, va peut-être contribuer à éclaircir un peu le problème. En effet, Durkheim rappelle qu'est fait social non seulement toute manière de faire, mais aussi de penser et de sentir. Or nous allons tenter de montrer que la photographie peut justement être une manière de faire, de penser, et aussi de sentir. En même temps, nous espérons cerner un peu mieux, à travers ses façons de faire, de penser, et de sentir, comment faire la part des préjugés et des prénotions et la part de ce qui peut se transmettre de réalité à travers elles, aussi bien chez les praticiens qui s'expriment par elle que chez les regardeurs. Nous avons déjà remarqué l'intérêt de l'effet-miroir de cette pratique qui a l'avantage de dévoiler, au moins partiellement, aussi bien le photographe lui même dans son regard que ce que les regardeurs y voient, le paradoxe étant que ce sont peut-être les regardeurs qui voient le plus de choses, y compris des choses qui ne sont pas visibles.

La photo aide à comprendre comment le regard et la vision fonctionnent. Il s'agit bien de deux dimensions : une dimension de sociologie visuelle, quand on considère des corpus photographiques situés dans le temps, l'espace et une société ou un milieu donnés (comme l'œuvre de Sanders sur l'Allemagne de l'entre-deux-guerres, ou encore le corpus de la Goutte d'or sur un quartier de Paris sur 15 ans) ; une dimension de sociologie du regard, quand on analyse, non plus tant le contenu lui-même du corpus, que les effets de perception, de réception et de production du dit corpus.

Nous parlons de « savoirs » de la photographie. Pourquoi ? Les premières approches théoriques de la photographie (Moholy-Nagy et la nouvelle vision) ou sociologique (Walter Benjamin et l'inconscient de la vue) essayaient d'analyser le contenu de cette dernière ; alors que le recueil d'études dirigés par P. Bourdieu, à quelques rares exceptions près dont ne font pas partie ses analyses, ne s'intéresse pas aux contenus mais aux usages sous prétexte de pratiques, comme si les usages épuisaient les pratiques. D'où la médiocrité du titre qui n'est pas loin de fabriquer ainsi un odieux et mensonger stéréotype. Il fallait bien rendre justice à la richesse des contenus.

D'autre part, dans une vision synthétique de la sociologie, comme tentative probablement inconstituable de somme des sciences humaines, quelles étaient les plus propices d'entre elles à analyser et interpréter les contenus des photographies finalement ? Pourquoi ne pas les utiliser comme boîtes à outils théoriques (M. Foucault). Très vite se sont alors imposées l'ethnographie d'un côté et la psychanalyse de l'autre.

La richesse des contenus à caractère ethnographique (approche en terme de sociologie visuelle) et à caractère psychanalytique (approche en terme de sociologie du regard) s'est très vite révélée. C'est ce que nous tentons dans les deux premiers chapitres.

Le troisième chapitre sur C. Lévi-Strauss et la photographie s'est imposé de lui même et par une suite d'enchaînements dans laquelle le hasard ne peut guère avoir d'autre place que celui du « hasard objectif » des Surréalistes. Je le précise au début de ce chapitre. Mais il faudrait remonter au début des années 60, quand, en parallèle des études classiques de sociologie à la Sorbonne, sous la houlette de Gurvitch et de Aron, je découvris à la fois le Musée de L'Homme, et l'ethnographie, et du coup la pensée de Lévi-Strauss, grâce à la polémique entre Gurvitch et Lévi-Strauss à propos du concept de structure. Cela ne m'empêchait pas, comme échappatoire critique, de lire Freud, ni d'hésiter entre l'art et la science comme pratiques de recherches tout en travaillant la photo. Il y a ainsi entre vingt et trente ans (et sans doute, cela plus tôt, ou moins longuement chez d'autres) des lentes hésitations ou tentatives au grès des rencontres. J'ai pratiqué la photo dès l'adolescence, mais la découverte du cinéma ethnographique au Musée de L'Homme fut un moment important. En effet tous les mardis après-midi, Jean Rouch nous faisait découvrir des merveilles dans la toute nouvelle salle de la cinémathèque situé au pied du Musée des Arts et Traditions Populaires. En semaine et en public, on pouvait découvrir l'extraordinaire œuvre de Buster Keaton, mais le mardi après-midi, la salle était à nous pour un tout autre cinéma. Alors devenir sociologue ou bien faire l'IDHEC et devenir cinéaste ?

Quel émerveillement rétrospectif en 1999, de penser à cette hésitation d'il y a plus de trente ans et à la liberté (le privilège, en fait) de cette hésitation.

C'est probablement en souvenir de ce moment, et aux regrets qui s'en est inscrit, que j'ai éprouvé le besoin de comparer la photographie et l'ethnographie. Et du coup de travailler sur les photographies de C. Lévi-Strauss.

Mais une sorte de revanche s'est également inscrite à ce moment là. Car c'est aussi l'époque de la publication des

Héritiers, de P. Bourdieu et J.C. Passeron. Ils y épinglaient tranquillement ces étudiants issus de milieux favorisés qui s'intéressaient plus aux sauvages exotiques et lointains qu'aux malheureux ouvriers de banlieues que leurs parents n'habitaient vraisemblablement pas. Se passionner ainsi pour les peuples en voie de disparition plutôt que d'occuper la place assigné par le système était une position sans doute beaucoup trop en avance.

Mais l'importance de la démarche et de la pensée de C. Lévi-Strauss a-t-elle été reconnue à sa juste valeur. Réussir à transformer le structuralisme (qui n'est qu'une méthode, comme il n'a eu de cesse de le rappeler et de le préciser), en une idéologie ou en une mode théorique datée des années 60, 70, ne dévoile-t-elle pas une singulière cécité.

C'est cette erreur théorique choquante qui nous inspire une idée de revanche, infiniment plus importante à nos yeux, que le fait d'avoir été épinglé comme héritier à cause de l'attrait que Lévi-Strauss avait provoqué en nous pour les peuples les plus méprisés de la planète. On voit bien que la révolution mentale qu'il a initiée grâce à l'étude des mœurs ou des mythes de ces peuples n'est pas encore passée, ou plutôt n'a pas fini de faire son œuvre.

Le travail de C. Lévi-Strauss a une importance tout à fait particulière pour plusieurs raisons dont nous ne soulignerons que deux : il étudie les mythes, un corpus précis de mythes et cherche les règles de leurs interprétations. C'est une démarche comparable en importance à l'analyse des rêves. Elle est donc une avancée dans l'analyse du psychisme collectif. La plupart des sociologues travaille plus volontiers les manières de faire que les manières de penser ou de sentir, plus difficiles à saisir et à analyser. La deuxième raison est que l'analyse desmythes permet de mieux comprendre les mécanismes et les modes de fonctionnement du psychisme. Freud a souvent souligné les parentés du rêve, du mythe, des légendes et croyances comme expressions du psychisme individuel et collectif ; les symboles, la sphère du symbolique, l'analogie, les métaphores et les métonymies sont des éléments d'expression du psychisme collectif. Lévi-Strauss a dit que l'ethnologie était une psychologie. A sa suite nous tentons d'explorer en quoi et comment la photographie est aussi une psychologie. C'est pourquoi nous accordons une attention particulière à ce qu'il dit de la photographie.

Le langage est une mémoire et une pratique. La pratique collective du langage est une expression du psychisme collectif. C'est cette dimension de la photographie que nous tentons de cerner dans cet ouvrage. La photographie comme langage est aussi une mémoire et une pratique, une expression du psychisme collectif. C'est pourquoi le deuxième partie de l'ouvrage répond de façon pratique à la première partie théorique. Pratiques ethno-photographiques : ce sont elles qui ont permis de construire la partie théorique ; en même temps, elles doivent apparaître comme une application pratique de celle-ci. Nous en avons choisi trois par souci de symétrie. La première sur les photos et albums de famille, a fait l'objet d'un numéro entier de l'Ethnographie en 1996. Elle s'imposait d'elle même sur les plans sociologiques et historiques. En effet, dans le registre des usages populaires, l'histoire des photos de familles recouvre quasiment l'histoire de la photographie elle même.

La deuxième étude propose une synthèse partielle et rapide d'un de nos chantiers les plus longs dans le temps. Il s'agit du suivi photographique de l'évolution d'un quartier de Paris, celui de la Goutte d'or. L'évolution est provoquée par un plan de rénovation immobilière d'une ampleur peu commune. La richesse du quartier repose essentiellement sur son incroyable complexité humaine car il rassemble dans une petite superficie quelques 30000 personnes originaires de plus de40 ethnies, ou peuples ou cultures différentes. Nous laissons deviner à l'avance à notre lecteur quelle est l'ethnie majoritaire.

La troisième étude concerne une collection de photographies et de cartes postales montrant un phénomène que la conscience collective semble avoir complètement oublié voire occulté : celui des « villages noirs » en France et en Europe entre les années 1877 et 1930, c'est à dire des exhibitions des « sauvages » en provenance des colonies dans des habitats reconstitués de façon plus au moins fantaisiste et sous la forme de spectacles proches du cirque, dans tous les sens du terme. Les photographies faites à ces occasions ont contribué à alimenter un commerce de cartes postales qui étaient vendues à titre de souvenir des exhibitions . Le corpus réuni par Gérard Lévy, spécialiste de la photographie ancienne, comporte plusieurs milliers de documents couvrant plus d'un demi siècle. L'ensemble permet différents registres d'analyse des représentations et des regards. Car on peut faire une lecture de la construction du regard des publics de l'époque, et en même temps une analyse rétrospective de l'évolution des mentalités pendant un bon demi siècle (1877-1930) ,suivie de celle de l'évolution de la mémoire et du psychisme collectifs sur plus d'un siècle (1877-1999).On retrouve cette double dimension de sociologie visuelle et de sociologie du regard.

Tous les textes ont été relus et remaniés en 1999. Précisons néanmoins que « le savoir ethnographique de la photographie » étaient l'introduction du numéro 109 de L'Ethnographie, écrit en 1989 ; que « le savoir psychanalytique de la photographie » a été écrit en 1998 ainsi que la troisième partie du chapitre sur C. Lévi-Strauss et la photographie. « Famille et photographie » et les albums de famille, ce premier chapitre de la deuxième partie présentait le numéro 120 de L'Ethnographie en 1996 ; la note sur le Goutte d'or est un bilan de cette recherche en 1990 en attendant un ouvrage de synthèse ; enfin le dernier chapitre sur les villages noirs approfondit une première note parue en 1998 dans une revue d'anthropologie espagnole, reprend une présentation de la collection de Gérard Lévy à la réunion de l'association Anthropologie et Photographie de 1998 et précède un numéro entier de L'Ethnographie prévu pour l'an 2000 ainsi qu'une exposition.

Ce premier ouvrage de synthèse, tel un premier pas, précise différentes lectures des photographies, différentes méthodes d'analyse de leurs contenus, puis tente de passer de la lecture à l'écriture puis au langage photographiques en explorant les savoirs ainsi accumulés, comme des reflets et des regards d'un psychisme collectif en évolution et en construction constantes.

Notre souci de transparence nous impose enfin, pour clore cette introduction, de remercier notre collaboratrice, Nicole Salvat, qui nous a donné beaucoup de son temps et de son savoir-faire, particulièrement sur le plan informatique. Sa pratique de la photographie l'aide à développer la partie visuelle de sa pensée.

PARTIE I

LES SAVOIRS DE LA PHOTOGRAPHIE

Chapitre 1

LE SAVOIR ETHNOGRAPHIQUE DE LA PHOTO

Il s'agit de présenter les premiers éléments d'une réflexion sur les relations existant entre la photographie et l'ethnographie. Un certain nombre de précisions sont indispensables avant même d'aborder le sujet : en effet, et d'entrée de jeu, aucune de ces notions ne va de soi, et chacune d'entre elles pose encore, à l'heure actuelle, des problèmes de définition. L'accumulation des recherches et des pratiques ne permet pas encore de clore l'interrogation sur les définitions, et cela aussi bien pour l'ethnographie comme science humaine, que pour la photographie. Si les sciences humaines posent encore des problèmes de définition, ce qui, à la longue, finit par apparaître comme un phénomène inhérent à leur existence même, le fait que la photographie pose elle aussi, plus d'un siècle et demi après son apparition, des problèmes de définition, oblige à se demander quelle partie liée possible elle a avec ces dernières. Occupe-t-elle une place particulière ou non dans l'évolution des sciences humaines et quel rôle y joue-t-elle ? S'il s'agissait d'une simple technique, le problème de sa définition ne se poserait pas ainsi, de façon récurrente. Ce qui fait problème pour la photographie, c'est de savoir ce qu'elle apporte, d'irremplaçable, à la connaissance sur l'homme, et à la connaissance de l'homme. Car il s'agit bien d'un double savoir, apparemment : en effet, ce qu'elle peut montrer de l'homme en le fixant sur le papier dans différentes activités ou dans ses différentes productions n'épuise pas, loin de là, cet apport. Elle le double, en effet, d'une autre perspective qui est d'apprendre aussi, à travers elle, comment l'homme s'informe sur l'homme. Et c'est là qu'on voit les champs d'interrogation s'ouvrir jusqu'au vertige. La difficulté de définition, commune aux sciences humaines et à la photographie, n'est pas une simple coïncidence; elle a la même origine. Cette difficulté oblige, une fois de plus, à s'interroger sur la façon dont l'homme s'informe sur l'homme et sur le rôle que la photographie peut y tenir. Quel peut être son statut dans les sciences humaines ?

Ce statut est d'autant plus difficile à définir que la photographie a provoqué des interférences dans les sciences humaines elles-mêmes. Ainsi, on peut se demander si c'est la photographie qui a contribué à faire naître l'ethnographie ou si c'est, au contraire, l'ethnographie qui a contribué à faire naître la photographie ou encore quelles parts ont l'une et l'autre dans une lente démocratisation des représentations collectives et individuelles issues de la Révolution Française. Cette interrogation obligera à tenter un historique des relations entre l'ethnographie et la photographie. Mais on peut encore poser le problème d'une autre façon : - Michel Foucault, dans *Les mots et les choses,* a tenté de retracer ce qu'il a appelé « une archéologie des sciences humaines ». Ce qui frappe le plus dans son ouvrage, au premier abord, ce sont les supports de départ de sa réflexion et de son travail. D'un côté, dans la Préface, il rappelle que « ce livre a son lieu de naissance dans un texte de Borges. Dans le rire qui secoue à sa lecture toutes les familiarités de la pensée... faisant vaciller et inquiétant pour longtemps notre pratique millénaire du Même et de l'Autre »[1] De l'autre, le livre s'ouvre sur la longue et minutieuse analyse d'une image, d'une représentation : les Ménines de Vélasquez. Des mots et des images. Le langage, comme technique qui contribue à la science de l'homme n'est pas neutre, et même est devenu dans la science de l'homme un domaine spécifique d'étude à travers la linguistique : le langage "devenu objet » est sans doute une étape importante de l'archéologie et de la constitution des sciences humaines en tant que science.

Une des hypothèses de la constitution de ce premier chapitre est justement de se demander ce qu'est la photographie comme objet anthropologique nouveau pour reprendre une expression de Roland Barthes, dans son dernier ouvrage : *La Chambre Claire.* Mais l'interrogation va plus loin, maintenant. Barthes a passé plus de vingt ans dans ses recherches à se demander si la photographie était ou non un langage, ou encore si la photographie était un message sans code ou un message codé, un signe ou non... Peut-on dire que la réponse lui a échappé et qu'elle lui a d'autant plus échappé qu'il n'en était probablement pas un praticien ? Quelque chose dérange dans le fait de comparer la photographie à un langage : c'est justement le fait de croire qu'à ce moment-là, on peut l'approcher en termes de linguistique. Et, en effet, les analyses les plus récentes qui tentent de la cerner en parlent en termes de

---

[1] **Michel Foucault** *Les Mots et les Choses*. Gallimard, 1990, p. 7.

sémiologie ou de sémiotique, voire de sémiotique structurale, sous l'influence de Lévi-Strauss et du structuralisme. Le langage « devenu objet » a donc eu une influence considérable, par l'intermédiaire du structuralisme, sur l'ensemble des sciences humaines. Et cette influence a englobé la photographie dans ses filets. Cela peut permettre de comprendre que la photographie a une dimension de langage, mais cela risque fort de la réduire à cet aspect-là. On peut poser la question encore autrement en reconnaissant que la photographie a bien, en effet, une dimension de langage, et que les analyses qu'elle suscite en terme de sémiotique sont tout à fait pertinentes, mais sont loin, très loin, d'épuiser et son contenu et sa définition comme objet. Sa spécificité comme langage permet de l'analyser en terme de langage-objet mais elle a, comme langage, une autre nature. Elle a une nature spéciale de langage d'une autre dimension : celle qui distingue les mots des images. Car même s'il y a beaucoup de mots dans les images, c'est-à-dire beaucoup de signifiants d'une nature linguistique, il y a aussi beaucoup de signifiants d'une nature iconique et qui ne se laissent pas si facilement réduire à des mots. Il y a une spécificité du langage iconique qui appelle sa propre discipline. Et cette discipline n'existe pas encore vraiment. Ce qui complique le problème, c'est que la photographie n'est pas une image du même type que les autres car elle a un rapport particulier à la réalité. Les spécialistes contemporains de la photographie débattent encore actuellement de sa définition à cause de ce lien spécial à la réalité : reproduction, partielle ou non, de la réalité, traces de la réalité, le débat est loin d'être clos au point qu'on peut se demander s'il ne faudrait pas inventer pour la photographie une discipline du type « d'une photographique », au même titre que la linguistique. Si le langage « devenu objet » relève de la linguistique, la photographie dans sa relation à la réalité et comme moyen d'expression, à cause du fait qu'elle joue dans de multiples registres, réels, symboliques, imaginaires, appelle peut-être une « photographique », une photologie ou en tout cas, une recherche anthropologique, une anthropo-photographie, une anthropologie de la photographie, pour dire les choses plus simplement.

Ce qui, d'une autre façon, et depuis quelques années, nous a poussé à une confrontation entre ethnographie et photographie, c'est de constater, à les travailler l'une et l'autre séparément, qu'elles ont beaucoup de points communs et même beaucoup plus que nous ne l'imaginions au départ. L'hypothèse dont nous sommes partis, pour le dire rapidement, c'est que l'une et l'autre contribuent à décrire la réalité sociale. L'ethnographie tente la description et la présentation aussi complète et exhaustive que possible d'un groupe ou d'une société donnés. Elle tente de décrire, de transcrire, de transmettre la réalité sociale d'un groupe ou d'une société, et elle utilise des mots. Il y a un problème de transcription qui n'est, finalement, pas si éloigné de la difficulté que l'on peut avoir à transcrire un rêve en mots. Un des risques permanents de cette tentative scientifique, c'est un excès d'interprétation, d'imaginaire, voire de fiction. Jean Duvignaud, dans l'introduction de sa monographie ethnographique sur *Chebika*[2] parle même de reconstitution utopique. Les photographies d'un ensemble social ne posent-elles pas les mêmes questions ? Ayant eu, il y a quelques années, à travailler photographiquement sur un village des Cévennes, je réalisais et formulais à ce moment-là cette hypothèse que la photographie peut être une ethnographie d'un groupe social, qui utilise plutôt les images que les mots, et qui peut emmagasiner énormément d'informations. Des sociologues du C.N.R.S. s'étaient demandé ce qu'ils pourraient lire de la réalité sociale d'un village dans un jeu de photographies. Le photographe-anthropologue que j'étais se prit au jeu et réalisa une cinquantaine de photographies dans un but de description ethnographique. La lecture, un peu approfondie et systématique, révéla une mine d'informations ethnographiques. L'idée de se servir des sciences humaines comme code de lecture enrichit encore le résultat. C'est alors qu'apparut, non seulement l'idée qu'on peut faire une lecture ethnographique de la plupart des photographies, mais encore que la photographie dans son ensemble peut être et est une branche de l'ethnographie. La photographie est aussi une ethnographie : c'est ce que nous avons tenté de démontrer dans un certain nombre d'occasions et que nous espérons approfondir ici. Disons encore que l'immense majorité des grands ethnographes du XXème siècle ont été également des photographes ; c'est ce qui nous obligera à retracer un historique des relations entre les deux démarches.

---

[2] **Jean Duvignaud**, *Chebika*, Paris, Plon, Collection « Terre Humaine»

Quand Roland Barthes cherche à cerner dans *La Chambre Claire* l'essence de la photographie, il utilise tour à tour la sémiologie, la sociologie, l'esthétique et la psychanalyse, mais c'est finalement sur l'ethnologie qu'il aboutit :

« La photographie livre tout de suite ces "détails » qui sont le matériau même du savoir ethnologique. Lorsque William Klein photographie « le 1er Mai 1959 » à Moscou, il m'apprend comment s'habillent les Russes (ce qu'après tout je ne sais pas) ; je note la grosse casquette d'un garçon, la cravate d'un autre, le foulard de tête de la vieille, la coupe de cheveux d'un adolescent, etc. je puis descendre encore dans le détail, remarquer que bien des hommes photographiés par Nadar avaient les ongles longs ; question ethnographique : comment portait-on les ongles à telle ou telle époque ? Cela la photographie peut me le dire, beaucoup mieux que les portraits peints »...

Il va même encore plus loin et semble envisager la nécessité d'une réflexion d'un type nouveau provoquée par l'apparition et l'importance de la photographie :

« C'est l'avènement de la photographie et non, comme on l'a dit, celui du cinéma, qui partage l'histoire du monde. C'est précisément parce que la photographie est un objet anthropologiquement nouveau, qu'elle doit échapper, me semble-t-il, aux discussions ordinaires sur l'image ».

Barthes pense d'ailleurs, comme Walter Benjamin, et comme Gisèle Freund, que c'est la photographie, entre autres caractéristiques, qui est la matrice de l'ensemble des moyens de communication de masse.

Dans les tentatives de définition de la photographie qui ont été faites jusque-là, ce qui achoppe en fin de compte, c'est le rapport à la réalité ! Qu'est-ce que la photographie fait de la réalité : la reproduit-elle ? La transforme-t-elle ? en garde-t-elle une trace ? Disons, pour le moment, qu'elle livre des morceaux de réalité, à un moment précis, et avec des techniques d'expression liées à l'époque. Ainsi, ce sont des morceaux, des extraits de réalité, et le fait que ce soit des extraits détermine constamment le sens possible que la photographie peut avoir. Car si la photo peut être définie comme une technique, elle peut également l'être comme une création, comme un support, comme un moyen de communication, comme une écriture, et surtout comme une mémoire. Elle peut donc avoir de multiples fonctions suivant l'usage qui en est fait, suivant le type de personne qui la produit et suivant le type de personne qui la regarde. Ce qui est le plus difficile à saisir et à définir, c'est le type de perception de la réalité qu'elle entraîne. Néanmoins, ce qu'elle semble livrer, ce sont des morceaux de réalité. C'est ce que semble vouloir dire Lévi-Strauss à Fernand Braudel dans cet extrait de ses entretiens avec Didier Eribon, quand il pense à ces autres techniques d'enregistrement de morceaux de la réalité que sont l'entretien ou le film :

Didier Eribon : «... Dans ses écrits sur l'histoire , Braudel relève une phrase de votre article « « Diogène couché » : une heure passée avec un contemporain de Platon, écriviez-vous, nous renseignerait plus sur la cohérence ou l'incohérence de la civilisation grecque que tous les travaux de nos historiens. Et Braudel commente : Oui, c'est vrai, mais parce que ce voyage aurait été préparé par la lecture de tous ces travaux d'histoire ».

Claude Lévi-Strauss : « Je lançais là une boutade que Braudel était fondé à critiquer. N'empêche qu'un film de cinq minutes tourné dans l'Athènes du Vème siècle modifierait de fond en comble la vision que nous en donnent les historiens. Je viens de dire que l'observation sur le terrain doit être nourrie et préparée. Mais rien ne peut la remplacer »[3].

Lévi-Strauss, à la suite de Malinowski, n'a pas cessé de plaider sur la nécessité du terrain comme formation à l'anthropologie. Mais comment pratiquer le terrain ? Que faut-il emporter ? Carnets, bloc-notes... et quoi d'autres ? Appareils de photo, caméra, magnétophone ? Qu'est-ce qui permet le mieux d'analyser, d'inventorier, de décrire, puis de mémoriser la réalité ? L'écriture, la photographie, le magnétophone, l'œil, le cerveau ? Pour un ethnologue, l'essentiel, c'est cette confrontation avec une autre réalité sociale que la sienne, cette confrontation est incontournable. C'est ce que Lévi-Strauss exprime face à Braudel. Quelle que soit la qualité des textes et analyses que l'on peut lire pour se former, rien ne remplace la spécificité de l'observation sur le terrain. Réciproquement, quelle est la meilleure manière d'enregistrer et de rendre compte du terrain ? Lévi-Strauss, comme contacts directs, cite à titre

---

[3] **Claude Levi-Strauss**, Didier Eribon, *De près et de loin*, Edition Odile Jacob, p. 169.

d'exemple l'entretien et le film. N'aurait-il pas pu, tout autant, citer la photographie ? Lui-même l'a pratiquée de différentes façons (Cf. présentation des photographies de Lévi-Strauss dans un autre chapitre). Mais ce qui nous frappe dans ce court extrait, c'est l'attitude de Lévi-Strauss : il affecte par politesse d'admettre la critique de Braudel ; puis, d'un nouvel argument, il la balaye, car il change de registre : on passe des mots (un entretien d'une heure) aux images (un film de cinq minutes). Il y a une perception sensorielle instantanée des images. Elles provoquent un effet extrêmement fort de vérité et d'authenticité.

Et c'est probablement cet effet qui permet d'interroger en parallèle ces deux tentatives de description de la réalité que sont l'ethnographie d'un côté et la photographie de l'autre et même de penser qu'elles se ressemblent. Elles se ressemblent, elles s'influencent probablement, mais sont-elles nées ensemble ? En effet, l'ethnographe du XXème siècle est généralement doublé d'un photographe, comme nous allons le voir. L'analyse de la relation de l'ethnographe à la photographie n'est pas plus simple que celle de sa relation au terrain. Le contexte d'origine des démarches et les implications idéologiques qui leur sont liées ne faciliteront pas cette analyse. Car c'est au moment où l'ethnographie tente de devenir scientifique par la pratique effective du terrain, au début du XXème siècle que commence sa relation parallèle problématique avec la photographie. Ce décalage oblige à faire un historique en deux parties : de la naissance de l'ethnographie à Malinowski, puis de Malinowski à nos jours.

Dans la mesure où il s'agit d'un domaine de recherche inédit, et où il n'existe aucun ouvrage de référence, cette première étude se propose modestement de poser quelques jalons de cette histoire, quitte à approfondir cette recherche par la suite.

Quelques remarques encore avant d'entamer cet historique. Nous avons essayé jusque là de montrer un peu de la complexité de la photographie comme objet anthropologique nouveau. Il y a une ambiguïté fondamentale de la photographie, elle est, à la fois, un objet, un résultat, *une photographie :* et elle est en même temps une pratique, un moyen d'expression, une manière d'être : *le photographe.* Les conséquences de cette double nature sont multiples. Comme produit, elle peut être l'objet de multiples appréciations dans différents registres : esthétique et scientifique, entre autres domaines ; illustratif, interprétatif, informatif aussi ; sinon elle ne pourrait pas être la matrice des moyens de communication de masse, selon ce qu'en disent W. Benjamin, Barthes ou Gisèle Freund. Mais comme pratique ? *peut-elle être une pratique scientifique ?* C'est là qu'est la question fondamentale de notre recherche. Elle a dû lutter depuis son origine jusqu'à nos jours pour faire admettre qu'elle pouvait être une pratique artistique. Combien de temps aura-t-elle encore à lutter pour faire admettre qu'elle peut également être une pratique scientifique ? C'est à dessein que nous employons le verbe être de préférence au verbe avoir, car on pourrait dire : que faut-il faire pour avoir une pratique scientifique de la photographie. Tout repose à la fois sur le praticien de la chose, sur la qualité et la rigueur de sa pratique, sur son exigence en tant que photographe, et en même temps sur l'ambiguïté du statut de la photographie, à la fois moyen d'expression et résultat. Et c'est en cela que la photographie ressemble fortement au langage, et est un langage spécifique. Comme le langage, la photographie peut être l'objet de pratiques très différentes qui varient suivant le praticien. Le langage peut permettre de produire, selon le praticien, des modes d'emploi et des annuaires du téléphone, des journaux et des règlements intérieurs d'institution, mais également les œuvres complètes de Baudelaire, Rimbaud ou Breton (versant artistique), ou encore celles de Descartes, Hegel (philosophe), ou celles de Einstein (sciences dites exactes), de Marx, Freud, Lévi-Strauss, Lacan, Barthes, Foucault (sciences dites humaines).

Pour le langage, il est clair que tout dépend du praticien : quelle sorte de praticien est reconnue, généralement après-coup. N'en va-t-il pas de même pour la photographie, comme langage ou discours ? Ce qui rend un peu stupide la question récurrente depuis son origine, de savoir si la photographie est ou non un art. Evidemment que tout dépend du statut qu'on va bien vouloir reconnaître au praticien de la photographie. Va-t-on admettre que lorsqu'il s'agit de Nadar, de Kertesz, d'Atget, de Cartier-Bresson, il y a bien art, par opposition à de multiples pratiques purement techniques, style illustration, reproduction et autres usages techniques ? La photographie comme discours ne peut, d'entrée de jeu, être reconnue comme un art dans son ensemble.

Comme pour le langage, elle n'est un art que quand elle est l'objet, ou le moyen d'une expression artistique. Et ceci me paraît absolument indépendant de sa définition, contrairement aux hésitations sur son statut de la grande critique d'art américaine Rosalind Krauss, qui dénie à la photographie le statut d'art, cependant qu'elle la célèbre dans une perspective postmoderniste. Elle définit une photo comme « une empreinte ou un transfert du réel ; c'est une trace due à un traitement photochimique, reliée causalement à une chose donnée à laquelle elle se réfère, d'une façon analogue à celle que laisse l'empreinte des doigts ou des pieds, ou aux cercles d'eau que des verres froids laissent sur les tables. La photo est donc génétiquement distincte de la peinture, de la sculpture ou du dessin techniquement et sémiologiquement parlant, les dessins et les peinture sont des icônes, tandis que les photos sont *des indices »*[4]. Peu importe après tout que les photographies soient des icônes ou des indices, par essence. Quand Man Ray enregistre les indices de certains objets sur papier photographique, n'en fait-il pas des icônes artistiques même si reproductibles, au même titre que Yves Klein quand il utilise des corps de femmes couvertes de peinture bleue et qu'il leur demande de laisser l'empreinte de leur corps sur une toile ? Marcel Duchamp disait que « ce sont les regardeurs qui font le tableau », n'en va-t-il pas de même de la photographie ? Mais l'ambiguïté de l'interrogation sur la photographie est plus précise encore : on va reconnaître, même si cela est toujours en plein débat dans les années 90, que l'on peut faire une lecture artistique ou scientifique de certaines photos (une minorité d'entre elles, évidemment), on va même reconnaître que certaines photos sont des œuvres d'art. Mais comment reconnaître si certaines photos sont des œuvres scientifiques ? Y a-t-il un usage scientifique de la photo, non pas comme technique (de reproduction, d'illustration ou autres) mais *comme moyen d'expression.* Y a-t-il des savants photographes ? et l'on comprend que la question est précise : elle ne demande pas si des savants (comme Lévi-Strauss par exemple) ont fait de la photo, ont pratiqué la photo (Freud ou Einstein comme

---

[4] **Rosalind Krauss**, *L'amour fou : Photography and Surrealism*, New-York, Abbeville, 1985 Cité par David Prochaska, *L'Algérie imaginaire* **Gradhiva** n° 7, p. 36.

photographes amateurs, pourquoi pas ?) mais si des savants ont fait de la science en photo, ont exprimé de la science en photo, ou encore si la photographie est capable d'exprimer de la science au même titre que le langage ? C'est là qu'est la question ? Et pour la faire bien comprendre nous la formulons enfin de la façon suivante : la photographie peut-elle être une science au même titre que l'ethnographie ? telle est en effet la prétention de notre question, et le sens de notre hypothèse qui nous sert de fil conducteur, à savoir que la photographie est aussi une ethnographie. Foucault, à propos du langage parle de langage « devenu objet » pour nommer la linguistique comme science. Nous proposons à notre lecteur d'interroger la photographie comme photographie « devenue objet » du point de vue d'une « science » encore à construire, et que, pour le moment, nous appellerons anthropologie de la photographie. Nous croyons qu'il faut aller jusque là pour interroger vraiment la spécificité de la photographie. Ce n'est pas à la peinture qu'il faut la comparer, mais au langage lui-même. Et ce langage-là attend encore ses spécialistes. Pendant ce temps-là, des stocks entiers de photographies pourrissent dans des caves et sont menacés de destruction. Il ne s'agit pas, une fois encore, de valoriser n'importe quelle photographie. Barthes cherchait à tout prix, dans son dernier ouvrage, à définir l'essence de la photographie. Sa question concernait la photographie comme langage et non pas comme produit. Si la linguistique devient la science du langage « devenu objet », elle ne s'intéresse pas pour autant à l'ensemble des langages exprimés depuis que le langage existe, ni, de façon systématique, à la manière que les hommes ont eue de stocker les productions du langage (histoire des bibliothèques, par exemple). Le langage, de plus, fait l'objet de deux pratiques différentes qui sont quand même liées : l'oral et l'écrit. Ces deux pratiques nécessitent d'ailleurs des maîtrises que l'on reconnaît volontiers comme différentes : on ne confond pas en effet l'écrivain et le conteur, on reconnaît plutôt à chacun son talent. Va-t-on retrouver les mêmes distinctions ou non pour la photographie ? Non, car ce moyen d'expression ne s'adresse pas aux mêmes sens, c'est-à-dire aux mêmes organes des sens. Nous allons alors rejoindre un autre problème crucial de nos interrogations, à savoir le lien qui existe non seulement entre un moyen d'expression (le langage, le discours, la photographie par exemple) et le sens physiologique auquel il s'adresse (l'oreille pour le discours oral, l'œil pour le discours écrit, l'œil pour la photographie), mais encore le rapport qu'il y a entre le moyen d'expression et ce qui fait sens dans la perception. En effet, certains mots font sens, mais pas tous. Et certaines photographies font sens, mais pas toutes. Nous rejoignons, à ce moment là, une interrogation permanente que l'on peut déduire de l'ensemble des textes écrits par Roland Barthes sur la photographie (et il a quand même travaillé la question, de 1957 = *Mythologies, à* 1980 = *La Chambre Claire,* soit près de 23 ans, sans y apporter de réponse vraiment claire) à savoir : est-ce que le sens est dans la photographie ou bien est-ce le regardeur qui y apporte du sens ? On pressent que la réponse va être celle d'un rapport dialectique, du style : oui, il y a déjà et dès le départ du sens dans la photo, mais il faut aussi que le regardeur y apporte du sens. Et cette distinction rejoint celle que Barthes avait proposée pour la lecture des photos quand il y distinguait la présence d'un *studium* (registre culturel lié aussi bien au champ dans lequel s'exprime la photo reportage, témoignage, guerre, sport, etc. qu'au champ culturel du regardeur histoire, ethnographie, géographie, etc...) qui est alors l'indice, la preuve du bagage culturel du regardeur; et celle éventuelle d'un *punctum,* c'est-à-dire de cet élément mystérieux qui fait que le regardeur est « accroché » par certaines photos et non par d'autres. Ce deuxième élément dépend de façon complètement aléatoire du regardeur. Et pourtant, c'est ce deuxième élément qui peut faire prédominer un sens sur les autres du point de vue du regardeur. Là s'annonce une autre piste de recherche qui concerne, à notre avis, autant l'esthétique que la psychanalyse, et probablement l'esthétique éclairée par la psychanalyse. Une véritable recherche sur la photographie nécessite de découvrir avec une certaine rigueur ce qui fait sens à travers elle. Nous ne serons pas tellement surpris de constater que les discours qui se partagent l'apport du sens qu'on peut donner à la photographie sont les discours de certaines sciences humaines, mais pas n'importe lesquelles : à savoir la psychanalyse et l'ethnologie. En effet, vis-à-vis d'un moyen d'expression qui peut être un discours, un langage à soi tout seul, qui en apprend autant sur celui qui le tient que ce qu'il exprime d'une part et que ce qui en est perçu par le récepteur d'autre part, il faut des sciences humaines tout à fait particulières pour l'appréhender. Et nous ne sommes pas loin de penser que la photographie dans sa spécificité et son importance non encore suffisamment perçues, même si Barthes parle de son avènement en terme de « partage de l'histoire du monde », à cause de son pouvoir d'expression comparable au langage ou au discours, avec ce qu'elle apporte en plus, comme empreinte et mémoire du réel, donc de l'histoire, de notre histoire, sur le plan des sciences humaines, c'est-à-dire d'un savoir, et cela indépendamment de sa dimension esthétique possible, qui apporte un vertige de plus, ne peut relever que de ces sciences humaines spéciales que sont la psychanalyse et l'ethnologie, au sens où Foucault en parle dans *les Mots et les Choses :*

« L'ethnologie, comme la psychanalyse, interroge non pas l'homme lui-même, tel qu'il peut apparaître dans les sciences humaines, mais la région qui rend possible en général un savoir sur l'homme... La psychanalyse et l'ethnologie ne sont pas des sciences humaines à côté des autres car elles en parcourent le domaine entier, elles l'animent sur toute sa surface, elles répandent partout leurs concepts, elles peuvent proposer en tous lieux leurs méthodes de déchiffrements et leurs interprétations »[5].

Foucault va jusqu'à dire qu'aucune science humaine ne peut être sûre de ne pas relever d'elles d'une façon ou d'une autre. Ces deux sciences humaines ont une capacité de déchiffrement de la réalité telles qu'elles sont capables de déchiffrer aussi ce que disent de la réalité les autres sciences humaines. Et l'hypothèse, forcément provocante, que nous formulons ici est que la photographie peut peut-être tenir aussi du même registre. Foucault précise immédiatement que l'ethnologie et la psychanalyse sont des contre-sciences ! Il dit ceci : « Par rapport aux « sciences humaines », la psychanalyse et l'ethnologie sont plutôt des « contre-sciences », ce qui ne veut pas dire qu'elles sont moins « rationnelles » ou « objectives » que les autres, mais qu'elles les prennent à contre-courant, les ramènent à leur socle épistémologique, et qu'elles ne cessent de « défaire » cet homme qui dans les sciences humaines fait et refait sa positivité ». Est-ce que la photographie, finalement, ne contribue pas, elle aussi, au même effet ? Nous ne voudrions pas que notre lecteur finisse par croire que nous mettons la

---

[5] **Michel Foucault** : *Les Mots et les Choses*, Gallimard, 1990, p. 390.

photographie au rang d'une science humaine possible, mais nous ne serions pas fâchés qu'il aille jusqu'à se poser cette question. En effet, quel est ce moyen d'expression bizarre qui vous lit pendant que vous le lisez, qui peut accumuler un savoir sur celui qui le pratique dans le même temps que le praticien peut s'en servir pour accumuler et enregistrer des savoirs ? Et c'est là que la photographie ajoute encore un point de comparaison possible avec les sciences humaines, et plus précisément avec ces deux sciences particulières que sont l'ethnologie et la psychanalyse.

Marcel Mauss, quand il expliquait ce qu'est un fait social total, précisait que sa dimension de totalité, parmi d'autres aspects, tient au fait que l'observateur, étant de même nature que son observation, est aussi lui-même une partie de son observation. Les sciences de l'observation de l'homme ont ainsi nécessairement une dimension autobiographique, et c'est également par ce biais-là qu'on peut interroger leurs acquis, et en utilisant en plus ces acquis, dans une vision rétrospective. Certains textes des sciences humaines parmi les plus célèbres ont même délibérément mis en avant cet aspect autobiographique, et ceci dans un souci de plus grande rigueur scientifique, non pas pour mêler art et science ou subjectivité et science, mais pour avouer, par honnêteté, cette dimension subjective obligée, plutôt que de la refouler ou de la camoufler sous un discours formellement et officiellement scientifique. C'est ainsi le cas *de l'Interprétation des rêves,* de Freud, c'est *L'Afrique fantôme* de Michel Leiris. Plus récemment, c'est *La Chambre Claire,* de Roland Barthes. Autrement dit, un livre clé de la psychanalyse, un livre décisif de l'ethnologie, et un ouvrage de référence sur la photographie. La photographie est ce moyen d'expression très étonnant qui enregistre en parallèle et en même temps autant de connaissances sur ce qu'a vu le praticien, que sur le praticien lui-même. La plupart des photographies ont, elles aussi, cette dimension autobiographique en miroir car elles montrent à la fois ce que l'œil a vu et voulu fixer, et en même temps quel est cet œil qui a vu cela. Et si l'écriture en dit beaucoup sur le praticien parce qu'elle en révèle autant sur ce qu'il dit que comment il le dit (fond du discours, style, effets littéraires ou scientifiques, etc. ...), si elle peut relever aussi de la linguistique, elle peut également faire l'objet d'une analyse graphologique, c'est-à-dire psychologique.

Il en va de même de la photographie : quel serait l'équivalent de la graphologie pour la photographie ? Dans la mesure où elle fixe et isole des regards, ou elle immobilise des coups d'œil précis, des coups d'œil de savant ou de poète, d'artiste, elle dévoile en même temps ce qu'ils ont isolé dans ce qu'ils ont vu, comment et pourquoi ils ont isolé et fixé plutôt ceci que cela. Comme production du corps par l'intermédiaire d'une technique, les photographies dévoilent autant ce que le regardeur a vu qu'elles le dévoilent dans son intimité de regardeur, par l'intermédiaire de son regard dévoilé dans ses productions photographiques. C'est cette dimension autobiographique obligée qui permet de lancer des pistes de recherche très fécondes en épistémologie des sciences humaines, actuellement et particulièrement en ethnologie et en ethnographie qui nous intéressent tout spécialement ici. Ajoutons encore que la photographie peut alors permettre d'ébaucher une sociologie visuelle, une sociologie du regard ; ce que nous développons ultérieurement.

PREMIERS JALONS HISTORIQUES DES RAPPORTS DE L'ETHNOGRAPHIE ET DE LA PHOTOGRAPHIE

Dès le départ se pose le problème de l'origine exacte de l'ethnographie. Ne considère-t-on pas qu'elle n'est véritablement devenue scientifique qu'au XXème siècle ? Le paradoxe semble bien qu'elle soit devenue scientifique à la même époque que celle où les ethnographes se sont doublés de photographes. Ce n'est pas la photographie qui a influencé directement la qualité scientifique de l'ethnographie, c'est la pratique du terrain. Mais ce qui est frappant chez les praticiens du terrain, c'est qu'ils ont tous quasiment pratiqué la photographie : cette majorité écrasante de photographes parmi les grands ethnographes est telle (Cf. la présentation de la photothèque du Musée de l'Homme dans un tome 2) qu'elle peut être un biais d'interrogation et de recherche à part entière. En effet, à travers l'histoire de la photothèque et de ses collections (Collections de photos et donc de regards fixés, d'époque en époque), on comprend qu'on peut reconstituer, de façon foucaldienne, l'archéologie de l'ethnographie. Des daguerréotypes les plus anciens aux instantanés les plus récents, nous nous trouvons face aux différentes étapes épistémologiques de cette science de l'homme. Nous comprenons, en en voyant les résultats photographiques, comment l'homme a été, est devenu un objet de science. Nous pouvons analyser les étapes épistémologiques par le biais des classifications et de leur histoire ; se dévoilent par là même les liens avec les différentes idéologies en même temps que l'histoire des différents états de la science. Un historique nécessiterait donc une véritable recherche à part entière. C'est pour cela que nous n'avons pu ici que poser quelques jalons de cet historique.

1.- De la naissance de l'ethnographie à Malinowski

Il n'est pas forcément intéressant de chercher la date de naissance précise d'une démarche. Ce qui importe, c'est de comprendre ce qui a favorisé son apparition. Le Siècle des Lumières et la Révolution française ont joué un rôle déterminant dans la décision pour l'homme de se prendre lui-même comme objet d'étude. Jean Duvignaud, dans son « Introduction à la sociologie » pense que la Révolution française est à l'origine de la sociologie. Elle est probablement aussi à l'origine de l'ethnographie. En effet, dans la perspective de l'École des Annales, et d'une histoire à longue durée, nous pouvons accepter la Révolution française comme un moment clé de la science de l'homme autant par les réflexions qui l'ont précédées et favorisées que par celles qu'elle a engendrées. Lévi-Strauss reconnaît en Jean-Jacques Rousseau un des pionniers des sciences humaines modernes, et de l'ethnographie en particulier. Aussi, ne serons-nous pas surpris de voir fixer à 1801, par exemple, un des premiers textes ethnographiques : Noël Barbe, dans un article intitulé, *« Ethnographie et Révolution »*[6], le discours « ethnographique » comme instrument de pédagogie politique » - analyse un compte-rendu scientifique de voyage d'un grand admirateur de la philosophie des Lumières en général, et de Buffon, Rousseau, et Voltaire en particulier. Il présente ce travail de la façon suivante : « Dans les trop rares textes traitant de l'histoire du mouvement folkloriste en Franche-Comté au XIXème siècle, la première publication à

[6] **Gradhiva,** Revue d'histoire et d'archives de l'anthropologie n° 8, 1990, **Noël Barbe,** *Ethnographie et Révolution, p.* 10

« caractère ethnographique » recensée est le fait d'un Breton. Il s'agit du *Voyage pittoresque et physico-économique dans le Jura* de José-Maria Lequinio de Kerblay, qui dit entreprendre au mois de Prairial de l'An VI (c'est-à-dire 1797, mais le voyage a paru en 1801) un périple de 36 jours dans ce département. L'auteur s'empresse de mettre des guillemets autour du mot « ethnographie ». En effet, il ne s'agit probablement pas d'ethnographie au sens scientifique moderne du mot. En même temps, il s'agit d'un des premiers textes qui ont servi à la construction de cette science moderne. En effet, les récits de voyage qui ont précédé (Marco Polo par exemple) ou les textes témoignant du Mexique ancien (Bernal Diaz de Castillo, ou Bernardino de Sahagun)[7] certains textes d'histoire de Thucydide à Bartolomé de Las Casas, ou Montesquieu (« Comment peut-on être persan ? ») ou encore les journaux de bord des grands navigateurs, sont des ancêtres possibles de l'ethnographie, en tout cas comportent des témoignages qui contiennent des descriptions « ethnographiques ». Ces textes ont permis qu'à un moment donné, difficilement discernable, apparaisse une nouvelle posture scientifique qui est celle qui fait passer de récits contenant des informations à caractère ethnographique, à celle qui délivre un discours ethnographique. Cette science nouvelle a ses prémices autour de la Révolution française, car c'est à ce moment-là que s'enclenche un nouveau regard sur l'homme. L'homme d'ici comme l'homme d'ailleurs. Rappelons à ce propos ce que disait Lévi-Strauss en parlant de l'ethnocentrisme, dans *Race et histoire* :

« Dans les Grandes Antilles, quelques années après la découverte de l'Amérique, pendant que les Espagnols envoyaient des commissions d'enquête pour rechercher si les indigènes avaient ou non une âme, ces derniers s'employaient à immerger des blancs prisonniers, afin de vérifier, par une surveillance prolongée, si leur cadavre était ou non sujet à la putréfaction »[8]

---

[7]**J.M.G. Le Clézio,** *Le rêve mexicain ou la pensée interrompue,* **N.R.F.** Essais, Gallimard, 1988.

[8]**Claude Lévi-Strauss,** *Anthropologie structurale deux,* Plon, 1973, **p.** 384.

Ne s'agit-il pas d'une investigation à caractère scientifique dans les deux cas ? Il faut qu'à un moment donné cette curiosité scientifique prenne corps et devienne une démarche. La curiosité de l'homme pour l'homme devient une démarche scientifique grâce à cette accumulation d'interrogations sur lui que provoquent aussi bien les philosophes et les poètes du siècle des Lumières que cette gigantesque pratique collective que nous appelons pour simplifier (synthétiser ?) la Révolution française.

Cette dernière va entraîner un bouleversement des représentations collectives. Et c'est fort probablement de ce bouleversement qu'a surgi l'invention de la photographie dans les années 1822-1826.

La date exacte de l'invention de Nicéphore Niepce est encore sujette à controverse. Le conservateur du Musée Niepce de Chalon-sur-Saône, Paul Jay, a consacré un ouvrage tout à fait remarquable à la naissance de la photographie, et à son inventeur : *Niepce, genèse d'une invention* – (1988) ainsi qu'à ses démêlés et à sa correspondance avec Daguerre. Ce qui nous importe, là encore, ce sont les conditions sociales d'apparition de l'invention. Elle témoigne d'une volonté de démocratisation dont la démocratisation des représentations n'est qu'un aspect ou un registre. Ariès le montre bien dans son livre sur l'enfant et la vie familiale sous l'Ancien Régime. A la Galerie des portraits d'ancêtres de la Monarchie et de l'Aristocratie, peints par les plus grands artistes de l'époque, vont succéder progressivement les entrées et salons bourgeois et les albums photographiques de famille. Il faudrait toute une recherche sur l'évolution des mentalités de l'époque pour pouvoir affirmer que la photographie est née de cette évolution.

Gisèle Freund, dans son ouvrage de sociologie historique de la photographie, rapporte ce fait intéressant extrait de « *l'histoire socialiste* » de Jean Jaurès :

« Le 28 juillet 1831, un Parisien exposa son portrait en même temps que celui de Louis-Philippe, en les accompagnant de la légende suivante : « Il n'est point de distance entre Philippe et moi ; il est roi-citoyen, je suis citoyen-roi ». Cette anecdote met en lumière la nouvelle conscience d'elle-même qu'avait prise la petite bourgeoisie dont les idées et les sentiments étaient devenus profondément démocratiques »[9].

L'évolution des représentations collectives et des représentations de soi prend place dans tout un courant dont la photographie et son invention peut être un symptôme. Philippe Ariès nous en donne d'autres indices ; il décèle l'apparition du sentiment de l'enfance et de la famille dans l'évolution des sujets des peintres du Moyen Age au XVIIème siècle. Il repère des représentations d'enfants pour eux-mêmes dès la fin du XVIème siècle, et montre que ces portraits d'enfants isolés de leurs parents sont rares. Par contre, ils devinrent très nombreux au cours du XVIIème siècle.

« Chaque famille veut désormais posséder le portrait de ses enfants, et dès l'âge où ils sont encore enfants. Cette coutume naît au XVIIème siècle, elle ne cessera jamais, la photographie a relayé la peinture à la fin du XIXème siècle : le sentiment n'a pas changé »[10].

Lorsque Le Brun représente en 1647 le banquier et collectionneur Jabach dans sa maison de la Rue Saint-Merri, le dernier-né, nu comme un Jésus, repose sur un coussin. Ce petit Jabach, mieux que les enfants nus d'Holbein, de Véronèse, de Titien, de Van Dyck, même de Rubens, a exactement la pose du bébé moderne devant l'objectif des photographes d'art, dit Ariès. L'enfant nu va devenir un thème conventionnel, aussi bien en peinture qu'en photographie :

« On le retrouvera à son terme dans les albums de famille, aux devantures des "photographes d'art » d'hier : les bébés montrant leurs petites fesses juste pour la pose car ils étaient soigneusement recouverts, langés, culottés ; petits garçons, petites filles qu'on habillait pour la circonstance seulement d'une jolie chemise transparente. Il n'y avait pas d'enfant dont on ne conservait l'image dans une nudité directement héritée des Putti de la Renaissance : singulière persistance dans le goût collectif, bourgeois autant que populaire, d'un thème qui fut à l'origine décoratif, l'Eros antique, retrouvé au XVème siècle,

---

[9] **Gisèle Freund,** *Photographie et Société*, Le Seuil, Collection Points-Histoire, 1974, p. 22.

[10] **Philippe Aries,** *L'enfant et la vie familiale, sous l'Ancien Régime, Coll.* Le Seuil, p. 65-sq.

sert toujours de modèle aux « portraits d'art » du XIXème et du XXème siècle ».

Ce texte d'Ariès interroge sur une question capitale de notre historique qu'est-ce qui est représenté par la photographie depuis qu'elle existe ? Enorme travail assurément, et sur lequel on brûlerait d'exprimer des hypothèses. Le besoin de représentation est tellement lié à l'homme qu'on ne se tromperait guère à imaginer que ce qu'il représente, c'est lui, d'une façon ou d'une autre. Cette hypothèse est confortée par Gisèle Freund dans son histoire de la photographie. En effet, elle explique le succès des daguerréotypes en Europe et en Amérique dès les années 1850. Dans les années 1840-1860, époque où la daguerréotypie s'étendait en Amérique, celle-ci, dit Gisèle Freund, se transformait d'une société agricole en une société industrielle :

« La jeune nation était fière de ses accomplissements, et trouvait dans la photographie un moyen idéal pour s'immortaliser ! Des yankees entreprenants et ingénieux établirent des *saloons* photographiques dans les villes, ou sillonnèrent la campagne et les campements dans des roulottes transformées en ateliers de daguerréotypie. La production totale entre 1840 et 1860 était de plus de trente millions de photos... On estime que les Américains ont dépensé entre 8 et 12 millions de dollars en 1850 *pour des portraits seuls qui constituaient 95% de la production photographique.* Dans la jeune démocratie américaine, ce nouveau moyen d'auto-représentation correspondait parfaitement au besoin de pionniers, fiers de leur réussite »[11].

Quel est le sujet principal de la photographie quand elle apparaît ? Il semble bien que ce soit le portrait ! C'est une piste de recherche possible. On peut le soutenir, même si dans l'histoire de la photographie, les toutes premières photographies que l'on puisse rencontrer sont celles faites par Niepce. Certaines montrent la vue de sa fenêtre, donc probablement une

---

[11]**Gisèle Freund,** *Photographie et Société, op. cit.*, p. 31. Elle cite Richard Rudisill : *Minor Image, the influence of the daguerréotype on American Society* - Albuquerque, University of New Mexico press 1972 - souligné par moi.

de ses vues quotidiennes, un de ses regards, (on peut en discuter, et même choisir les sciences qui nous permettraient d'en discuter) et une table mise (Cf. Barthes *La Chambre Claire)* dont l'analyse rejoindrait sûrement celle de « *L'origine des manières de table* » de Lévi-Strauss. La photographie, objet ou sujet d'une pratique à travers son praticien ? Ce champ de recherche reste, pour le moment, ouvert. Une véritable réflexion scientifique, de caractère ethnologique, sur tous ces sujets, Lévi-Strauss ne la situe pas avant la fin du XIXème siècle. Et la naissance de l'ethnographie scientifique moderne, on ne la situe pas avant les expériences concrètes de terrain de Malinowski pendant la guerre de 14-18 - Peut-on dire pour autant que la photographie n'a pas contribué, et de façon importante, à la construction ou au développement de ces sciences contemporaines que sont l'ethnologie et l'ethnographie ? Non seulement elle y a contribué, mais elle a permis également une expression artistique de la réalité. C'est là qu'il faudrait discuter de *l'orientalisme* de certaines photos. L'orientalisme, l'Orient, même cette « simple » notion peut être interrogée par le fait de *contempler* certaines photos... - ce qui est difficile, en effet, devant certaines photos de la fin du XXème siècle, c'est de faire la part de la construction imaginaire de l'exotisme, de l'Orient, de « l'autre », d'une façon générale *et la part de réalité malgré tout* qu'enregistre la photographie prise à un moment donné, et à un endroit donné, par un regardeur donné. Ainsi, quels que soient les préjugés, les mises en scène, et même les possibilités techniques et leurs limites d'un certain nombre de photographes du XIXème siècle, comme Moulin ou Maxime Du Camp, ou de ces orientalisants que sont Lehnert et Landrock[12] au début du XXème siècle, et même s'ils mettent en scène leurs photographies à partir de leurs idéologies et de leur profonde méconnaissance de « l'autre », ils enregistrent en même temps deux types de données qui intéressent beaucoup la sociologie de la connaissance et l'anthropologie contemporaine : leurs systèmes de perception, leur niveau culturel qui sont enregistrés par là même; et enfin des bribes, des morceaux de la réalité de l'époque : ces corps, ces visages, ces lieux, ces animaux, ces paysages, cette lumière, ce soleil, ces ombres et ces poussières

---

[12] **Lehnert et Landrock**, *L'orient d'un photographe*, Texte de Philippe Cardinal, Pierre-Marcel Favre, Editeur Lausanne, 1987.

étaient là, et quelques choses d'eux passent à travers tous les filtres idéologiques et techniques : c'est la force du fameux « ça a été » de la photographie de Barthes. Et nous ne serons pas surpris de penser que cette expression lui a probablement été inspirée par la fréquentation du Séminaire de Lacan, d'un côté, et de comprendre finalement qu'il y a aussi de la réalité dans l'imaginaire. Quand les photographes de la fin du XIXème ou du début du XXème siècle enregistrent des Orients imaginaires ou des indices imaginaires, ils enregistrent aussi également une part de réalité, des parts de réalité. Et s'il faut attendre la fin du XIXème siècle pour que se constitue une ethnologie scientifique, et les années de Malinowski pour arriver à une ethnographie scientifique, il aura fallu attendre la fin du XXème siècle pour pouvoir envisager une ethno-photographie suffisamment connaisseuse et rigoureuse (scientifique si l'on veut) pour faire, à la fois, la part de l'imaginaire, la part de l'idéologie, la part de la réalité et la part de l'art, dans beaucoup de photographies exotiques, de « l'autre », de l'étranger... Même si Moulin photographie les indigènes en studio, ce sont de vrais indigènes, mais pas pris dans leur contexte « naturel » ; il en va de même quand Roland Bonaparte photographie ou fait photographier des Indiens au Champ de Mars, ou au Jardin d'Acclimatation; ce sont malgré tout de « vrais Indiens ». Et il faut pouvoir lire *à la fois* la véracité des hommes représentés, la fausseté du contexte, mais ce que cette fausseté apporte scientifiquement comme données sur l'évolution des connaissances scientifiques de l'époque, sur les rapports de force politique etc. ... et la dimension esthétique possible de la photo, qui est un autre de ses registres, pas nécessairement ni mécaniquement lié aux précédents. Il faut pouvoir « indexicaliser » (comme dirait Garfinkel) tous les aspects, tous les niveaux, tous les registres possibles de cet objet anthropologique infiniment complexe qu'est une photographie exotique (c'est-à-dire d'un étranger, d'un non-autochtone) de la fin du XIXème siècle et du début du XXème siècle.

L'objet de notre étude étant de rendre compte des rapports de l'ethnographie et de la photographie, actuellement nous ne pouvons nous appesantir davantage sur la démonstration du moment exact d'apparition de l'ethnologie scientifique : Cf. Lévi-Strauss - *Les trois sources de la réflexion ethnologique* -

article publié en 1960 dans la « Revue de l'enseignement supérieur » :

« Ainsi donc, l'ethnologie se constitue, dans le troisième quart du XIXéme siècle, avec des caractères hybrides et équivoques, qui associent, en elle, les aspirations de la science, de la philosophie et de l'histoire. Elle se sent empêtrée par tant de liens et pourtant elle n'en romprait aucun sans dommage... », cet article intéressant est re-publié par la revue Gradhiva »[13].

En effet, les sciences humaines sont tellement humaines, tellement liées à l'homme qui tente d'en avoir une pratique, qu'on voit reculer sans cesse, de génération en génération, le moment où elles pourraient enfin devenir scientifiques ; à moins de penser que chaque génération définira pour elle-même ce qu'elle en considérera de science. Ainsi, à titre d'exemple, cette citation de l'ethnologue Jean Guiart, présentant au Musée de l'Homme, l'exposition « Les Amériques de Claude Lévi-Strauss» fin 1989 :

« L'avantage d'un tel titre (celui de l'exposition) - pour celui qui, en France, a introduit pour la première fois une démarche véritablement scientifique dans le discours imprécis qui était auparavant, pour l'essentiel, l'Ethnologie Française, est que, dans « Les Amériques », il y a les Américains, les vrais, ceux que Christophe Colomb a découverts et auxquels lui-même et ses descendants ont réservé un sort si infortuné »[14].

Si, de nos jours, Lévi-Strauss ou d'autres sont encore à rechercher ce qui peut faire science dans l'ethnologie ou dans l'ethnographie contemporaines (Lévi-Strauss, dans de nombreux textes, comme, par exemple *l'anthropologie structurale, Tomes 1 et 2,* conteste encore, comme certains de ses adversaires, Fougeyrollas pas exemple, le caractère scientifique possible des sciences humaines), nous ne nous embarrasserons pas de ces querelles, sinon pour constater, comme nous l'avons fait souvent dans cette présentation que ces sciences entraînent, comme inhérente à leur histoire, cette nécessité de re-démontrer

---

[13] **Gradhiva,** n° 2, Revue d'histoire et d'archives de l'anthropologie, 1987.

[14] **Jean Guiart** : A l'occasion de l'exposition « Les Amériques de Claude Lévi-Strauss », in Le Petit Journal du Musée de l'Homme, 1989.

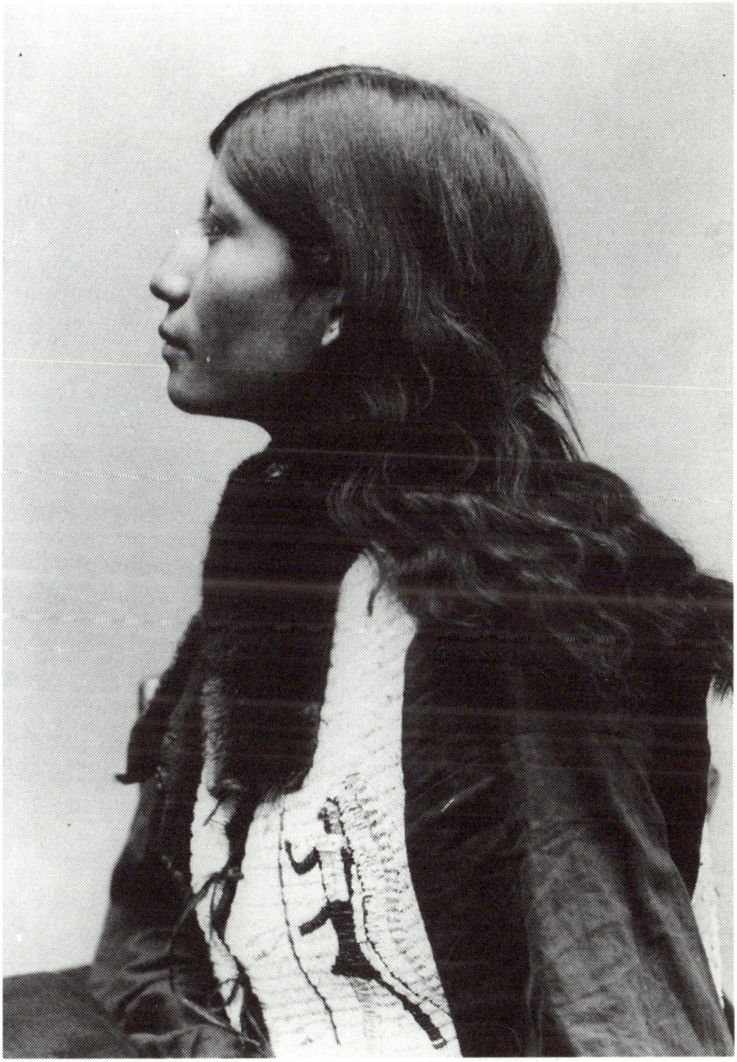

Photo n° 1 - Roland Bonaparte.
Jeune Indien d'Amérique du Nord.
Collection du Musée de l'Homme.

ou de ré-interroger une scientificité possible à chaque génération.

Nous préférons arrêter cette succession pour aborder le problème par un biais, celui de la photographie : au risque de faire intervenir une variable encore plus ambiguë et complexe, nous comptons sur son aspect concret d'objet pour tenter de clarifier un tout petit peu le débat. On peut, en effet, déclarer en 1989 que Lévi-Strauss introduit enfin une démarche scientifique dans l'ethnologie, comme on peut le croire lui-même quand il déclare n'être qu'ethnographe, et sûrement pas photographe. A l'ombre de ces brillants inspirateurs (pour ne pas dire prédécesseurs), nous en déduirons que l'ethnographie et l'ethnologie (de même qu'un véritable discours scientifique sur la photographie d'ailleurs) sont encore et toujours à construire, dans cette perspective pleine d'embûches, prédite par Michel Foucault dans *Les Mots et les Choses* (p. 390 sqq.), à savoir celle de la constitution prochaine d'un langage commun à toutes les sciences humaines et qui serait celui du discours de l'inconscient. La part d'inconscient révélé nous échappe à chaque génération pendant cette génération mais elle n'échappe pas aux observateurs attentifs de la suivante. Aux suivants d'œuvrer sans savoir exactement ce qu'ils vont livrer (délivrer) d'inconscient à leurs successeurs. Cela peut rendre dérisoire, en tout cas, certains reproches rétrospectifs formulés après coup et grâce à l'acquis de ceux qu'on critique rétrospectivement. La photographie nous permet justement de visualiser ce que nous voulons dire.

En effet, des photographies du XIXème siècle, comme celles de Roland Bonaparte, ou plus proches de nous, certaines d'Edward Curtis, de Robert Flaherty, ou même de Lévi-Strauss, peuvent nous sembler empreintes encore de restes d'attitudes colonialistes ou d'anthropologie purement physique, ou de mises en scène liées à la mentalité de l'époque où elles ont été prises. Il faut réaliser, en même temps, et avec reconnaissance, que c'est grâce à elles que, maintenant, nous pouvons dire cela. C'est grâce à ces photographies, et grâce aux travaux de Malinowski, de Mead et de Bateson, de Lévi-Strauss (et grâce aussi à leurs photographies) et de bien d'autres que nous arrivons enfin à une vision anthropologique (presque scientifique ?) nouvelle de l'homme et des hommes qui nous évite de voir en certains d'entre eux des civilisés pendant que d'autres seraient des primitifs, voire des sauvages, en tout cas des étrangers.[15]

Pour la photographie, il faudrait faire un historique qui montre comment l'évolution de sa technique, des chambres volumineuses à plaque du XIXème jusqu'à l'invention du Leica (le premier des petits appareils de reportage, permettant de prendre des instantanés, et donc des photos "naturelles ») par Oscar Barnack en 1925, influe directement sur son contenu et son type de contenu. On décrit forcément la réalité de façon extrêmement différente si on peut, dans un cas, saisir des attitudes et des gestes au vol, en instantané, et si dans l'autre, on est obligé de faire poser les gens (ce qui entraîne une mise en scène) et de leur demander d'attendre un certain temps que le petit oiseau s'envole. Jusqu'au début du XXème siècle, les photos sont prises à la pose. Et il n'est pas si loin le temps de la photographie de classe faite à la pose. Cette nécessité de la pose est un facteur qui conditionne ces photographies de l'époque coloniale, et sans doute, lisons-nous d'autant plus facilement l'attitude coloniale du photographe qu'il était techniquement obligé de faire poser ses sujets et donc de les mettre en scène à son idée à lui. Mead, Bateson et Lévi-Strauss ont pu utiliser le Leica et ils en ont témoigné, mais quelles étaient les contraintes techniques liées au matériel photographique de Moulin, de Lewis Hine, d'Edward Curtis ou de Robert Flaherty ? Ce qu'il faudrait pouvoir étudier avec rigueur, c'est la part de mise en scène imaginaire et la part de mise en scène ethnographique, malgré tout, qui coexistent à la fois dans les photos de Flaherty (l'inventeur du documentaire, avec « *Nanook of the North* ») et dans celles d'Edward Curtis. Nous citons ces deux noms à dessein, car à leurs propos viennent souvent des réserves sur la valeur scientifique de leur travail. Pour Flaherty, cela semble paradoxal : en effet, il met en scène un Inuit Nanook, qui joue son propre rôle et raconte ses occupations quotidiennes ; il faudrait analyser pourquoi ce réflexe de valoriser la prise de vue instantanée et sur le vif, comme étant plus authentique. Dans ce cas-là, on peut parler de conspiration de la naïveté, comme le fait A Rouillé. Car la reconstruction de Flaherty, grâce à l'aide

---

[15]*Etranges Etrangers*, Photographie et Exotisme, 1850-1910, Photo Poche, 1989. Centre National de la Photographie

de Nanook, s'apparente étroitement à la reconstruction scientifique de l'ethnologie dans sa démarche, comme la sociologie ou l'histoire. Valoriser trop l'instantané, c'est encore croire naïvement à une utilisation objective permanente possible de la technique. Ce qui est tout simplement impossible et parfaitement utopique, de surcroît. Rien que le cadrage induit du sens en permanence. Imagine-t-on que le film d'une cérémonie qui dure 4 heures doit également durer 4 heures ? C'est faire plus confiance à l'image comme discours et mémoire qu'au langage lui-même; cela indique les attentes qu'on a, les espoirs... et le manque présent de savoir-faire et d'utilisation efficace de ces instruments, encore maintenant. Il faut savoir jouer de leurs limites et de leurs extraordinaires possibilités plutôt que, de façon manichéenne, en attendre trop, ou par déception, tout rejeter en bloc.

Edward Curtis me paraît relever des mêmes remarques, même si ces mises en scène sont plus accentuées. Nous les connaissons, nous avons les moyens scientifiques, anthropologiques et ethnographiques de les cerner. Alors, saluons l'extraordinaire travail à très grande valeur aussi bien scientifique qu'artistique de Curtis. Scientifique malgré la reconstitution puisque nous avons les moyens de la lire. Ces portraits montrent d'authentiques Indiens, à la fois tels qu'ils étaient et tels qu'on les a transformés contre leur gré. La photographie a tout enregistré. A nous de savoir la lire, et de ne pas nous laisser enfermer, dans les fausses alternatives stéréotypées, du style : si c'est de l'art, ça ne peut pas être de la science, ou le contraire. Et la tombe d'un chef de la tribu Haida à Yan, en 1915, n'est pas une mise en scène, elle. C'est à nous d'apprendre à savoir lire et interroger ces photographies plutôt que de « s'attaquer » au photographe.

De fait, tout un courant de lecture scientifique des photographies du XIXème siècle se développe actuellement. Espérons qu'il ne faudra pas attendre le XXIème siècle pour savoir faire des lectures scientifiques et/ou artistiques des photos contemporaines.

Cette première partie devait s'achever avec Malinowski. Son oeuvre est un point de repère important. C'est, en effet, avec lui, que commence à la fois l'anthropologie de terrain et l'anthropologie moderne et contemporaine, l'une n'allant d'ailleurs pas sans l'autre. Avant lui, les photographes-voyageurs

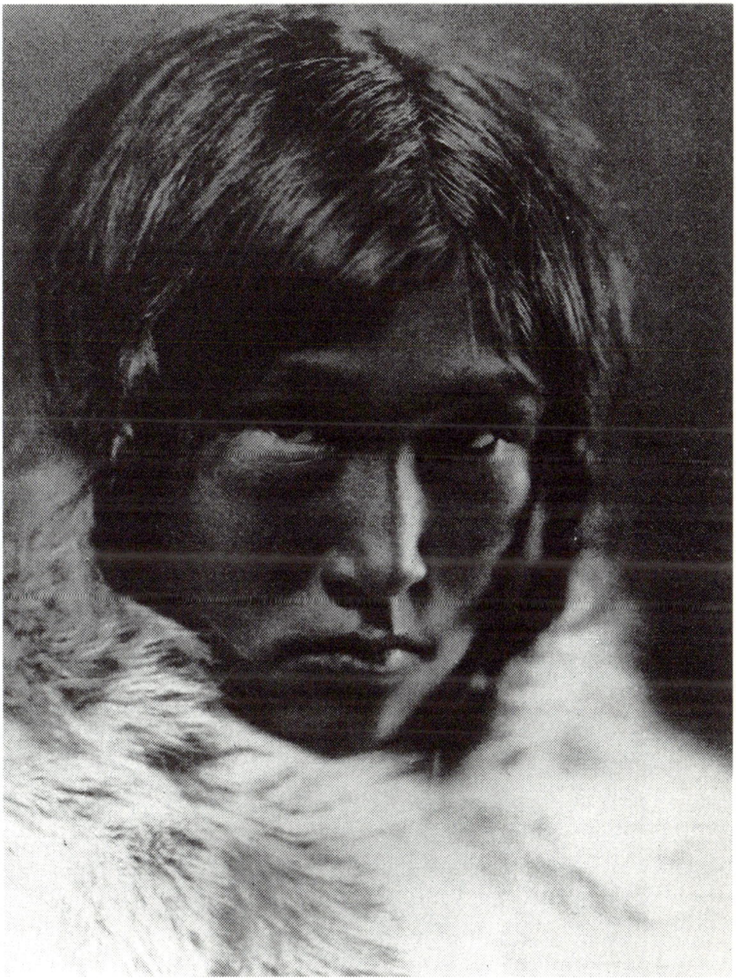

Photo n° 2 - Robert Flaherty.
Portrait de femme inuit. 1913.

ne sont pas anthropologues au sens où nous l'entendons maintenant, à part quelques rares exceptions comme le Prince Roland Bonaparte, ou encore Edward Curtis, car l'un et l'autre, pour reprendre ces deux exemples célèbres, sont des pionniers d'une démarche qui sera celle de la plupart des ethnologues du XXème siècle : à savoir, mener de pair des descriptions ethnographiques et photographiques.

2.- De Malinowski à nos jours

L'importance de Malinowski, sur le plan scientifique, n'est pas contestée. Mais, ce qui semble avoir échappé à ses commentateurs, c'est l'importance que lui-même a accordée à la photographie dans son travail, et dans sa manière de pratiquer le terrain. L'étude de son rapport à la photographie reste à faire ; nous en avons commencé l'esquisse dans une intervention à un colloque de l'Unesco en hommage à Alfred Métraux, sur le thème « photographie et ethnographie ». Son journal d'ethnographe est une mine d'information sur ce sujet. Il cite, en effet, la photographie toutes les 3 pages, en moyenne. Il a emporté avec lui un énorme matériel photographique, aussi bien de prises de vue que de développement. Il ne se passe quasiment pas de jours sans qu'il prenne des photos ou qu'il en développe. Elles lui servent à tout : à décrire, à mémoriser, à raconter; elles sont prétexte à des rencontres avec des informateurs ; elles lui servent d'introduction à des observations de pratiques, ou à enregistrer ces dernières. La photographie semble servir autant de fil conducteur que d'objet « transitionnel », comme diraient les psychanalystes. Elle est prétexte à des échanges, à des négociations, à des rencontres, à amorcer des entretiens, et même simplement « à faire quelque chose » les jours où Malinowski semble dépressif et ne sait plus, temporairement, par quel bout prendre son terrain. Ces milliers de photographies (car il semble bien en avoir fait des milliers) sont, sans aucun doute, un véritable journal de terrain visuel qui nous aiderait, si nous pouvions les étudier, aussi bien à comprendre ce que Malinowski a étudié qu'à comprendre comment il a étudié. Anthropologie visuelle tout autant qu'anthropologie du chercheur et de sa science à travers ses regards. C'est l'importance de cette pratique chez ce pionnier de la pratique scientifique du terrain qui nous paraît ouvrir un champ nouveau

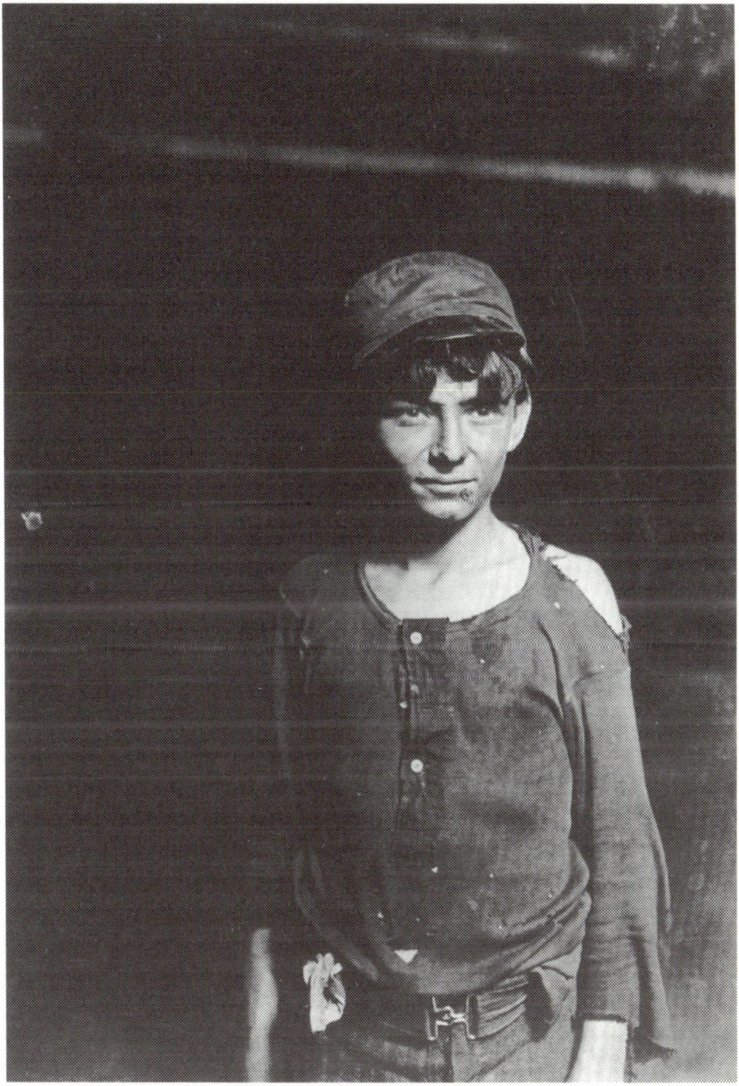

Photo n° 3 - Lewis Hine.
Glass works boy, night shift, Indiana. 1908.

de recherche et une approche épistémologique nouvelle de l'anthropologie du XXème siècle provoquée par la photographie elle-même. Mais la photographie, à cause de sa complexité et de sa richesse de sens possible, nécessite si on l'étudie, de superposer et d'articuler entre eux un certain nombre de niveaux de lecture. Nous avons déjà distingué, plus haut, la part de l'imaginaire, la part de l'idéologie, la part de réalité (et de science possible), et la part de l'art. Il y a, en effet, une dialectique subtile entre les registres des sens de la photographie et les registres de lecture liés au bagage culturel et scientifique du regardeur. Certaines photos se situent, d'entrée de jeu, dans un registre précis ou du moins dominant ; rien n'empêche de tenter de les lire dans un autre registre. Ainsi les photos de Lewis Hine (1874-1940) sur les hommes au travail (Men at work), ou celles destinées à dénoncer le travail des enfants, sont des photos à contenu sociologique et politique. Gisèle Freund, dans *Photographie et Société,* dit ceci de Lewis Hine :

« Lewis Hine, sociologue, photographiera entre 1908 et 1914 les enfants au travail douze heures par jour dans les usines et dans les champs ou dans les maisons insalubres des *slums.* Ces photos éveillent la conscience des Américains et suscitent un changement dans la législation sur le travail des enfants. C'est la première fois que la photographie devient une arme dans la lutte pour l'amélioration des conditions de vie des couches pauvres de la société »[16].

Beaucoup des photos de Lewis Hine sont des photographies sociales « engagées ». Elles relèvent donc bien de la sociologie et de la politique, ou encore de l'anthropologie au sens moderne du mot. Mais que dire de l'ensemble de ses photographies, ou encore de l'ensemble de son oeuvre photographique : cette dernière a bien un aspect anthropologique, mais que dire de la photographie du gamin de Paris ? (cf. photo citée). Comment la lire ? C'est là que vont interférer à la fois les niveaux d'intentionnalité du photographe et celles du regardeur. En effet, quelles qu'aient été les intentions du photographe, le regardeur peut jouer de multiples niveaux pour la lire et même utiliser un maximum de sciences humaines (les sciences

---

[16] **Gisèle Freund,** *Op. Cit.*, p. 102.

humaines comme codes de lecture possibles) et de disciplines : cette photographie a une dimension sociologique et anthropologique évidentes, mais aussi historique et ethnographique (apparence physique de l'enfant, sa coiffure, ses vêtements et sous-vêtements, le cadre) et également esthétique : rien que pour le niveau esthétique vont jouer son format, son cadrage, sa mise en scène, son support, l'expression du matériel technique dont elle est issue, et la répartition des gris, des noirs et des blancs liée au type de film utilisé. Elle a encore une valeur géographique (Paris), et probablement d'autres que le temps révélera : ainsi, on peut se demander quel type de relation à autrui cette photo a dû nécessiter, car le gamin regarde l'objectif dans les yeux, et du coup, n'importe quel regardeur. Il sait (et consent donc ?) qu'il est pris en photo ; il ne sait pas que chaque regardeur peut avoir l'impression d'être vu par lui et interrogé au plus profond de son être par ce regard « dans les yeux » de cet enfant. Ce vertige de mystère renvoie à la psychanalyse et à cette idée de miroir théorisé par Lacan[17] et d'une façon générale, à ce problème fondamental de l'anthropologie : le rapport à autrui, à l'autre comme objet observé qui est de même nature que son observateur, à ce problème de l'herméneutique en général que l'anthropologue Rabinov définissait de la façon suivante, en citant Paul Ricoeur, comme la « compréhension de soi obtenue par le détour de la compréhension de l'autre »[18]. Nous pensons que la photographie tient sa complexité d'objet anthropologique nouveau d'être au cœur de cette problématique de la compréhension de soi obtenue par le détour de la compréhension de l'autre. Et peut-être, peut-on alors mieux comprendre pourquoi elle peut, à la fois, être un réservoir d'informations sur soi, sur l'autre, et sur son époque; ou pour dire les choses autrement sur le regardeur et son bagage culturel et scientifique de regardeur, sur le praticien, le photographe et son bagage culturel et scientifique, et, en même temps, en elle-même, comme objet-miroir, lié à une époque, un savoir technique, et un moment donné de l'histoire sociale. Cette complexité, qui nécessite donc des recherches multidisci-

---

[17] **Jacques Lacan** *Le Stade du miroir (comme formateur de la fonction du Je),* in Ecrits 1, Coll. Points, Seuil 1971, p. 89.

[18] **Paul Rabinow,** *Un ethnologue au Maroc,* Hachette, 1988, p. 19.

plinaires faisant jouer ensemble plusieurs registres et plusieurs sciences humaines, c'est-à-dire des accumulations de savoir dans des domaines très différents, nous impose, dans le cadre de ce chapitre, de nous restreindre à une vision temporairement plus schématique, pour le XXème siècle : nous distinguerons, en effet, tout en étant conscient du côté réducteur de cette simplification, les photographes qui ont une envergure anthropologique d'un côté et les anthropologues qui ont une envergure photographique de l'autre. Nous aboutirons alors à deux listes provisoires que nous pouvons présenter ainsi (pour chacun d'eux, nous indiquons entre parenthèses la période approximative de prises de vue photographiques).

Il s'agit donc d'une chronologie photographique

a) Photographes qui ont une envergure anthropologique

- Lewis Hine - 1908-1914
- Edward Curtis - 1900-1930
- Robert Flaherty - 1910-1922
- August Sander - 1905-1960
- Eduardo Masferré - 1934-1956 [19]

Nous sommes parfaitement conscients du côté hasardeux de ce premier recensement, et nous souhaitons pouvoir l'améliorer autant par une extension progressive de cette recherche que par la réaction de lecteurs mieux informés que nous, car nous ne doutons pas que le développement de ce type de recherches fera surgir des trésors endormis ou mal étudiés des réserves de la photothèque du Musée de l'Homme, de la Société de Géographie, de celle de la photographie, de la Bibliothèque Nationale, du Musée Niepce, de l'Arsenal, et de multiples collections privées non encore archivées. Plus près de nous, plus contemporaines, les œuvres d'autres grands photographes semblent avoir, pour autant que nous en puissions juger, une dimension anthropologique : les photos de Bill Brandt sur l'Angleterre, celle de Cartier-Bresson évidemment, et celles de Pierre Verger, ce grand ethno-photographe qui refuse

---

[19] **Eduardo Masferré**, *People of the Philippine Cordillera, Photographies 1934-1956*, Philippines, 1988.

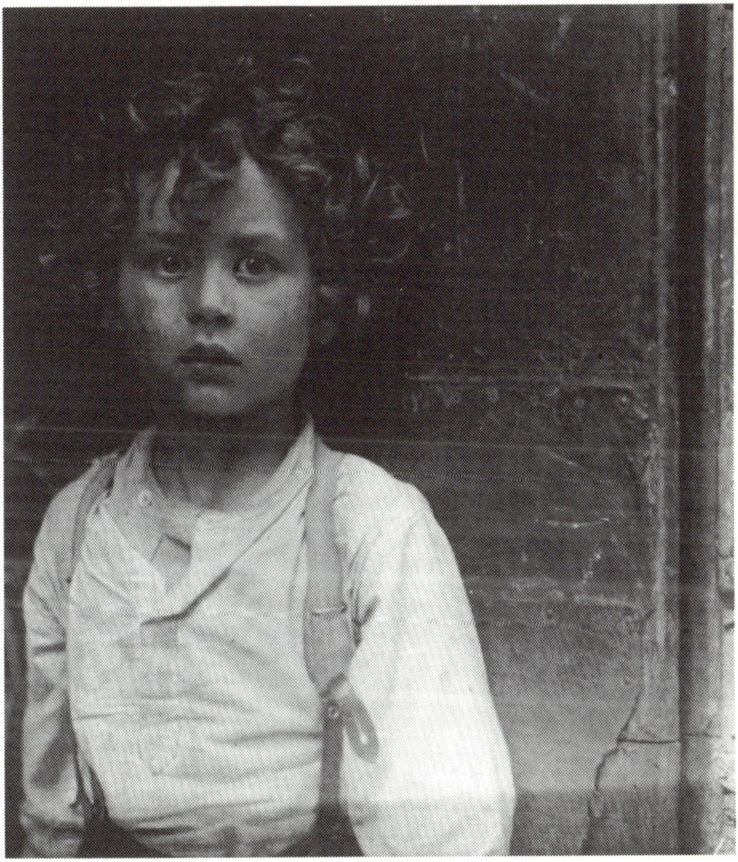

Photo n° 4 - Lewis Hine.
Gamin de Paris. 1918.

autant l'étiquette de savant que celle d'artiste. Le travail de Kudelka sur les gitans, comme celui de Salgado sur le Sahel ou le Brésil, ou encore son œuvre sur l'homme au travail maintenant, ont eux aussi une dimension anthropologique, ou en tout cas, à tout le moins une valeur ethnographique. Le cas de Salgado est intéressant et se rapproche de la démarche d'une Gisèle Freund (passée de la sociologie à la photographie), car il a une formation d'économiste qui précède sa carrière de photographe. Le travail de Robert Frank sur les Américains a également une dimension ethnographique.

- Ces jalons rapides supposeraient de justifier pourquoi ces exemples cités ont une dimension anthropologique et nous imposeraient donc de justifier de notre bagage scientifique de regardeur, et de notre capacité à définir l'anthropologie. Nous préférons renvoyer nos lecteurs à ces œuvres photographiques. En effet, quels vont être les critères : scientifiques et/ou photographiques ? Qui a ce double bagage ? L'avons-nous suffisamment ? ou courons-nous le risque en permanence d'être rejetés par les anthropologues pour qui la photographie n'a pas de valeur scientifique possible, dans le même temps où les photographes nous rejetteront comme « savant » ne comprenant rien à la photographie. C'est le risque encouru par cette démarche volontairement ethno-photographique.

b) Anthropologues qui ont une envergure photographique

- Malinowski - 1914-1918
- Margaret Mead et Gregory Bateson - 1935-1939
- Marcel Griaule 1931-1933
- Claude Lévi-Strauss 1935-1939
- Alfred Métraux et Pierre Verger 1930-1960

Il faudrait détailler, expliquer, justifier. Dans un premier temps, nous renvoyons à l'historique des collections de la photothèque du Musée de l'Homme. Il montre bien que la plupart des grands ethnographes de notre siècle ont été aussi des photographes. Ont-ils pour autant été de bons photographes, des grands photographes ? Souvent ce sont des photographes amateurs, ou encore des chercheurs qui souhaitent utiliser la photographie à titre de technique, de mémoire, style magnétophone visuel, ou d'illustration, voire de preuve (quasi scientifique) de

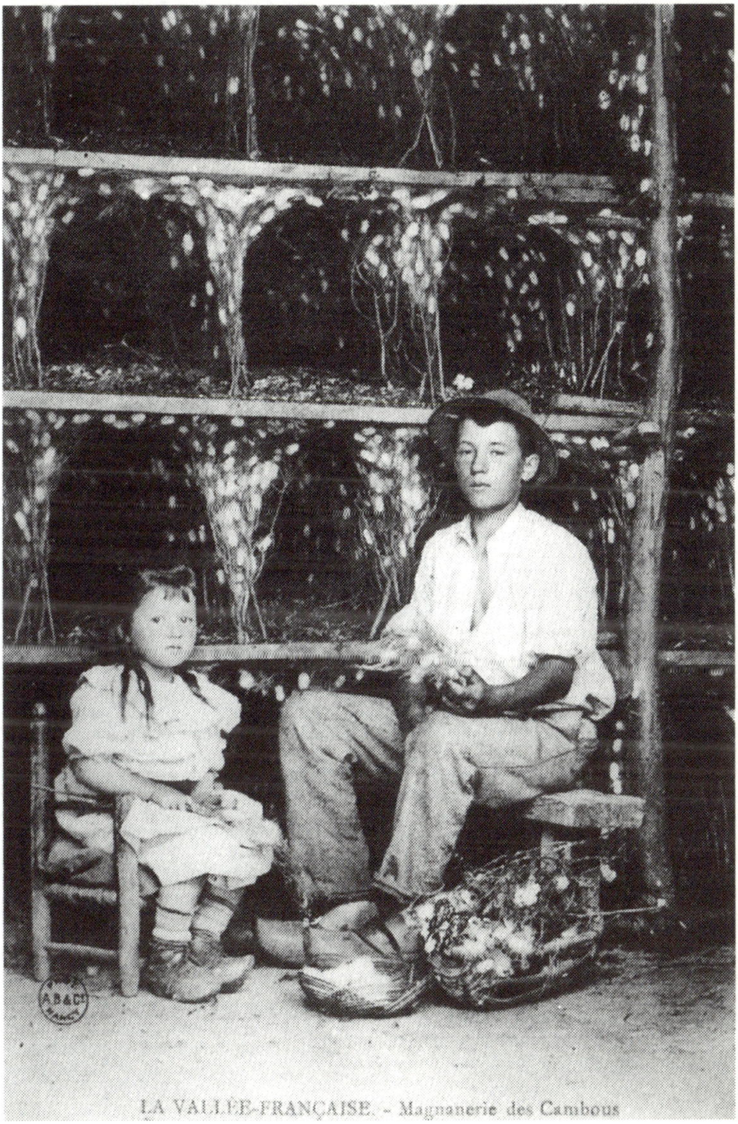

Photo n° 5 - Carte postale.
Une magnanerie cévenole au début du siècle.

ce qu'ils avancent, ou à tout le moins de leur présence sur le terrain, et ils jouent alors inconsciemment (au sens de Michel Foucault) des différents registres possibles de la photographie, de l'effet d'authenticité, de vérité de la photographie, de sa capacité d'expression et de mémoire, voire de sa capacité esthétique, pourvu qu'ils se piquent au jeu de la photo comme moyen d'expression, au même titre que le langage, augmenté des possibilités spécifiques de la photographie (de la mise en scène théâtrale à la pure esthétique, parmi bien d'autres).

Il y a justement, une interrogation transversale à toute notre problématique, sous-jacente en permanence, que nous n'avons pas encore exposée et que nous ne pouvons malheureusement qu'effleurer : c'est celle des rapports de l'art et de la science.

Nous croyons que la photographie peut permettre d'apporter des réponses enfin nouvelles à ce vieux débat ; soyons plus précis : c'est justement la photographie d'un côté (qui ne cesse de se débattre depuis son origine avec cette question : est-elle ou non un art ?) et l'ethnographie de l'autre (dont on pourrait dire en parallèle qu'elle se débat depuis son origine avec cette question : est-elle ou non une science ?) et leur confrontation réciproque, qui peuvent apporter de nouvelles lumières à ces interrogations. La vraie question serait de se demander comment s'acquiert la connaissance ; quelle connaissance, quelle part de savoir y a-t-il dans l'art, dans la science, dans l'ethnographie, dans la photographie ? L'ethnographie a un destin tout à fait particulier dans cette problématique, c'est celle des sciences humaines qui semble le plus liée à ce qu'on pourrait appeler le talent, c'est-à-dire à un certain savoir-faire sur le plan de l'expression. On a souvent constaté le lien étroit qui lie l'ethnographie à la littérature ; il s'agit là d'une constatation qui concerne, à notre avis, l'ensemble des sciences humaines. L'ambiguïté permanente de ces sciences de l'homme tient au fait, on l'a déjà dit très souvent, que l'objet et le sujet de ces sciences sont de même nature ; ce qui les rend plus difficiles à admettre que les autres démarches scientifiques, c'est, à la fois, leur coté juge et partie, et leur dimension autobiographique liée, en grande partie, à la capacité d'expression, de description, d'observation, d'explication et d'interprétation de leurs praticiens. Et le problème est probablement plus aigu encore quand il s'agit de photographie et non plus seulement d'écriture. Si l'écriture nécessite plusieurs disciplines pour évaluer ce qu'elle peut apporter d'art ou de science, il va en être de même pour la photographie. Toute une réflexion doit se développer et se continuer pour montrer comment la photographie peut apporter de l'art et être une discipline artistique, et comment elle peut apporter de la science et même être une pratique scientifique. Cette réflexion a été amorcée par Moholy Nagy en 1925 : « Le grand théoricien de la photographie, le premier qui comprit les voies nouvelles qu'elle ouvrait dans la création fut Moholy Nagy. Dans son livre : *Peinture, Photographie, films,* publié en 1925 dans la série éditée par le *Bauhaus,* il décrit le chemin que prendront la photographie et l'art contemporain. Plus de trente ans en avance sur son temps, il définit les mouvements artistiques qui commenceront à s'épanouir seulement durant la deuxième moitié du XXème siècle. Ses conceptions sur le rôle de la photographie, fondée sur ses expériences pratiques, seront confirmées quelques années plus tard par le philosophe Walter Benjamin dans son essai capital sur l'œuvre d'art à l'ère de sa reproduction technique »[20].

Laszlo Moholy Nagy inaugure une réflexion sur la photographie comme art et sur son influence sur l'art en général. Walter Benjamin prolonge cette réflexion et inaugure une réflexion scientifique sur la photographie. Cette réflexion sera continuée par Gisèle Freund. Mais c'est surtout Roland Barthes qui va être le véritable initiateur d'un nouveau champ d'interrogations sur la photographie, avec son dernier ouvrage, tout à fait étonnant : *La Chambre Claire, note sur la photographie,* 1980. Barthes y synthétise en effet une réflexion qui l'a accompagné pendant plus de 20 ans et qu'il a entamée avec des analyses de photographies dans *Mythologies* (1957). « *La Chambre claire* » n'a pas fini d'être commentée ; il essayait de définir l'essence de la photographie : « La Photographie, c'est l'avènement de moi-même comme autre »[21] ou encore : « l'essence de la photo ne peut être (si elle existe) que le nouveau dont elle a été l'avènement ».[22] A partir de ce texte capital va s'amorcer enfin une vraie réflexion scientifique sur cet objet

---

[20] **Gisèle Freund,** *Op. Cit.,* p. 187

[21] **Roland Barthes,** *La Chambre Claire, op. cit.,* p. 28

[22] **Roland Barthes,** *Op. Cit., P.* 14

anthropologiquement nouveau, (l'expression est de lui). L'enjeu, finalement, est de découvrir des règles de lecture aussi bien scientifiques qu'artistiques de ce moyen d'expression aussi « apparemment » simple et peut-être infiniment plus complexe que le langage; des règles de lecture, mais aussi des règles de pratiques. Barthes constatait dans *Mythologies* que les représentations sociales sont souvent en retard sur les pratiques sociales. La photographie en est justement un bon exemple. En effet, deux grands savants avaient tenté, dès 1935, d'en avoir une pratique scientifique, dans leur travail ethnographique. Il s'agit de Margaret Mead et de Gregory Bateson, dans cet ouvrage tout à fait singulier : *Balinese Character, a photographié analyses,* publié en 1942 par l'Académie des Sciences de New York, et qui rend compte d'une analyse ethno-photographique de Bali accomplie entre 1935 et 1939. Cet ouvrage utilise volontairement, consciemment, et systématiquement la photographie pour la description ethnographique de Bali. Il a fallu l'association de ces deux talents pour que jaillisse de leur entente l'idée de mettre la photographie au premier plan de la description et l'écriture à son service, plutôt que le contraire. Est-ce une preuve de ce lien particulier qui unit la photographie à l'ethnographie par le pouvoir de description qu'elle a ? De fait, les plus grands ethnologues, n'ont pas cessé de s'en servir depuis, même si, Mead et Bateson exceptés, ils ne s'en sont guère servi qu'à titre d'illustration. Les problèmes d'édition des travaux scientifiques ont dû jouer un rôle qu'il faudrait analyser sociologiquement et économiquement. Néanmoins, le fond du problème reste celui de la scientificité possible de la photographie. Barthes a enfin provoqué cette interrogation nécessaire. Elle permettra, sans doute, de voir d'un autre œil le travail de Pierre Verger, et de s'intéresser de plus près à ce que peuvent apporter à l'anthropologie moderne des photographes aussi importants que Robert Frank, Josef Koudelka ou Sebastiâo Salgado. Et peut-être qu'une lecture rétrospective, de caractère ethno-photographique, fera admirer les photographies d'Eugène Atget sur Paris, autant pour leur caractère artistique que pour le savoir ethnographique qu'inconsciemment, à leur insu, elles accumulaient, grâce à ce génie polyvalent et encore mystérieux qui caractérise la photographie.

Le savoir ethnographique de la photographie semble donc d'une incroyable richesse qui dépasse, pour le moment, et temporairement, les outils d'analyse dont nous disposons pour l'appréhender. Ce chapitre qui est la ré-écriture de l'introduction du numéro 109 de l'Ethnographie que nous avions consacré en 1991 aux rapports de l'ethnographie et de la photographie, a progressivement pris sa place dans l'histoire des réflexions théoriques sur la photographie. Il est, en effet, souvent cité en référence. C'est pourquoi, dans un souci d'honnêteté intellectuelle et d'histoire plus que de narcissisme, nous tenons à rappeler les sources de cette réflexion, avant toute bibliographie. Il proposait, en effet, différentes approches de cette mise en perspective de l'ethnographie et de la photographie, il rendait compte d'abord d'une confrontation entre ces deux démarches, qui eut lieu lors du Congrès de 1989 des Gens d'images, en présentant les interventions les plus importantes, à savoir : une présentation du débat par Michel Melot, vice-président des Gens d'images; l'analyse des photographies de Moulin sur l'Algérie, par André Rouillé, historien de la photographie au XIXème siècle en France, une présentation des collections photographiques de la Société de Géographie de Paris par France Duclos, Conservateur à la Bibliothèque Nationale; un compte-rendu de l'importance de la photographie dans son travail d'ethnographe, par Serge Tornay, enfin l'approche ethnophotographique d'un quartier de Paris, par nous-mêmes.

Le photographe Pierre Verger est venu à Paris en 1989 pour participer à un Colloque consacré à Alfred Métraux. A cette occasion, nous avons eu, avec lui, un long entretien, et il nous a envoyé un jeu de photographies qui constitue comme un bref résumé, disons un aperçu de son approche ethnophotographique. Nous présentions aussi un extrait de l'exposition de photographies inédites de Claude Lévi-Strauss que nous avons organisée pour le Congrès des Gens d'images et que le Musée Niepce a présentée au public de décembre 1989 à mars 1990 (Cf. chapitre trois).

Le photographe napolitain Mimmo Jodice, qui a consacré tout un travail aux phénomènes du mysticisme catholico-païen de la région de Naples, nous avait également envoyé quelques-unes de ses photographies.

Ce numéro devait faire la part belle à la photographie. Il devait utiliser l'écriture pour en bien faire sentir l'importance possible. Espérons que là où le discours a fait défaut, le manque en a été comblé par la photographie...Tel était notre souhait final !

Depuis, nous avons tenté d'approfondir encore l'exploration des savoirs de la photographie, en passant de l'ethnographie à la psychanalyse. C'est ce que nous tentons maintenant en relisant encore et toujours *La Chambre Claire* de Roland Barthes.

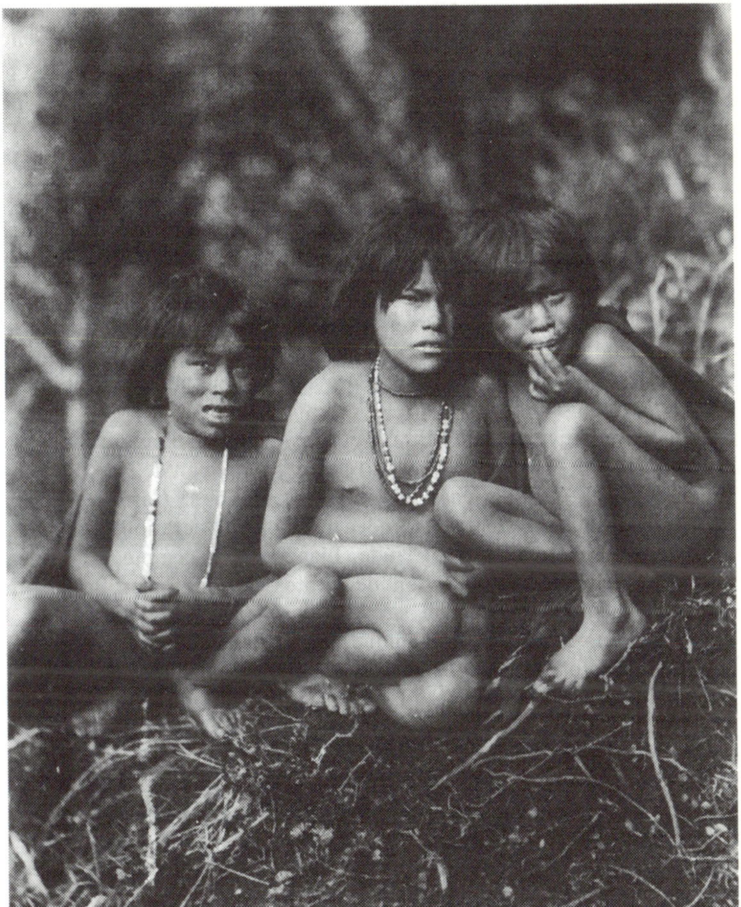

Photo n° 6 - Mission du cap Horn (1882-83).
Groupe d'enfants de la Terre de Feu, Argentine,
d'une ethnie fuégienne, qui a complètement disparu.
Collection du Musée de l'Homme.

Chapitre 2

LE SAVOIR PSYCHANALYTIQUE DE LA PHOTO ROLAND BARTHES

Nous allons tenter une nouvelle lecture rétrospective de ce livre : *La Chambre Claire. Note sur la photographie*[1] en nous servant du savoir et de la réflexion qu'il nous a transmis.

L'idée globale de départ reste d'approfondir comment s'opère la recherche en sciences humaines dans sa dimension autobiographique. En effet, dans cet ouvrage, Barthes met en pratique un double travail dont on peut se demander quel effet chacun a sur l'autre : d'un côté (versant intimement autobiographique) son travail du deuil de sa mère, de l'autre, son essai de définition scientifique de la photographie (versant anthropologique). Le lien fort entre les deux démarches est tout simplement celui de la mémoire. La photographie va s'imposer comme un révélateur inattendu d'un certain nombre de mécanismes sensoriels.

C'est pourquoi nous allons esquisser dans ce chapitre, et grâce au témoignage de Barthes, et comme un pendant au premier chapitre, une approche de ce que nous appelons, de façon hypothétique, le savoir psychanalytique de la photographie. Soyons clair : ce n'est pas la photographie qui a un savoir ethnographique ou psychanalytique sur les choses. Ce que nous voulons dire, c'est qu'elle a emmagasiné beaucoup d'informations dans ces domaines, plus que nous ne savons en voir ou lire pour le moment. C'est pourquoi, comme chercheur, nous acceptons de nous laisser guider par le terrain - la photographie comme terrain - car nous pensons que c'est le terrain qui est le maître du chercheur, et non le contraire, comme on le croit trop souvent, même si, in fine, il est de la responsabilité du chercheur d'interpréter le terrain, de le dévoiler et de le révéler. De l'exprimer.

Ces deux approches d'introduction, ethnographie et psychanalyse, sont comme les deux premier piliers de l'édifice que nous tentons de construire avec notre lecteur, car les thèmes développés dans ces deux chapitres nous permettront alors de

[1] **R. Barthes**. *La Chambre Claire. Note sur la photographie* .Cahiers du Cinéma. Gallimard, Seuil, Paris 1980.

pousser les analyses plus loin à propos d'autres thèmes ou secteurs, comme les rapports entre Lévi-Strauss et la photographie, le travail sur le quartier de la Goutte d'Or, la compréhension et l'élaboration d'une esthétique photographique ; ou encore le phénomène des « villages noirs » en France et en Europe.

Encore une précaution oratoire et scientifique : je ne prétends pas maîtriser le savoir psychanalytique, et m'en servir en me mettant en position de maître de la chose. Il s'agit plus simplement pour moi d'éclaircir encore, de façon dynamique, ce que la psychanalyse m'a aidé à comprendre, y compris à travers ce texte de Barthes. Une hypothèse, qui reste encore à préciser, est que le chercheur concentre et condense son savoir de recherche en recherche. Ainsi, pour le dire vite, Marx n'a pas cessé d'approfondir les mécanismes du capital ; Freud n'a pas cessé d'approfondir les mécanismes du psychisme humain ; Lévi-Strauss, celui des mythes, etc. Ce qui rend si difficile à lire le dernier texte de Freud sur Moïse et le Monothéisme, c'est qu'il semble y concentrer son savoir au point de tenter une histoire de l'évolution du psychisme humain sur des millénaires, en se servant de ce que son savoir psychanalytique lui permet de déduire ou d'induire, même de façon hypothétique, dans son interprétation de cette histoire.

C'est cette idée qui nous sert de fil conducteur dans la lecture de *La Chambre Claire*. Naturellement, on ne peut affirmer que le dernier livre d'un chercheur soit forcément une synthèse finale, ou encore l'ultime concentration. Cela n'est valable que pour certains chercheurs et pour certains livres ; et encore, cela ne peut être qu'une synthèse partielle ou la synthèse de certains thèmes prépondérants.

Dans le cas de *La Chambre Claire*, deux aspects du livre plaident pour notre hypothèse. Le premier, c'est que Barthes a souvent dit qu'une des trames essentielles et permanentes de sa recherche était la compréhension de l'articulation possible du texte et de l'image. D'ailleurs, le premier colloque posthume d'hommage était entièrement consacré à cette problématique qu'il n'a pas cessé d'approfondir. Le deuxième aspect est que son livre est posthume. C'est son dernier travail, et il n'a été publié qu'après sa mort. Cela lui confère une dimension de testament, et cela d'autant plus, comme on va le voir, qu'il y annonce sa mort.

Avouons humblement que nous n'avons pas lu intégralement l'œuvre de Barthes. C'est pourquoi cette hypothèse de concentration finale n'est qu'une façon de lire ce livre, inspirée de la psychanalyse. C'est la dernière élaboration ; et qui va se révéler essentiellement comme une mise en scène psychanalytique ultime de son rapport avec sa mère. Et ce que nous voulons comprendre, c'est pourquoi la photographie a permis cela : qu'est-ce que la photographie a fait à Roland Barthes pour qu'il éprouve le besoin d'accomplir - par l'écriture - la partie intellectuelle de son travail de deuil en cherchant à définir ce qu'il appelle l'essence de la photographie. Combien faut-il que la photographie ait de force, d'impact, pour engendrer un tel travail ?

Ce que la psychanalyse permet alors de comprendre, c'est que la photographie s'impose comme un manifeste dont le latent reste à découvrir. Le manifeste cache toujours le latent. A chacun de savoir s'il préfère le manifeste ou le latent. De toute façon, il y a du vrai dans les deux, et ces « vrais » se valent, s'équivalent, et mine de rien, disent quand même la même chose. C'est le mécanisme du symbole. C'est pourquoi il s'agit d'un problème de mémoire. Peut-on mesurer la profondeur de la mémoire ?

Barthes veut retrouver sa mère qui lui manque. Il la cherche à travers les photographies qu'il a gardées d'elle. Alors, il va faire parler les photographies ; il va parler devant les photographies. La photographie va le faire parler, s'exprimer, se confesser, même. La photographie demande à être parlée après avoir été regardée. Là, on rencontre un mécanisme analogue à celui du rêve. On peut garder un rêve pour soi. S'il est trop impressionnant, on va se mettre à le parler. Association d'images et de mots, c'est un mode de fonctionnement du psychisme.

La photographie qui touche, qui impressionne, peut appeler le discours. Il faut enfin dire ce qu'on voit derrière ce que l'on voit. La photo provoque alors le discours ou l'écriture. C'est ce qui se passe pour Barthes.

DE LA SENSIBILITE PHOTOGRAPHIQUE

Suivons Barthes dans sa sensibilité photographique. D'abord, *La Chambre Claire* n'est qu'une note (au singulier) sur la photographie. Note comme en bas de page, comme une prise de note, ou encore comme une note de musique, un modeste son de cloche. L'Association de trois éditeurs, dont deux prestigieux -Gallimard et Le Seuil-, et un consacré au cinéma, une revue très célèbre -Les Cahiers du Cinéma- n'est pas le moindre hommage rendu à ce travail. Passons sur l'hésitation à publier, qui a peut-être nécessité l'union de ces forces.

Le livre est dédié à un livre de Sartre sur l'Imaginaire, et non à Sartre. La pudeur peut expliquer le renvoi -salutaire- à l'imaginaire.

Puis Barthes nous lance dans le double imaginaire que provoque la photographie. D'abord, il présente une belle photographie en couleur de Daniel Boudinet, un polaroïd de 1979, l'année de l'écriture de ce livre. A ma connaissance, aucun des commentateurs de Barthes, et Dieu sait s'il y en a, n'a parlé de l'ouverture de cette réflexion, de ce livre, sur l'unique photographie en couleur qu'il contient. Même si on n'aime pas cette photographie, elle résonne, comme une singulière métaphore, et du livre, et de la photographie elle-même. D'abord, elle est apparemment monochrome : hormis le noir et blanc, elle n'a qu'une seule couleur dominante : le vert. Nous reviendrons forcément sur cette opposition académique et institutionnelle entre la photographie noir et blanc et la photographie couleur. Il y a *des* noirs et *du* vert. On pourrait dire que c'est une photographie noire et verte, avec un chouïa de jaune, voire de presque blanc. Description forcément trop rapide.

C'est un contre-jour. Les rideaux cachent l'extérieur et la lumière. La photographie, qui écrit avec la lumière, n'a fait entrer, à cause des rideaux, que très peu de lumière. C'est son rôle. Elle écrit avec un minimum de lumière, contrôlée, dosée par le photographe et son optique (son œil aussi bien que sa machine).

Ce qu'on voit également, devant les rideaux, c'est un oreiller posé sur un canapé, ou un divan.

Divan ! la psychanalyse n'est pas loin. Barthes va s'allonger métaphoriquement, et il va nous parler, nous écrire plus exactement - ou est-ce le contraire ?-. En effet, il n'y a personne sur le divan, et les divans peuvent appeler autant l'érotisme, l'amour, ou la confidence que la psychanalyse, voire le sommeil. Energies multiples, qui peuvent s'équivaloir.

Ecoutons Barthes.

Le deuxième imaginaire qu'il évoque, c'est celui du regard et de l'identification. Devant une photo de Jérôme (1852), dernier frère de Napoléon, il dit : « avec un étonnement que depuis je n'ai jamais pu réduire, je vois les yeux qui ont vu l'Empereur ». Personne ne comprend cet étonnement qui le voue à la solitude. Pourtant, la réponse imaginaire à son étonnement est là, en permanence, à travers un jeu subtil d'identification... La photographie joue « en permanence » comme un test projectif en miroir. Il voit les yeux qui ont vu l'Empereur, donc il voit l'Empereur qui, lui-même, le regarde. Vu par l'Empereur, il peut s'identifier à lui, aussi bien. Il a un rapport "érotique » avec l'Empereur lui-même, au terme duquel on ne sait plus très bien qui voit qui, si le regard est un miroir que répercute en miroir la photographie. Quelle métaphore, ou bien quelle métonymie. Car là, les deux sont vécues et fonctionnent. On comprend que personne n'ait envie de voir ce jeu de miroir en permanence. C'est furieusement intellectuel et compliqué. En fait, c'est bêtement sensoriel. Barthes est à la recherche d'un ultime contact physique avec sa mère. La photographie va-t-elle lui permettre d'y parvenir, ou bien au contraire, l'obligeant à son travail de deuil, va-t-elle lui faire admettre la différence entre le réel, l'imaginaire et le symbolique ? La photographie a emmagasiné de la lumière réelle de sa prise de vue ; le temps immédiatement transforme ce réel en symbolique ; ce qui peut, à ce moment-là, dégager immensément de l'imaginaire. Le réel n'est pas perceptible autrement qu'à travers ces tamis dont la photographie est un des symboles majeurs, comme le langage.

L'homme, depuis qu'il existe, n'a pas inventé tellement de langages qui lui permettent de dire qu'il est au monde et qu'il n'y comprend rien ni qu'il n'en est pas revenu encore : le dessin (cf. La grotte Chauvet, qui paraît bien plus extraordinaire que celle de Lascaux, et qui remonte à près de 30 000 ans avant Jésus-Christ), puis l'écriture, puis la photographie, diaboliquement plus précise. En parallèle et en continu, le langage, ce système de bruits, de plus en plus précis, au fur et à mesure que leurs sens se précisent. Ce qui interroge constamment, c'est le problème du sens. Comment les sens contribuent à créer du sens. Sens, c'est le mot le plus court pour préciser et synthétiser ces histoires de sensations.

Ce qui paraît exemplaire, dans *La Chambre Claire*, c'est qu'un intellectuel qui plus est, tout à fait officiellement reconnu, se livre, sans fausse pudeur, et avec une franchise remarquable, devant son éventuel lecteur, à toutes les hésitations, étapes, et interrogations de sa réflexion. C'est ce qui permet de mieux comprendre, non pas les brillantes conclusions assénées de façon péremptoire et évidente, mais les hésitations, les incertitudes, les doutes, les tâtonnements. Barthes est trop rompu à la dialectique universitaire et scientifique pour ne pas passer en revue les différentes étapes de la définition de l'objet, les descriptions, analyses, classements possibles, etc. Là où il nous touche avec tout ce savoir, c'est quand il nous parle finalement de lui, de sa mère, et aussi de la photographie.

Ce qui le frappe dans la photo, c'est son degré incontournable d'évidence. Foin des classements académiques sur le dessin, la peinture ou la gravure, du style empirique, rhétorique ou esthétique, « de toute manière extérieure à l'objet, sans rapport avec son essence, qui ne peut être (si elle existe) que le Nouveau dont elle a été l'avènement... ».[2] L'essence de la photo est liée à son avènement. Barthes met une majuscule à ce fameux Nouveau dont elle a été l'avènement. Il met une majuscule à ce moment, Nouveau, dans l'histoire du monde. La mémoire change. Ses modes d'accumulations, comme dirait Marx, changent. La mémoire va en être transformée. Socrate disait qu'à partir du moment où les hommes avaient inventé l'écriture, ils commenceraient à perdre la mémoire. Si l'écriture stocke des savoirs, l'oral, la mémoire orale va perdre de son importance. Et si la photographie, face au réel insaisissable, immémorial, nous faisait, à nouveau, le même effet ?

Mais nous savons, depuis. La photo peut ajouter à la mémoire, la préciser au lieu de la laisser se perdre au milieu des incertitudes de l'oral, de ses imprécisions, de ses répétitions lacunaires. La photo, répétable, reproduisible, inarrêtable, va reproduire mécaniquement et impitoyablement ce qu'on ne faisait que semblant d'avoir vu, très souvent, pour ne pas le répéter ni le mémoriser. La photographie va, tout simplement, perturber le psychisme tout en aidant à le préciser. De fait,

---

[2] **Barthes**, Op. Cit. p.14.

comme on va le voir, le livre de Barthes, son écriture, ressemblent énormément au jeu des associations d'idées et d'images qui sont le fonctionnement du discours analytique. La photo provoque ce jeu. De même, quand Barthes essaye de définir ce qui le point dans une photo, ce qu'il appelle le punctum, il se livre à ce jeu d'associations. On a l'impression qu'il arrive à la fois à le préciser dans ce jeu d'associations, et qu'en même temps, la notion lui échappe et reste indéfinissable, indiscernable, aussi difficile à exprimer ou à verbaliser que l'inconscient.

C'est comme si la photo était à la fois tout et rien, pleine et vide, évidente et invisible ; une matrice d'associations possibles et personnelles à chacun, mais avec des recoupements qui permettent d'en parler.

On finit par ne plus savoir si c'est le réel ou l'inconscient qui sont inexprimables, ou bien si c'est la même chose.

Barthes cite Lacan qui cite Aristote : « La photographie est le Particulier absolu, la contingence souveraine, mate et comme bête, le Tel (telle photo et non pas La Photo), bref la Tuché, l'occasion, la Rencontre, le Réel, dans son expression infatigable » . [3]

Parler de la photo est aussi difficile que de parler de la réalité. Et Barthes cite le bouddhisme. Il y a une sorte de grandiloquence désespérée dans sa façon d'en parler, dans son style, et qui rejaillit aussi dans ma façon d'en parler.

On a reproché à Barthes de croire que la photographie reproduit le réel ; en fait, il dit que c'est une analogie. Surtout, c'est l'effet que lui fait la photo qui est réel. Il n'arrive pas à détacher la photo de son référent. Les photos qui l'intéressent lui donnent plaisir ou émotion. Il n'aime pas les discours, savants ou non, qui parlent de la Photographie, car, dit-il : « moi, je ne voyais que le référent, l'objet désiré, le corps chéri ».[4]

Pris entre un langage expressif et un langage critique qui recourt à la sociologie, la sémiologie et la psychanalyse, refusant une approche théorique ou scientifique qu'il ressent comme réductrice, refusant l'opposition entre subjectivité et science, par peur qu'elle laisse échapper ce qui lui paraît le plus

---

[3] **Barthes**. Op. Cit. p.15

[4] **Barthes**. Op. Cit. p. 19

important, à savoir ce qu'il ressent, il décide de témoigner subjectivement. La photo impose ce choix et cette position rejoint alors celle de Michel Leiris dans *L'Afrique fantôme.*

C'est la sensibilité, finalement, qui va apporter la connaissance : « je tenterai de formuler à partir de quelques mouvements personnels, le trait fondamental, l'universel, sans lequel il n'y aurait pas de photographie ».[5]

Le ton est déclamatoire, presque prophétique, peut-être plus proche de la poésie que de la science, au sens classique du terme. C'est cela qui rapproche ce texte d'un testament. Mais il n'y a pas une telle différence entre testament et témoignage ; le testament est le dernier témoignage. Enfin, la photographie peut allier science et art, document et expression artistique ; ce sont ses deux registres de base et ils communiquent.

« Me voici donc moi-même mesure du « savoir » photographique. Qu'est-ce que mon corps sait de la Photographie ? ».[6]

La photographie amène à une exploration sensorielle. Elle permet d'analyser le sensoriel, y compris de façon extrême. Comme nous le verrons dans un chapitre sur les albums de famille, la photographie entraîne constamment et implicitement un travail de deuil puisque ce qu'elle montre, c'est toujours du passé, du temps passé. On est toujours dans un temps situé après le temps dont elle témoigne. C'est ce que Barthes exprime quand il parle de « cette chose un peu terrible qu'il y a dans toute photographie : le retour du mort ».[7]

Le retour du mort est une expression calquée sur la célèbre formule de la psychanalyse qui parle du retour du refoulé. Ce qu'on essaye de cacher finit toujours par revenir.

Ce qui va permettre à Barthes de se concentrer sur son émotion, c'est qu'il n'est pas praticien de la photo. C'est sans doute, en même temps une des limites de son analyse. C'est le travail d'un regardeur.

Ce qui marque la nature analytique de sa démarche, c'est ce choix qu'il énonce sans ambiguïté : « j'ai décidé de prendre pour guide la conscience de mon émoi ». [8]

---

[5] **Barthes**. Op. Cit. p. 22

[6] **Barthes**. Op. Cit. p. 22

[7] **Barthes**. Op. Cit. p. 23

[8] **Barthes**. Op. Cit. p. 24

Barthes décrit très bien la sensation qu'on éprouve quand on se sait photographié. Il y enregistre un tournant de la conscience et plus précisément un tournant de la conscience de soi, et s'étonne qu'on n'ait pas pensé à l'étudier. La photo dévoile quelque chose de notre personnalité qu'on ne peut pas contrôler comme on peut le faire en dessin ou en peinture ; ce qui entraîne un certain effroi. Dévoilement de quelque chose de soi, non contrôlable ; et qu'accentue la photo faite en instantané, voire à l'insu du photographié. « Se voir soi-même (autrement que dans un miroir) : à l'échelle de l'Histoire, cet acte est récent... il est curieux qu'on n'ait pas pensé au « trouble » (de civilisation) que cet acte nouveau apporte ».[9] Ce qu'apporte la photo, contrairement au miroir, et *c'est fondamental*, c'est de se voir à l'endroit et non pas à l'envers. Et c'est, en effet, un trouble de civilisation.

Esquissons un thème psychanalytique. Un des apports fondamentaux de Lacan est le stade du miroir. L'enfant prend conscience de soi dans le regard de la mère. Ce qu'il y a d'incompréhensible dans le regard, c'est l'effet de miroir : je te vois me regardant et je sais que tu me vois te regardant, comme deux miroirs « vides » qui s'identifient l'un à l'autre. Si tu me regardes, je suis toi me regardant, car je me vois dans ton regard me regardant. C'est l'identification. Grâce à toi, je sais que j'existe, je me sens vivre. La photo, surtout de soi, n'est pas loin de faire cet effet-là.

Barthes, en bon Lacanien, le dit très précisément : « la Photographie, c'est l'avènement de moi-même comme autre »[10] Je est un autre, et en plus, on peut le photographier et le mémoriser même à son insu ; surtout à son insu, d'ailleurs, car on ne sait jamais exactement comment on est, quelle tête, quelle expression on a, au moment où celui qui prend la photo appuie sur le déclencheur. On se sent dépossédé de quelque chose d'intime qu'on ne peut pas voir. On me vole mon image. Il est frappant de voir à quel point la plupart des gens sont réticents à se laisser photographier sans tout un protocole particulier. On sent que cela vient réveiller des peurs archaïques, ou quelque chose d'un animisme latent chez chacun. Que peut dire la psychanalyse du petit oiseau qui va sortir ?

---

[9] **Barthes**. Op. Cit. p. 27 et 28

[10] **Barthes**. Op. Cit. p. 28

Barthes va plus loin, et dit que se sentant imaginairement un sujet devenir objet, il vit alors une micro-expérience de la mort (de la parenthèse) : il devient vraiment spectre. Que de nuances relativisées par le fait que cela se passe imaginairement, mais aussi, quelle insistance à parler de la mort ! On va voir que la photo peut être vécue comme mort et comme résurrection. Car il y a la double sensation. C'est l'effet des albums de famille. On voit des êtres photographiés souriant, dans le présent du regardeur qui sait en même temps que, depuis, ils sont morts. C'est pour cela que la photo regardée avec émotion provoque cet état intermédiaire entre « ils sont morts » et « ils vont mourir » qui s'apparente au travail de deuil. Pendant quelques secondes, je les vois avoir l'air vivant, je peux faire comme s'ils n'étaient pas morts, ils sont bien comme ils ont été à un moment de leur vivant. Et le plus émouvant, c'est quand ils ont l'air de regarder le regardeur droit dans les yeux.

Est-ce que Barthes va trop loin dans l'expression de son émoi ? Pourquoi va-t-il jusqu'à dire : « ce que je vois (dans les photos faites de lui), c'est que je suis devenu Tout-Image, c'est-à-dire la Mort en personne »[11]. Toujours les majuscules, et toujours la mort. Pourquoi la mort en personne serait tout-image ? Ce n'est qu'une dimension.

Il faudra développer une esthétique de la photo, car beaucoup des remarques qu'il fait sur l'émotion -esthétique- ou sur le fait qu'il n'aime pas toutes les photos d'un photographe sont vraies aussi pour les autres arts. Qui aime tout *Mozart*, ou tout *Picasso* ? En fait, on aime ce qui provoque une jouissance, dont Lévi-Strauss et Breton s'accordaient à lui reconnaître une nature érotique. [12]

Ce sentiment, Barthes va le préciser jusqu'à l'appeler punctum. Il en esquisse un premier trajet : ce sentiment, il veut l'approfondir, non comme une question, mais comme une blessure : « je vois, je sens, donc je remarque, je regarde et je pense ». [13]

---

[11] **Barthes**. Op. Cit. p. 31

[12] **Claude Lévi-Strauss**, *Regarder, Ecouter, Lire*, Plon, 1993

[13] **Barthes.** Op. Cit. p. 42

LE TRAJET DU PUNCTUM

C'est un trajet qui part de certaines descriptions de photos que Barthes a publiées dans Mythologies, et qui passe par des articles de Communications (1961 et 1964), dans lesquelles il tente une analyse structurale de la photo. Ainsi, un de ses derniers recueils d'études, L'Obvie et l'Obtus, présente une analyse des différents sens qu'il repère dans une photographie tirée du film Ivan le Terrible, d'Eisenstein. Le sens qui lui apparaît le plus intrigant et indéfinissable, il l'appelle le sens obtus. Quelque chose de grotesque qui s'impose « en plus » et qu'on ne peut nommer. Il pense que c'est lui, regardeur, qui l'ajoute à la photo, même s'il y est déjà ; la direction de ce sens, à ce moment-là, est de lui vers la photo. Dans *La Chambre Claire*, il inverse la direction et ce qu'il appelle punctum, c'est quelque chose de la photo qui l'accroche à son insu et malgré lui, donc de la photo vers lui. Cette difficulté, ce trajet, ce retournement, et le trajet du punctum qu'il accomplit enfin dans *La Chambre Claire* nous ont amené à formuler cette hypothèse : ce qui fait punctum dans une photo, c'est quelque chose qui vient réveiller quelque chose de notre inconscient de regardeur. Pour mieux le préciser, et le démontrer si c'est possible, nous proposons d'accompagner Barthes dans sa tentative de le faire à travers son propre cheminement, qui nous paraît être un jeu d'associations de mots et d'images tel que l'a précisé la psychanalyse :

1 - Première étape.

Première photo, la co-présence dans une photo de deux éléments discontinus et hétérogènes : scène d'insurrection au Nicaragua. On voit sur la photo des soldats et des bonnes sœurs ; contraste « classique », mais qui amène Barthes à définir sa règle : deux éléments dont la co-présence fonde l'intérêt qu'il a pour les photos qui l'accrochent. Le studium, registre très vaste, ne semble pas trop difficile à définir : c'est le champ ou registre culturel, dans lesquels se situe le contenu de la photo. Par exemple, photo de guerre, de voyage, de reportage, photo documentaire ou artistique. Toutes les photos sont rangeables en catégories générales. Ces classements peuvent être relativement facilement discernables, car ils pourraient être extérieurs au regardeur. Ce serait la façon dont une photothèque classe ses archives photographiques. Surgit néanmoins une difficulté liée à la difficulté de lire les contenus. Ils fonctionnent souvent dans plusieurs registres à la fois. Un classement extérieur peut être photographique, historique, sociologique, esthétique, etc. Les différentes sciences humaines peuvent être des codes de lecture possibles et entraîner des discussions sur les classements à partir de leurs spécificités respectives. C'est là qu'interfère déjà le bagage culturel du regardeur. Il peut voir de l'esthétisme dans une photo documentaire, comme du document dans une photo esthétique, etc. Mais on peut s'entendre sur les règles qui permettent de définir la nature globale du contenu ; c'est pourquoi, même si elle peut se révéler problématique, la nature du studium reste relativement facile à admettre. Plus mystérieux est le fameux punctum de Barthes.

En effet, il apparaît d'abord comme essentiellement subjectif, arbitraire, aléatoire, mutant même, mais aussi comme personnellement lié au regardeur. Faut-il reprendre les mots de Barthes : il vient casser ou scander le studium ; ce n'est pas Barthes qui va le chercher, c'est lui qui part de la scène comme une flèche (une flèche d'Eros ?), et vient le percer ; une blessure ; un petit trou, une tache, coupure ; un coup de dés : « le punctum d'une photo, c'est ce hasard qui, en elle, me point, me meurtrit, me poigne »[14]. Et là commence et s'exprime le jeu des associations inconscientes mais exprimables.

Puis Barthes reprend les deux notions mais celle de punctum ne va plus lâcher le livre. Même le studium est imprégné d'éléments du punctum, car Barthes en parle en termes de « représenter » ou « donner envie ». Qu'est-ce qui fait sens derrière le sens ?

Le studium est lisible par les sciences humaines mais plus particulièrement par l'ethnographie et l'ethnologie. Nous renvoyons au premier chapitre de cet essai. Barthes nous a montré la voie du savoir ethnographique de la photographie. Il parle très bien de son esthétique qui repose aussi sur la rencontre fortuite. Le photographe peut être un dévoileur de la réalité et de son mystère. Et la « Photographie » est subversive, dit-il, lorsqu'elle est « pensive ».

---

[14] **Barthes**. Op. Cit. p. 49

Mais même devant un paysage ou une maison, en photographie, le désir peut surgir, et l'inconscient se réveiller : « Devant ces paysages de prédilection, tout se passe comme si « j'étais sûr » d'y avoir été ou de devoir y aller. Or, Freud dit du corps maternel qu'« il n'est point d'autre lieu dont on puisse dire avec autant de certitude qu'on y a déjà été ». Telle serait alors l'essence du paysage (choisi par le désir) : « Heimlich réveillant en moi la Mère (nullement inquiétante) ».[15] A partir de là, l'ouvrage pourrait s'appeler : l'essence de la photographie ou la mère de Barthes. C'est comme si son discours ressemblait à sa psychanalyse. Il va et vient avant de se livrer, il associe, il avance, il atermoie. Photos unaires ou non unaires, avec ou sans punctum, érotiques ou pornographiques. Ce qui amorce la deuxième étape, c'est que la présence du punctum change le sens de la photo. Sa seule présence change la lecture. Un détail emporte le sens, fait prédominer un sens sur les autres Mais c'est une des techniques principales d'interprétation de la psychanalyse. Le sens inconscient le plus fort, celui qui a entraîné un refoulement à cause de sa charge émotive insupportable, se cache sous plusieurs couches de sens, mais qu'il marque au passage. C'est ce qui permet, si on le veut, de remonter ce fil d'Ariane. C'est le mécanisme de ce que Freud appelle le souvenir-écran. Et c'est souvent pourquoi les photos à forte charge émotive peuvent être vues d'une façon associative, comme des tests projectifs, qui remontent à ce souvenir caché, en termes de : ce détail, cet aspect, cette impression me font penser à..., qui me fait penser à..., qui me fait penser à ... Des dizaines, centaines d'exercices de lecture de photos choisies par eux amènent la plupart des étudiants à évoquer des souvenirs d'enfance, de famille, etc.

Le punctum étant souvent un détail, dit Barthes, « donner des exemples de punctum, c'est, d'une certaine façon, *me livrer* »[16]. Ces deux derniers mots sont en italique et arrivent comme une reconnaissance, un aveu.

2 - Deuxième étape.

Deuxième photo : c'est une famille noire américaine photographiée en 1926 par James Van der Zee. Photo classique

---

[15] **Barthes**. Op. Cit. p. 68

[16] **Barthes**. Op. Cit. p. 73

de famille endimanchée, un peu guindée. Ce qui point Barthes jusqu'à l'émouvoir, « c'est la large ceinture de la sœur (ou de la fille), ses bras croisés derrière le dos, à la façon d'une écolière, et surtout *ses souliers à bride* » (en italique dans le texte, à nouveau).[17] N'insistons pas sur la dimension fétichiste possible de ces objets. Ce que précise Barthes dans cette minutieuse investigation, c'est ceci : « si fulgurant qu'il soit, le punctum a, plus ou moins virtuellement, une force d'expansion... souvent métonymique ». [18]

Lacan a montré que le jeu des associations se fait par métaphore ou par métonymie : un objet symbolise un autre objet (métaphore) ; une partie symbolise le tout (métonymie). Quand un jeune homme demande à son père la main d'une jeune fille, c'est une métonymie. D'ailleurs, les métonymies peuvent aussi avoir une dimension de métaphore. Mais la métonymie appelle le reste de ce qu'elle symbolise. C'est pourquoi Barthes parle de force d'expansion. Il suffit de continuer à creuser en associant.

Barthes propose une série de comparaisons très fortes pour illustrer la dimension de fulguration de l'effet punctum. Un détail *emporte* toute la lecture, provoque en lui un petit ébranlement, un satori, le passage d'un vide. Dans le Bouddhisme Zen, le satori est l'illumination abrupte tant recherchée, ce que les Chrétiens appelleraient l'état de grâce, la révélation. Là encore, l'expression est amplifiée, l'effet est immense. C'est la dimension extatique du témoignage de Barthes. Mais nous préférons penser qu'il vaut mieux le suivre pour le comprendre que d'ironiser sur cet apparent excès, sans doute dû au travail de deuil, à son intensité douloureuse. Il compare les photos fortes à des Haïku, les poèmes japonais en trois vers. Il s'agit de concentré d'émotions, le moins pour dire le plus. Barthes compare photos et haïku en termes « d'immobilité vive ». Il n'arrête pas de verbaliser avec précision la puissance d'une émotion qui, malgré tout, d'après lui, ne peut être dite. C'est le talent du savant ou du poète que de pouvoir faire cela : « l'effet est sûr, mais il est irrepérable, il

---

[17] **Barthes.** Op. Cit. p. 74

[18] **Barthes.** Op. Cit. p. 74

ne trouve pas son signe, son nom ; … il est aigu et étouffé, il crie en silence », etc.[19]

Là encore, il précise un mécanisme commun à la mémoire et au discours analytique, l'association après coup : « l'effet parfois, en dépit de sa netteté, ne se révèle qu'après coup, lorsque la photo étant loin de mes yeux, je pense à elle de nouveau. Il arrive que je puisse mieux connaître une photo dont je me souviens qu'une photo que je vois... ».[20]

3 - Troisième étape.

Un déplacement dans la photo. La photo de la famille noire « a travaillé en moi ». En effet, plus tard, il comprend que le vrai punctum, ce n'est pas la ceinture ni les souliers à bride, mais le collier au ras du cou. Et pourquoi le collier ? nouveau déplacement et remontée de l'inconscient ? parce que c'était ce même collier (mince cordon d'or tressé) « que j'avais vu porté par une personne de ma famille ». [21]

Je comprends fort bien que les lecteurs non rompus aux techniques de la psychanalyse se diront que c'est moi qui sollicite le texte, ce que je ne fais pas, alors que ceux qui les connaissent verront là quelque chose qui leur est tout à fait familier. Il n'y a que la pratique qui apprend, la pratique du terrain, en particulier. Mais continuons à suivre Barthes dans son jeu d'associations. Qui est cette personne ? En fait, il parle du collier resté enfermé dans une boite à bijoux après la mort de cette personne. Je note deux choses que dit Barthes : cette personne est morte, comme sa mère qui vient de mourir (association inconsciente ?) ; enfin, il dit qui elle est ; mais dans une parenthèse : « cette sœur de mon père ne s'était jamais mariée, avait vécu en vieille fille près de sa mère, et j'en avais toujours eu de la peine, pensant à la tristesse de sa vie provinciale. ».[22]

Aussi incisif que soit le punctum, il peut s'accommoder d'une certaine latence. Je risque ceci : il s'agit d'une sœur de son père. Il arrive donc jusqu'à son père. D'une ceinture à une chaussure, puis un collier, puis une sœur du père, puis le père.

---

[19] **Barthes**. Op. Cit. p. 87

[20] **Barthes.** Op. Cit. p. 87

[21] **Barthes.** Op. Cit. p. 88

[22] **Barthes**. Op. Cit. p. 88

Pourquoi le père alors qu'il va ensuite longuement parler de la mère ? La sœur du père avait vécu en vieille fille près de sa mère, ne s'étant jamais mariée. Mais Barthes lui-même n'a-t-il pas vécu « en vieux garçon » ? - là, il faut beaucoup de guillemets pour le dire - près de sa mère, ne s'étant jamais marié. Je ne suis pas le psychanalyste de Barthes et je ne l'ai jamais rencontré. J'ai juste dit que je me servirai de ce que j'ai compris de la psychanalyse pour préciser ce qu'elle peut apporter à la lecture des photos, étant entendu que l'analyse de Barthes (et particulièrement celle de la notion de punctum) a une valeur exemplaire, particulièrement éclatante et aussi bouleversante. Je retiens que dans le trajet de son émotion admirative pour une photo de James Van der Zee, il part d'une famille noire américaine pour arriver à son père. Jeu d'associations, déplacements, substitutions (la sœur pour le père, lui pour la sœur, etc.) et identifications.

C'est pourquoi il peut dire, reprenant une idée de Kafka, que pour bien voir une photo, il vaut mieux lever la tête ou fermer les yeux. Kafka avoue fortement quelque chose de la nécessité du refoulement pour supporter son émotion, y compris de créateur : « on photographie des choses pour se les chasser de l'esprit. Mes histoires sont une façon de fermer les yeux ». Ces mécanismes de refoulement et de dévoilement étant bien vus, cernés -nous ne pouvons les analyser ici plus car ce sont des classiques de la psychanalyse, et notre but essentiel est de comprendre la photographie- nous pouvons saisir pourquoi Barthes dit que fermer les yeux, c'est faire parler l'image dans le silence...ne rien dire, fermer les yeux, laisser le détail remonter seul à la conscience affective. Là, on reste dans l'émotion esthétique. Après, on verbalise son émoi, et alors, on communique, on témoigne. Puis, si l'on veut, on continue à associer ; et alors, on se retrouve dans le discours analytique. L'émotion qu'on laisse remonter laisse enfin l'inconscient s'exprimer et apporte alors une délivrance. Mais l'art et l'analyse sont des voies de délivrance. Et c'est ce que nous semble faire Barthes dans ce texte qui apparaît aussi bien comme art, comme science que comme témoignage testamentaire. Mais le trajet n'est pas terminé.

Si on laisse le détail remonter à la conscience affective, on est dans le même processus que celui de la cure analytique. C'est en laissant les détails remonter à la conscience (au fait, qu'est-ce qui distingue la conscience affective de la conscience tout court ? le trajet de la conscience n'est-il pas l'affectif, puis la conscience affective, enfin la conscience tout court), qu'on peut associer à partir d'eux pour remonter vers l'inconscient, ou pour le dire autrement, laisser de l'inconscient remonter à travers la conscience affective vers le conscient. La notion de détail est intéressante parce qu'elle est un des éléments du mécanisme du souvenir-écran. Dans ce dernier, un détail occupe le devant de la scène dans le souvenir, pour mieux occulter le souvenir du fait qui lui, est refoulé. Ce mécanisme nous paraît très général dans la lecture des photos.

Les photos qui nous touchent fortement se mettent à fonctionner comme des souvenir-écrans, le punctum étant cet élément, ce détail, qui, à la fois, nous touche, nous trouble mais dont il est difficile dans un premier temps de dire pourquoi. Comme le dit Barthes, si nous essayons d'en parler, nous sommes obligés de nous livrer, de parler de notre intime ; mais si nous voulons savoir pourquoi il nous trouble, nous sommes obligés d'associer pour chercher derrière lui, ce qu'il cache en le pointant. C'est pourquoi il fonctionne suivant le même mécanisme que le souvenir-écran.

Barthes finalement va décrire ce processus, mais en parlant de champ aveugle. D'abord, il dit enfin du punctum que « c'est un supplément : c'est ce que j'ajoute à la photo et *qui, cependant, y est déjà* » (en italique). Pourquoi cette contradiction ? Parce que ce détail est bien là, visible, mais ne parle qu'à lui, ne parle qu'au regardeur chez qui cela vient réveiller quelque chose de l'inconscient. C'est cela qui rend cette notion si difficile à comprendre ou à admettre chez ceux qui ne connaissent pas ou ne veulent pas admettre ces processus qu'analyse la psychanalyse. Tout le monde peut regarder la photo de Van der Zee, et voir, sans le remarquer, le collier qui va parler à Barthes.

Le champ aveugle est une notion que Bazin a proposé pour le cinéma. Quand on voit un personnage aller de pièce en pièce, dans un appartement, et que la caméra le suit, on mémorise, au passage ce trajet, et s'il revient dans la pièce d'où il est parti, on la reconnaît ; de même qu'on peut imaginer, devant une scène (de ménage, par exemple), ce qui s'est passé avant ou ce qui risque de se passer après ; c'est cette réserve permanente d'imagination que mobilise l'image mobile. Ce qu'on voit fonctionne comme le champ aveugle de ce qu'on imagine en parallèle. il en va de même pour la photographie à punctum.

Mais si le cinéma extériorise ou suscite cette imagination parallèle par sa mobilité, la photographie l'intériorise et ne peut le déclencher que s'il y a punctum pour le regardeur. Chaque photo peut potentiellement, virtuellement, contenir ce jeu d'associations qui peut l'animer, qui peut lui faire déclencher des émotions qu'il revient au regardeur d'élucider, s'il le veut, quand il y a punctum pour lui. C'est ce réservoir d'émotions et d'associations possibles,(quand il y a punctum encore une fois), qu'on peut appeler pour bien le faire comprendre, le savoir psychanalytique de la photographie.

Nul n'est obligé d'aller aussi loin dans l'investigation de ce qui lui plaît dans une photo. Peu le peuvent ou savent le faire, et c'est vrai qu'il faut beaucoup d'intuition et de bagage culturel pour y arriver. Ceci explique pourquoi tant de gens ont déjà du mal à dire si une photo(ou une œuvre d'art en général) leur plaît ou non, encore plus de mal à expliquer pourquoi, en quoi, jusqu'où... mais, si on veut le savoir, si on veut pouvoir énoncer des règles de lecture ou d'analyse de contenu qui vont au-delà de la lecture du studium pour aller jusqu'à comprendre et éclaircir le punctum et l'émotion, il faut aller jusque-là.

C'est comprendre aussi comment on anime, comment on vit une photo, comment on lui donne du sens à partir de ce qu'elle montre. Finalement, elle ne montre que très peu de cc qu'elle peut montrer. Elle fonctionne comme un symbole, comme la partie émergée de l'iceberg. Elle apporte du réel, de l'imaginaire et du symbolique, et c'est à partir de son symbolique qu'on peut expliciter ce qu'elle peut apporter, comporter de réel et d'imaginaire pour un regardeur donné à un moment donné.

Ce sont les regardeurs qui font le tableau, disait Marcel Duchamp. Dès qu'il y a punctum, dit Barthes, un champ aveugle se crée, se devine : « à cause de son collier rond, la négresse endimanchée a eu pour moi toute une vie extérieure à son portrait ». Sa comparaison entre photo érotique et photo pornographique précise bien ces processus et fait entrer directement dans le désir, qui est un des royaumes de la psychanalyse. Sans aller jusqu'à préciser ce qui peut permettre une distinction propre à chacun, Barthes note que le punctum (pour lui, seules les photos érotiques en on un, les autres étant bêtement pornographiques ou n'ayant que du studium) est une sorte de hors-champ subtil, « comme si l'image lançait le désir au-delà de ce qu'elle donne à voir ».[23]

C'est exactement cela que nous tentons de préciser. L'image forte lance le désir, le provoque, le suscite, le réveille. C'est une des natures de l'émotion esthétique, elle provoque plaisir, désir, jouissance et aussi, sans doute, souffrance, nostalgie, souvenir, réveil de quelque chose de l'inconscient.

4 - C'est à ce moment-là que commence la quatrième étape de l'approfondissement. Le plaisir ne permet pas à Barthes, d'après lui, d'accéder suffisamment à la nature, à l'essence de la photo, à son universel : « je devais descendre davantage en moi-même pour trouver l'évidence de la photographie ».[24]

Qu'est-ce que cette chose qui est vue par quiconque regarde une photo et qui en fait la spécificité ? L'analyse devient directement autobiographique tout en restant (et c'est là que réside sa force, sa puissance, son pouvoir de vérité) phénoménologique : aussi bien scientifique que philosophique ou esthétique, au-delà de ces distinctions tout en les incluant.

Nous rendons hommage sans détour à Roland Barthes car nous pensons que son analyse scientifique, dans ce cas, est d'autant plus forte qu'il a eu le courage d'aller au plus loin de lui-même pour comprendre et surtout transmettre, rendre public, partager.

D'abord, il inverse sa démarche, il ne parle plus des photos qui ont fait tilt, il cherche une photo de sa mère qui la lui restitue. Ce n'est plus pareil. Et c'est une déclaration d'amour à sa mère qui va lui apporter la réponse cherchée. Un processus délibérément analytique va lui apporter une réponse qui se veut scientifique. Je crois que nous en avons assez dit pour pouvoir être plus synthétique, et ne pas avoir l'air de recopier Barthes en le citant trop souvent.

Il range ses photos, processus favorable à des abréactions et à des remontées de souvenirs. Les descriptions qu'il donne des photos qui ne provoquent pas « la résurrection vive du

---

[23] **Barthes.** Op. Cit. p. 93

[24] **Barthes.** Op. Cit. p. 96

visage aimé » [25] sont riches en précisions sur la façon de décrire le studium et sur les modes de fonctionnement de l'Histoire, de l'Ethnographie, ou encore de la mémoire (donc, aussi, psychologie) et de toute une sensorialité qui va jusqu'aux bruits et aux odeurs.

Le texte est trop riche. Nous ne pouvons qu'en tenter une approche. Enfin, il est délicat de faire le compte des aveux et de comment ils s'avouent au milieu ou grâce à des affirmations parfois contestables.

Comment « reconnaître » sa mère ? La plupart des photos d'elle sont « partiellement vraies » et donc, « totalement fausses » ! Le « presque » l'insupporte : « Le presque : régime atroce de l'amour, mais aussi statut décevant du rêve... Ce pourquoi je hais les rêves. Car je rêve souvent d'elle (je ne rêve que d'elle) mais ce n'est jamais tout à fait elle... ».[26]

Dans un excès d'affirmation ou d'amour (« je ne rêve que d'elle »), il suggère une comparaison qui est devenue pour nous une voie de recherche à part entière. La comparaison entre le rêve et la photo permet effectivement d'appliquer aux photos à punctum les règles d'analyse des rêves. Nous sommes surpris de voir que Barthes, qui connaît la psychanalyse, se permette d'affirmer qu'il hait l'imprécision des rêves et les rêves eux-mêmes. On sait bien que les rêves ne disent pas directement le vrai ou la réalité. Eux aussi sont pleins de souvenirs-écrans. Barthes le sait, il tergiverse. Il rêve sa mère comme il la sent ou la connaît inconsciemment, et non pas comme il la voit dans leur quotidien : il le dit d'ailleurs : « je rêve d'elle, je ne la rêve pas ». C'est dans son conscient qu'il en fait une idéalisation, un rêve idéal. Le deuil oblige souvent à ne plus voir que les qualités, tellement le regret est fort. Mais tout a une fin.

Il trouve enfin la photo qu'il cherchait. C'est la célèbre photo dite « du jardin d'hiver » (1898). Nous en reparlerons à propos des albums de famille.

Il y a la mère qui a cinq ans, et son frère qui en a sept. Le frère de la mère, image paternelle possible. « Le frère et la sœur, unis par la désunion des parents ». Barthes aurait-il souffert dans sa vie du fait que sa mère ait été séparée de son père à elle ? Possible. Hypothèse, simplement. La photo est

---

[25] **Barthes**. Op. Cit. p. 100

[26] **Barthes**. Op. Cit. p. 104

prise dans la serre de la maison où sa mère est née. On voit, sans insister, la charge extrêmement forte de cette photo, qui réunit dans un regard, jusqu'à trois générations.

Barthes entre alors dans un processus très étrange qui s'apparente pour nous et sans que nous en soyons sûr, à une sorte d'aveu œdipien fort, par l'écriture : il va se mettre en position de père de sa propre mère, et en parler comme si elle était devenue sa petite fille à lui. Il reste néanmoins son gentil garçon, comme elle est sa gentille fille, car il la définit au mieux par ce trait : « elle ne me fit jamais, de toute notre vie commune, une seule observation ».[27] Et, citant Proust, il décrit à nouveau le processus de la mémoire et de la remontée de l'inconscient. Il décrit aussi comment il est parti de la dernière photo de sa mère avant sa mort, pour arriver à celle de sa mère enfant. Bilan d'une vie de sa mère à travers lui sur trois-quarts de siècle. Là encore, la richesse des commentaires qu'on pourrait faire nous excède, nous dépasse. Car c'est tout cela que lui fait *cette* photo. C'est mort et résurrection ; le deuil lui fait cela, mais surtout *cette* photo lui fait cela. Il perd sa mère une deuxième fois, deux fois, dans la dernière et dans la plus lointaine photo : « Ce mouvement de la Photo (de l'ordre des photos), je l'ai vécu dans la réalité ».[28] Ce processus l'amène donc à vivre sa mère comme sa fille, dans la réalité, puis à annoncer sa mort à lui ; ce qui arrivera peu après. Et en même temps, c'est sa lecture, par l'écriture, d'une photo « Elle si forte, qui était ma Loi intérieure, je la vivais pour finir comme mon enfant féminin. Je résolvais ainsi, à ma manière, la Mort... je ne pouvais plus qu'attendre ma mort totale, indialectique ».[29] Voilà ce que je lisais dans la Photographie du Jardin d'Hiver, précise-t-il, en conclusion de cette incroyable confidence, à la fois analytique et prémonitoire.

Nous commenterons à nouveau ce texte si important à propos des albums de famille (cf. supra). Son importance autorise un peu de répétition. Pourquoi dit-il de sa mère qu'elle était sa Loi intérieure (encore avec une majuscule à Loi, c'est dire la force et la reconnaissance de l'aveu ; aveu non pas moral, évidemment, mais émotif, nuance importante). La loi

---

[27] **Barthes**. Op. Cit. p. 109

[28] **Barthes**. Op. Cit. p. 112

[29] **Barthes.** Op. Cit. p. 113

intérieure, est-ce à dire le Sur-moi ? Là encore, il faudrait préciser. Prendre sa mère, pour un mâle, comme loi intérieure, qu'est-ce que cela veut dire ? Et comment cela se traduit-il dans le jeu des identifications qui servent de modèles de comportement ?. Ne tournons pas autour du pot, et n'ayons pas l'air d'être ignorant. N'est-ce pas là un processus homosexualisant ? Barthes pensait trouver en Mapplethorpe « son photographe ». Idée intéressante de trouver « son » photographe. Est-ce à dire celui qui exprime les fantasmes du regardeur, ou bien ce qui les provoque, ou encore les deux à la fois, puisque probablement, cela revient au même.

« Toutes les photographies du monde formaient un labyrinthe. Je savais qu'au centre de ce labyrinthe, je ne trouverais rien d'autre que cette seule photo ».[30] C'est cette photo qui va lui expliquer ce qui le tire vers la Photographie (avec une majuscule). Barthes ne veut pas montrer cette photographie, car il craint que le lecteur ne la trouve trop banale, car sans émotion pour lui. Il la refoule tout en provoquant un refoulement, en tout cas un manque, une frustration pour le lecteur. C'est comme s'il se vengeait, à l'avance, de l'aveu qu'il commet. Sorte de prix qu'il faut payer pour l'entendre. Cela maintient le suspens. Le prix de ton écoute, c'est cette frustration. Si tu m'écoutes, tu ne verras pas. C'est donnant, donnant.

Autre thème : pour certains, montrer une photo est moins indiscret que d'en parler. Pour Barthes, écrivain, c'est le contraire : en parler même intimement, est moins indiscret que de la montrer. Vases communicants entre la photographie et le discours, écrit ou oral.

Barthes va enfin formuler cette évidence, indéfinissable, qui le taraude depuis le début et qu'il a déjà exprimée en disant qu'on ne peut pas séparer une photo de son référent : une pipe y est toujours une pipe. Pour cela, il doit accepter de mêler deux voix : celle de la banalité (dire ce que tout le monde voit et sait : cette photo de pipe montre une pipe (tout le monde peut voir cela), et celle de la singularité (renflouer, dit-il, cette banalité de tout l'élan d'une émotion qui n'appartenait qu'à moi : c'est une pipe, certes, mais c'est celle de mon grand-père que j'adorais, ou bien elle ressemble à celle de mon grand-père, etc.). Le

---

30 **Barthes**. Op. Cit. p. 114

référent de la photo a cette caractéristique spécifique par rapport aux autres images, que ce qu'elle montre a effectivement existé, et été là, devant l'objectif, à un moment donné.

La chose (ou la personne) a été là, pendant la prise de vue photographique, et il en reste quelque chose de parfaitement visible en permanence. Position conjointe de réalité et de passé. D'où le célèbre « ça-a-été ». Cette présence du référent, cette Référence, est l'ordre fondateur de la photo. C'est ce qui en fait un phénomène unique dans l'histoire de l'homme.

On peut ergoter, truquer, inventer ou fabriquer ce que la photo va montrer (les faux chats de Sandy Skoglund, par exemple), elle va impitoyablement fixer, enregistrer et montrer le ça-a-été de ce qui a été posé en face de l'objectif. Un vrai indien dans un faux cadre (un indien au jardin d'acclimatation pris par Roland Bonaparte) devant l'objectif, devient le ça-a-été de cette photo : on voit bien un vrai indien dans un faux cadre au jardin d'acclimatation. On met en scène ; cela devient le référent ; la mise en scène devient le ça-a-été ; on voit une mise en scène. Les mariés posent sans naturel, d'un air officiel qui se veut quand même naturel. La photo montre tout cela à la fois : la pose sans naturel qui se veut officielle et qui fait semblant d'être naturelle. On photographie un semblant, la photo montre un semblant, etc.

Le nom du noème de la photographie sera donc : « ça-a-été », ou encore : « l'Intraitable ».[31] Barthes a raison, la photo se montre intraitable avec ce qu'elle montre. C'est impitoyable. Intraitablement, elle le montre. Çà-a-été, c'est une petite phrase substantivée. C'est précis et subtil ; c'est une dynamique. Je veux voir le ça-a-été, je le vois ; je ne fais pas attention, je ne vois pas grand-chose. La photographie peut apprendre à voir, à regarder. Il vaut mieux bien voir une photo que ne rien voir de la réalité.

La photo mêle vérité et réalité, dit le philosophe Barthes. On s'assure des choses avant de les déclarer « vraies », dit-il, or, sous l'effet de l'intensité, il a fait l'inverse : « j'avais induit de la vérité de l'image la réalité de son origine ».[32] Il ajoute : « j'avais confondu vérité et réalité dans une émotion unique, en

---

[31] **Barthes.** Op. Cit. p. 120

[32] **Barthes**. Op. Cit. p. 121

quoi je plaçais désormais la nature, le génie de la Photographie ».

La photo est à la fois vérité et réalité. La peinture peut être vraie, mais ne peut pas prouver que ce qu'elle montre a réellement existé. La photo, si. Pareil pour le discours, il ne peut prouver qu'il dit la vérité, ou plutôt même s'il dit la vérité, il ne peut pas prouver que cette vérité est réalité. La photo, si. Le regardeur sait, sans y penser, que ce qu'il voit en photo prouve que cette chose réelle s'est trouvée immobile devant l'œil du photographe, son objectif, puis devant l'œil du regardeur. Vertigineuse transmission.

La photo reste immobile parce qu'elle continue constamment à immobiliser ce qui a été immobilisé une fraction de seconde devant elle. C'est cette immobilité continue et constamment continuée qui provoque un vertige. Eternelle immobilité définitive que nous avons proposé de formuler sous le terme de : *instantanéisation.*

Le génie de la photo, c'est cette instantanéisation. La psychanalyse peut le comprendre et l'expliquer parce que, dans le psychisme inconscient, il y a beaucoup d'instantanéisations, de compréhensions, de prises de conscience en un coup d'œil, en une vision instantanée, en un regard qui voit d'un coup une scène ou une émotion, un geste, un instant, immédiatement interprétés, vécus et considérés comme trop forts, décisifs, insupportablement marquants, et du coup, refoulés, enfouis... mais qui reviennent dans les rêves, déformés, transposés, transformés en souvenirs-écrans et que par hasard, une photographie peut réveiller, remuer, évoquer, rappeler métaphoriquement.

Fileur éternel des immobilités bleues. Ce sont comme des immobilités bleues qui peuvent resurgir à tout moment, à l'occasion d'une rencontre impromptue mais jamais par hasard, avec une photographie. Barthes le sait, le dit, l'a vécu, l'analyse pour nous. C'est en cela que son livre a marqué et reste exemplaire. Et son analyse est facilement applicable, vérifiable à tout moment. Les publications de photos dans la presse jouent constamment de ce jeu entre vérité et réalité.

Si telle photo fait vrai, elle sera lue comme montrant la réalité. La publicité fonctionne presque constamment sur ce mécanisme. L'ambiguïté est amplifiée encore par la distinction entre photo-symbole et photo-vérité. Un article sur Chirac ou

Jospin peut être illustré par une photo-vérité (Chirac ou Jospin photographiés à l'occasion d'une situation dont l'article rend compte, justement) ou par une photo-symbole (portrait en gros plan de l'un ou de l'autre, pris en-dehors du contexte, et juste destiné à rappeler les traits de la personne).

En général, le lecteur attend une photo-vérité, non une photo-symbole. On attend d'un témoin, reporter ou ethnographe, qu'il montre des photos-vérité. Et quelles que soient les qualités esthétiques incontestables du Baiser de l'Hôtel de Ville de Doisneau, on se sent trompé du fait qu'il ait laissé croire qu'il s'agissait d'une photo-vérité, alors que c'était une photo-symbole. Si c'était une photo-vérité, on apprendrait quelque chose des mœurs amoureuses des parisiens, alors que si c'est une photo-symbole, elle ne fait que renforcer un stéréotype déjà connu : Paris, ville des amoureux. Il faudra développer cette différence profonde d'esthétique qui existe entre les photos instantanées (révélatrices possibles du génie d'un photographe) et les photos mises en scène (qui ne montrent que le talent). On voit bien la différence fondamentale. D'un côté, dévoilement de la réalité, perception de la réalité, de l'autre, construction d'une réalité qui n'existe peut-être que dans la tête du photographe-concepteur.

Barthes propose une autre idée proche de la précédente : la confusion entre le réel et le vivant. Mais c'est la même idée. Ce sont les cadavres mis en scène de Timisoara. Ils font « vivants », donc la scène a l'air vraie. Il montre la photo (d'Avedon) : William Casby, né esclave. Horrible preuve réelle de l'esclavage. La souffrance est définitivement inscrite dans le corps, dans la tête, dans les yeux de Casby et transmise comme réelle, ayant réellement existé, dans la photographie.

On a reproché à Barthes de croire naïvement que la photographie montrait la réalité. Elle montre tellement plus de choses, en plus, que nous reviendrons sur ce débat nécessaire.

En effet, Barthes va beaucoup plus loin dans le débat, car il voit toutes les conséquences de l'importance de la photo sur les modes de démonstration des sciences humaines. On peut évaluer leur degré de scientificité par le biais de ce révélateur épistémologique possible qu'est la photo. Il le dévoile en deux phrases. A l'occasion d'une photo qu'il avait, enfant, montrant une vente d'esclaves : « mon horreur et ma fascination d'enfant venaient de ceci : qu'il était *sûr* que cela avait été : *pas question d'exactitude, mais de réalité* : l'historien n'était plus le médiateur, l'esclavage était donné sans médiation, le fait était *établi sans méthode* ».[33]

La photo permettrait d'établir des faits, historiques, politiques, anthropologiques, sans méthode. Ou plutôt, c'est une méthode extraordinaire, exceptionnelle, qu'il faut apprendre à utiliser avec toute la rigueur indispensable, évidemment.

Là où le deuil le travaille au point de chercher au plus loin, c'est quand il va jusqu'à dire que la photo est littéralement une émanation du référent. On peut encore avoir un contact physique, de peau, avec la personne photographiée mais disparue. La photo capte et imprime les rayons lumineux émis par le photographié, directement. D'un corps réel qui était là, dit-il, sont parties des radiations (?) qui viennent me toucher, moi qui suis ici. La photo de l'être disparu vient me toucher comme les rayons différés d'une étoile. Quelle belle image et en même temps, quelle demande, quel espoir insatiables, insondables ! Cela donne le vertige. La lumière comme milieu charnel, comme peau que je partage avec celui ou celle qui a été photographié.

Rapport érotique, charnel, presqu'incestueux pour Barthes et que connaissent tous ceux qui accrochent des « pin-up » sur les murs. Substituts symboliques ou rapport réel par la lumière ?

La photo est une résurrection pour Barthes. Vieux débat religieux. Mais c'est vrai qu'elle a cette dimension résurrectionnelle du passé qui permet de travailler sur la mémoire, car elle fonctionne comme une mémoire.

La photo, dit Barthes, c'est le réel à l'état passé, à la fois le passé et le réel. C'est l'art le plus métaphysique qui soit, car au-delà de notre présence politique et sociale au monde, elle nous impose de nous poser des questions métaphysiques. « Probablement la vraie métaphysique », précise bien Barthes.

Constatons que ce livre est un incroyable concentré. Sorte de voyance testamentaire. Barthes y fait le bilan de sa vie et de sa connaissance en un examen de conscience, sans doute issu de son protestantisme. Il est, de plus, lucide à l'avance sur tous les débats que son analyse va entraîner et il tranche sans ambiguïté.

Entre les réalistes et les autres, il tranche. La photo est du réel qu'on ne peut plus toucher ; le passé est désormais aussi sûr

---

[33] **Barthes.** Op. Cit. p. 125

que le présent. C'est l'avènement de la photo qui partage l'histoire du monde. Elle n'a rien à voir avec les autres images. Il faut donc en parler spécifiquement. Elle est analogique, non codée et codée, constatative, elle authentifie en se servant du temps, etc. N'entrons pas maintenant dans ces débats encore actuels, voire permanents. Il fallait montrer la richesse du savoir psychanalytique de la photo. Nous ne pouvons, loin de là, l'épuiser, en une analyse du texte de Barthes. Mais ce thème sera aussi récurrent que celui de son savoir ethnographique.

Il reste un dernier aspect du punctum à explorer, avant de quitter Barthes temporairement. C'est le temps comme punctum.

LE TEMPS COMME PUNCTUM

La dernière découverte de Barthes, et c'est loin d'être la moindre, sinon la plus importante, avec le ça-a-été, c'est que le temps fait punctum. Le décalage des temps provoque un punctum.

Rappelons les trois temps de la photo : le temps du sujet photographié (par exemple, le Parthénon, Vème siècle avant Jésus-Christ), le temps du photographe (par exemple Maxime du Camp, à la fin du XIXème siècle), le temps du regardeur (par exemple, moi qui regarde aujourd'hui la photo de Maxime du Camp).

Le décalage de ces trois temps provoque un punctum chez le regardeur qui en a conscience. Mais deux temps suffisent : Barthes regardant dans son aujourd'hui une photo de sa mère quand elle avait cinq ans. Ce décalage provoque un choc dont on a n'a pas fini de se remettre. Brusquement, son regard est projeté dans une « réalité » qu'il n'a jamais pu connaître : lui voyant sa mère avant même qu'elle ne puisse seulement imaginer de concevoir son fils, regardeur. Vertige, à nouveau, nouveau vertige. Est-ce seulement imaginable ? C'est la fameuse machine à remonter le temps. Les machines que l'homme est capable d'inventer transforment plus vite sa sensorialité qu'il n'est à même d'en prendre conscience et de l'exprimer.

Et pourtant, il n'arrête pas de fuir en avant dans le temps pour mieux ne pas être confronté à lui-même. Pendant ce temps-là, la dernière des sciences humaines qu'il a conçue comme théorisation de sa perception fuyante le rattrape au tournant, forcément. Et c'est la psychanalyse, cette science de la conscience passée comme présent.

En effet, les trois temps de la photo restent une construction du temps dans le présent du regardeur, car c'est dans son présent qu'il reconstruit de façon imaginaire (et comment faire autrement, dites-moi ?) le temps du sujet photographié et le temps du photographe.

La photographie permet cette chose incroyable que toutes les religions ou presque ont rêvé de rendre tangible : éterniser le présent. Eliminer le temps. Mais en même temps, elle oblige la conscience à changer. Même le temps devient périssable de façon visible. Et l'éternité retourne à son état de fantasme. Seul le présent existe. La photo permet simplement à du passé de rester présent. Ce qui, en soi, est extraordinaire. La psychanalyse peut permettre la même chose sur le plan psychique, mais il faut faire attention à ne pas trop lui demander ou en attendre, ni à faire semblant de lui reprocher qu'elle ne puisse donner plus. Ni ne pas vouloir savoir l'extraordinaire qu'elle apporte, comme celui qu'apporte la photo.

Barthes a dit avec juste raison que les représentations sociales sont le plus souvent en retard sur la réalité. La photographie peut rendre tangible ce phénomène : on l'utilise à tour de bras sans arrêt avant même d'avoir reconnu l'extraordinaire qu'elle apporte : le télescopage des réalités. C'est vrai que le cerveau bien utilisé permet ces performances. Ce qu'il y a, c'est qu'il ne les rendait pas tangibles, alors que la photo, elle, le permet, sur le plan du temps.

Mais, dit Barthes : « Immobile, la Photographie reflue de la présentation à la rétention ».[34] En effet, il faut animer la photo et lui donner du sens pour qu'elle fasse le trajet inverse, et que le regardeur délivre ce qu'elle garde pour lui en rétention. Elle ne peut le faire à la place du regardeur. Il se désole devant la Photo du Jardin d'Hiver, de souffrir immobile. Certes, la photo ne peut pas souffrir à sa place. Elle ne peut « transformer » sans lui son chagrin. Elle peut l'aviver aussi. C'est l'ambiguïté de la photo dans le travail de deuil comme le montreront les albums de famille. On peut s'en servir pour

---

[34] **Barthes.** Op. Cit. p. 140

souffrir comme pour se remémorer les bons moments. C'est toujours mort *et* résurrection. La photographie n'est pas sans culture, contrairement à ce que dit Barthes, elle est un fixateur de mémoire et elle ne donne sa culture que si le regardeur veut bien la lui accorder à partir de sa culture à lui. Elle peut l'aider à faire remonter à la conscience des éléments de sa culture dont elle n'est que le symbole, le contenant possible. Si Barthes le veut bien, il peut se remémorer beaucoup de choses à partir de cet élément (la serre) et de ces personnages (sa mère et son oncle), près d'une maison, sachant qu'il sait beaucoup de choses sur tout ceci, forcément. Mais il n'est pas obligé de le faire, et la photo ne l'aidera à le faire que s'il le veut bien. La décision ne peut appartenir à la photo.

Non seulement la photo n'est jamais un souvenir, mais encore elle le bloque et devient très vite un contre-souvenir, dit-il. Ce n'est pas exact encore une fois, car il ne veut pas voir que tout dépend de sa volonté à lui et non pas de la photo. En effet, elle joue, on l'a vu, le rôle d'un souvenir-écran, si on ne se lance pas dans le jeu des associations qui fait remonter la mémoire à partir d'elle.

Barthes la trouve violente parce qu'à chaque fois, « elle emplit de force la vue » . De fait, elle se donne d'un coup, dès le premier coup d'œil ; mais à partir de là, le regardeur peut se laisser bloquer (en fait, c'est lui qui se bloque lui-même), et la photo devient alors un souvenir-écran (c'est le phénomène du blocage que la psychanalyse appelle une résistance) ; ou bien, il se sert du trouble du punctum pour se laisser associer et faire remonter à la conscience ce qu'il a lui-même bloqué. Phénomène subtil presqu'insaisissable, et qu'il n'était pas si facile de décrire, malgré l'aide de Barthes et de ses blocages à lui (ou malgré eux).

Barthes est trop envahi par la mort pour ne pas voir surtout la mort. Il va jusqu'à dire que la photo est notre façon d'esquiver la mort : « cette image qui produit la mort en voulant conserver la vie », dit-il. Ce n'est que partiellement vrai, car on peut dire le contraire, comme il le dit lui-même : cette image qui restitue la vie au-delà de la mort et qui me transmet, différés, les rayons de la vie. Elle est mort et résurrection. C'est l'ambivalence des sentiments ; et la photo entretient le deuil en le freinant. Elle est à volonté aussi bien du côté de la vie que de la mort, parce qu'elle est mémoire, un processus qui, justement, est entre la vie et la mort. Se remémorer est un processus dynamique. Cela peut resurgir à tout moment et la photo est une aide précieuse. Mais on peut aussi l'oublier, l'enfermer, la cacher, ne pas l'animer, comme les souvenirs.

Le trajet du punctum est bien un trajet dans le temps ; c'est pourquoi Barthes va achever son analyse par une dernière formulation qui, finalement n'est jamais qu'une ultime façon de dire la même chose : « je sais maintenant qu'il existe un autre punctum (un autre « stigmate ») que le détail. Ce nouveau punctum qui n'est plus de forme mais d'intensité, c'est le Temps ».[35] En fait, dès le début, le punctum c'est le temps, ou plutôt le décalage des temps. Il décrit la photo de ce jeune assassin souriant, dans sa cellule, et attendant sa pendaison. Et il ressent, à la fois « cela sera et cela a été », il est mort et il va mourir. Du passé présent. Le réel à l'état passé. Chaque fois qu'il regarde cette photo, le jeune homme est là, vivant, pas encore mort, mais il sait en même temps qu'il est déjà mort. Ce double sentiment est nouveau et tout à fait particulier. Il en avait déjà parlé dans un autre texte en disant carrément que la photographie avait inventé une nouvelle catégorie de « l'espace-temps » : locale immédiate et future antérieur (?).

La photo me dit la mort dans un futur qui est déjà passé. Cela encore est extraordinaire. Mais en même temps, c'est ce que fait la mémoire. La photo rend le phénomène tangible, palpable et visible, indéfiniment. Cela est mort et cela va mourir. Toutes les photos sont deuils et mémoires.

Les photos se regardent seul, même en groupe, car chacun éprouve personnellement pour soi, ce processus de télescopage du temps et de la mémoire. C'est un processus psychique intérieur. C'est pourquoi dire aux autres l'effet que nous fait une photo, c'est livrer de son intérieur. A chacun de réussir à parler de son intérieur sans forcément livrer son intime. L'effet des photos peut être d'autant plus intime qu'elle dévoilent aussi et en même temps quelque chose de l'intime du photographe. En effet, n'oublions pas non plus que ce que nous voyons, c'est un regard fixé du photographe.

C'est pourquoi il peut y avoir communication d'inconscient à inconscient par l'intermédiaire de la photo. Par l'intermédiaire du langage aussi, ou d'un geste, d'un regard, ou

---

[35] **Barthes**. Op. Cit. p. 148

d'un silence, certes, mais pas de façon aussi visible, tangible. La photo peut être du privé rendu public.

La photo ne sait dire ce qu'elle donne à voir, dit Barthes. Elle le dit rien qu'en le montrant, car c'est son discours à elle, « le photographié ». C'est à nous à savoir dire et écrire en mots ce qu'elle donne en visible, en regard. Un regard en dit beaucoup, mais pas verbalement. La conscience n'est pas que discours, elle est aussi image.

Nous essaierons d'approfondir autrement et plus tard ce que le texte de Barthes peut apporter sur les plans philosophique, esthétique, politique et social, car il lance beaucoup d'idées, souvent stimulantes, parfois trop rapides et contestables. C'est la richesse psychanalytique qui nous importait dans ce chapitre, et aussi la méthode, la photo comme méthode et l'apport de Barthes à l'élucidation de cette méthode. Il y a enfin l'apport de la photographie à la compréhension de certains mécanismes du regard. Peut-on séparer l'attention de la perception ? L'évidence de la photo aveugle Barthes par moments. Il voit de la folie dans le regard, et particulièrement dans le regard droit dans les yeux.

Il classe les photos de sa mère : sur les plus superficielles, ce n'est que son identité ; sur d'autres, meilleures, il y lit son « expression individuelle » ; enfin, sur celle du Jardin d'Hiver, c'est elle, avec évidence.

Finalement, le ça-a-été lui paraît une évidence insupportable. Comme si de voir « la réalité » le rendait fou ; il préfère dire alors que c'est la photo qui est folle dans son évidence. « Image folle, frottée de réel ».[36]

Nous l'avons souligné à plusieurs reprises, c'est le lien spécifique que la photographie a avec la réalité, voire le réel qui en fait une exceptionnelle matrice de recherche sur la réalité. Mais il ne faut pas reprocher à la photo ce que le regardeur devrait se reprocher à lui-même. La photo n'est pas folle de son évidence, c'est seulement ce que ressent follement le regardeur. Est-ce que l'évidence (invisible le plus souvent) de la réalité rend fou ? La photo ne devient pas art parce qu'elle abandonne la folie. C'est le deuil de Barthes qui le rend fou, et non la photo de sa mère. Ses diagnostics sont parfois trop brutaux. Ce

---

[36] **Barthes.** Op. Cit. p. 177

n'est pas la photo qui envahit notre monde, ce sont ses éditeurs qui l'utilisent ainsi, etc.

La photo n'est ni folle ni sage. Mais concédons à Barthes en conclusion, et par poésie, cette opposition trop schématique. La photo est sage dans son réalisme tempéré, qui permet de multiples usages scientifiques et autres, que nous étudions ; elle est folle dans son réalisme absolu, car alors, dans ce processus vertigineux d'instantanéïsation, elle provoque une « extase photographique ».[37] Comme la psychanalyse, elle permet d'affronter le réveil de l'intraitable réalité.

---

[37] **Barthes**. Op. Cit. p. 183

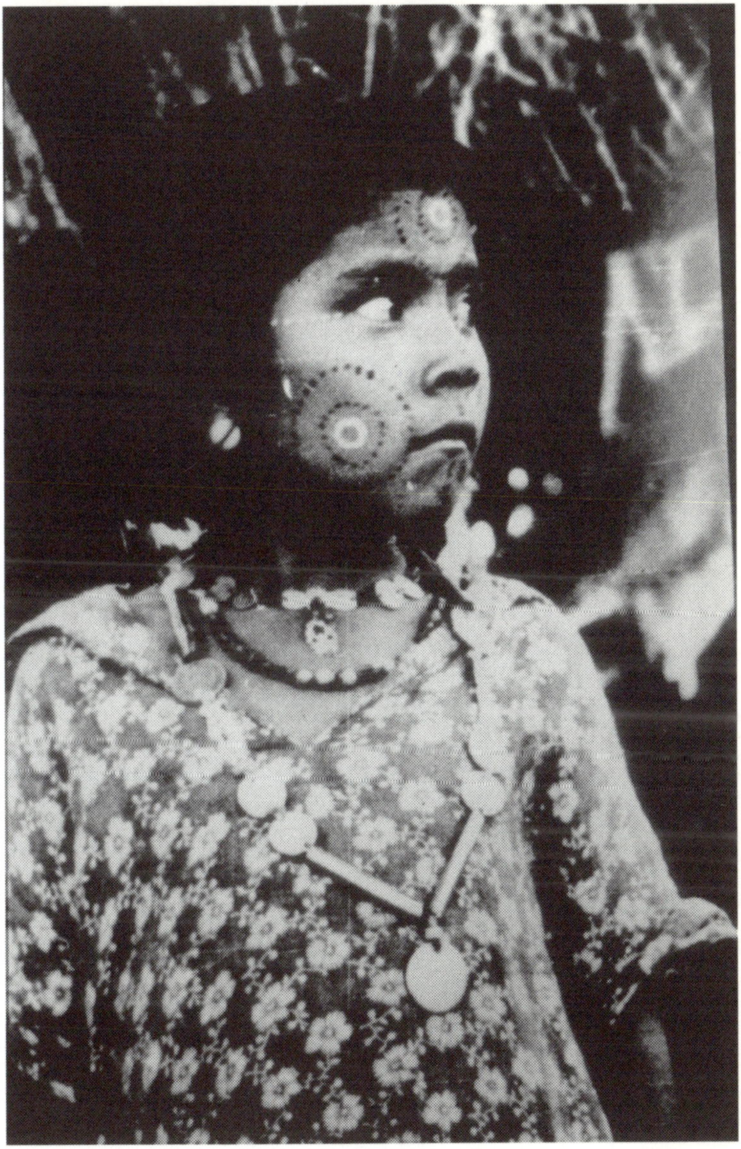

Photo n° 7 - Lévi-Strauss.
Fillette caduveo.
Les photos 7 à 18 sont extraites d'une exposition des photographies de C. Lévi-Strauss organisée par E. Garrigues pour le Musée Niepce de Chalon-sur-Saône. (décembre 1989 - mars 1990).

Collection du Musée de l'Homme.

Chapitre 3

CLAUDE LÉVI-STRAUSS ET LA PHOTOGRAPHIE

PROLOGUE

Ce troisième chapitre a son histoire. Il n'a pas été conçu d'un seul jet, mais en trois étapes. L'influence des cours et de l'œuvre de Lévi-Strauss dans ma formation et dans la formation de ma conscience et de mon regard a été telle que j'ai préféré garder les trois étapes de la constitution de ce chapitre. En effet, Lévi-Strauss dans un entretien publié dans le journal Le Monde, a dit qu'il estimait que les sciences humaines se prétendaient sciences « par une fâcheuse imposture » car l'objet et le sujet de ces sciences étaient de même nature.

Traumatisé par cette expression, je n'ai eu de cesse d'y trouver une parade. Consacrant ma vie, « comme lui », aux sciences humaines et à l'art, je n'ai trouvé de réponse que dans cette idée que « l'aveu autobiographique » délivrait de cette imposture. Il s'agit d'un essai manifestement déraisonnable. Avouer la dimension autobiographique des sciences humaines, c'est oser dire que le roi est nu. Mais alors, à ce moment-là, pourquoi ne pas oser observer la nudité du roi, la décrire, voire la photographier, peut-être même la chanter. D'où cet aveu en trois étapes.

1 - QUELQUES REFLEXIONS ET UN ENTRETIEN AVEC CLAUDE LÉVI-STRAUSS

Quand je décidai, il y a quelques années, de faire travailler mes étudiants sur les photographies de *Tristes Tropiques,* je ne savais pas vers quel univers de réflexions visuelles et intellectuelles je me dirigeais. Je m'interrogeais sur la part de fiction plus ou moins incontournable que comporte la plupart des sciences humaines et l'ethnologie en particulier. Le cours devait être une approche de la sociologie de la culture et de la création imaginaire et j'étais tenté de prendre comme exemple de création imaginaire la photographie d'un côté et l'ethnologie de l'autre. Prendre, d'entrée de jeu, l'ensemble d'une science humaine comme construction imaginaire et en faire une lecture critique en partant de cette interrogation, de ce point de vue hypothétique, me paraissait une façon stimulante d'entamer une réflexion épistémologique ; une comparaison de cette réflexion avec celle que provoque la photographie me semblait pouvoir accroître encore la stimulation. En fait, c'est la lecture de Lévi-Strauss et ses développements sur l'évolution et la fin probable de l'ethnologie à cause de la disparition progressive de son objet d'étude, dans « *Tristes Tropiques* », qui m'avaient fait sentir la nécessité de continuer cette réflexion. L'ethnologie semblait la plus séduisante des sciences humaines par ce qu'elle apprenait d'intime sur les humains apparemment les plus éloignés et sur ce que la révélation de cet intime lointain dévoilait du nôtre, irrésistiblement, en contre partie. Elle passionnait justement par cette mystérieuse dialectique permanente du lointain et du proche, du soi et de l'autre, et surtout du réel et de l'imaginaire. La proximité de ces questions d'avec celles qu'entraîne la psychanalyse me paraissait évidente. Lévi-Strauss, manifestement, était un lecteur de Freud. Comme de nombreux ethnologues, il a été frappé par ces liens qui unissent les deux démarches, au point de ne pas hésiter à dire, dans son livre d'entretien avec Didier Eribon, qu'on devient anthropologue en pratiquant le terrain de la même façon qu'on devient psychanalyste en faisant une analyse. La comparaison va très loin par ce décalage et cette mise en perspective de la personnalité de départ, avant terrain ou analyse, comparée avec celle qui surgit progressivement à travers le terrain et/ou l'analyse. Cette recherche très stimulante, creuse son sillon constamment

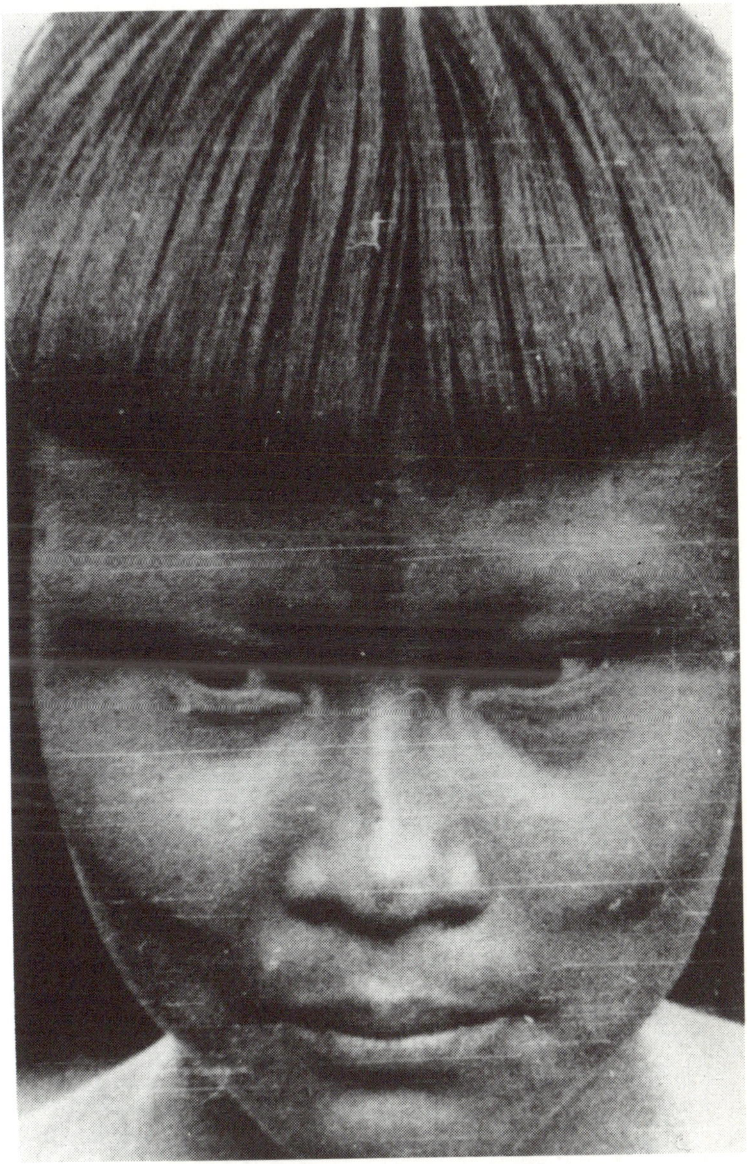

Photo n° 8 - Lévi-Strauss.
Jeune femme bororo.
Collection du Musée de l'Homme.

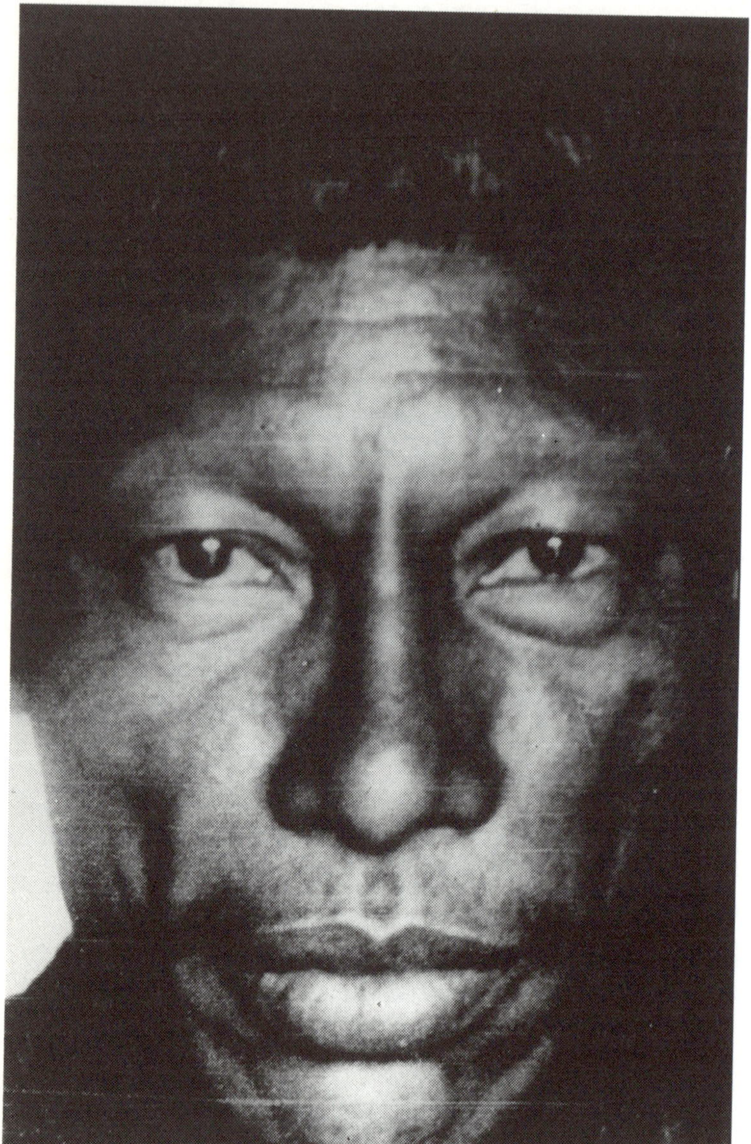

Photo n° 9 - Lévi-Strauss.
Homme bororo.
Collection du Musée de l'Homme.

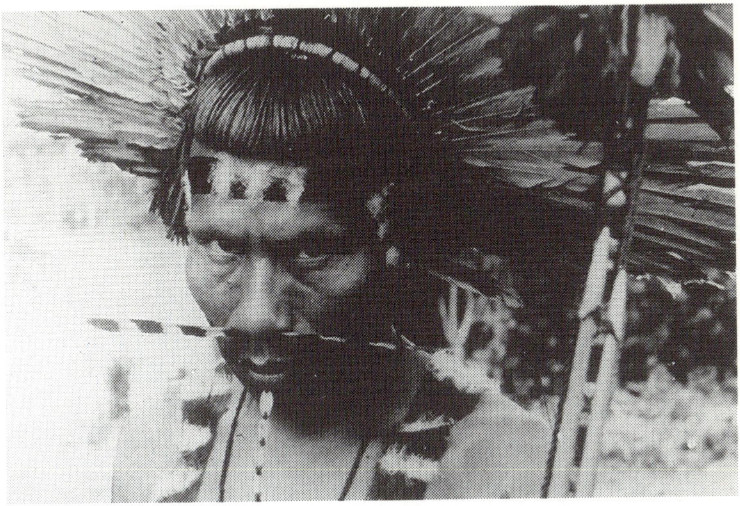

Photo n° 10 - Lévi-Strauss.
L'informateur s'est vêtu de toutes ses parures pour la photo.
Collection du Musée de l'Homme.

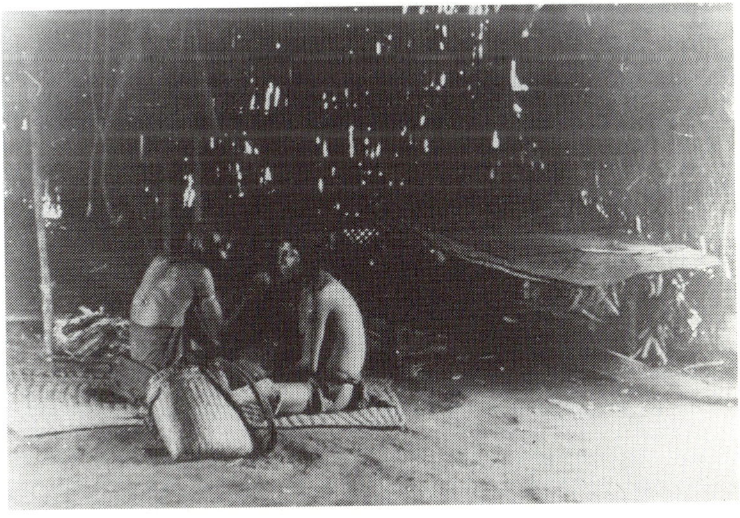

Photo n° 11 - Lévi-Strauss.
Un Bororo peint le visage d'un autre.
Collection du Musée de l'Homme.

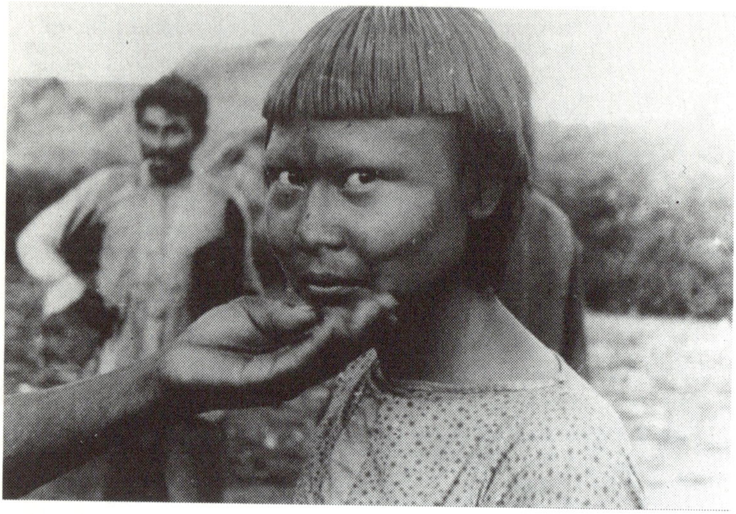

Photo n° 12 - Lévi-Strauss.
Jeune femme bororo, la même que sur la photo n° 8.
Collection du Musée de l'Homme.

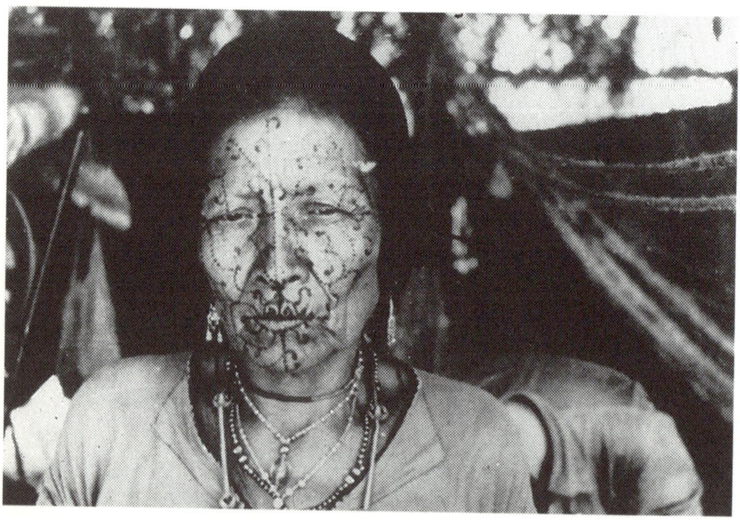

Photo n° 13 - Lévi-Strauss.
Femme caduveo au visage peint.
Collection du Musée de l'Homme.

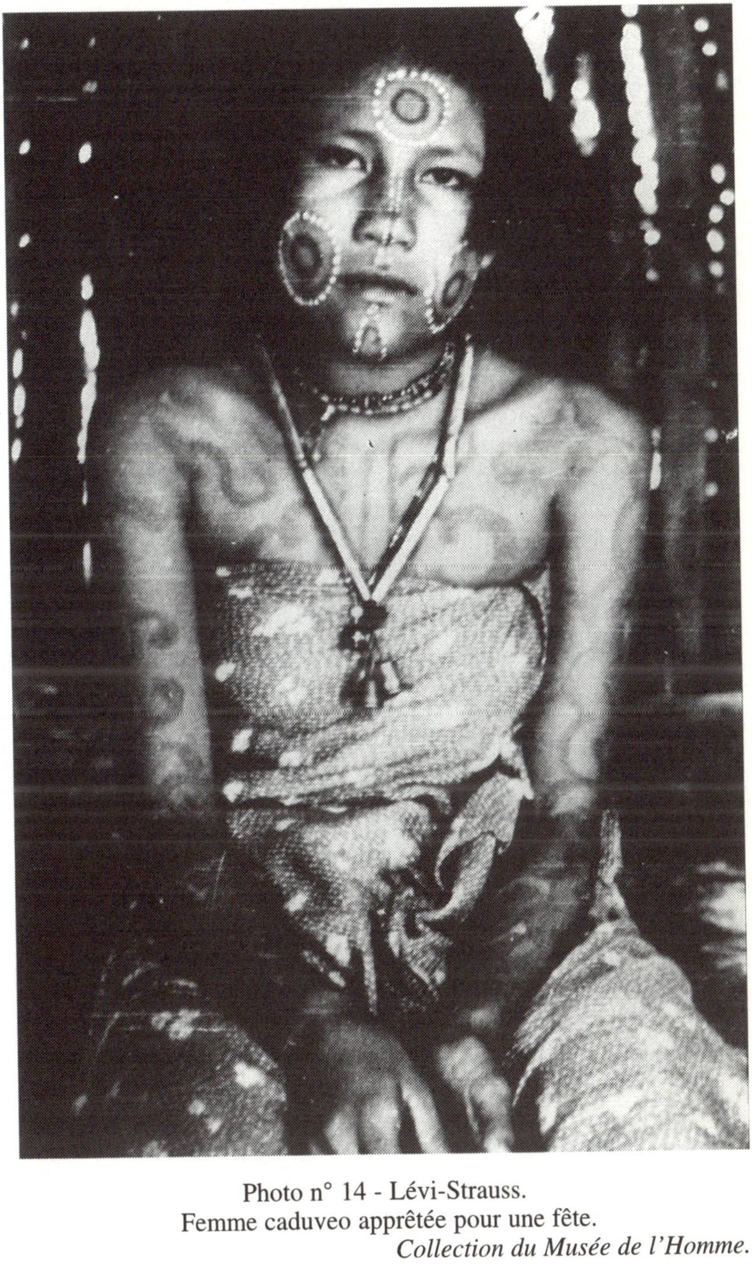

Photo n° 14 - Lévi-Strauss.
Femme caduveo apprêtée pour une fête.
Collection du Musée de l'Homme.

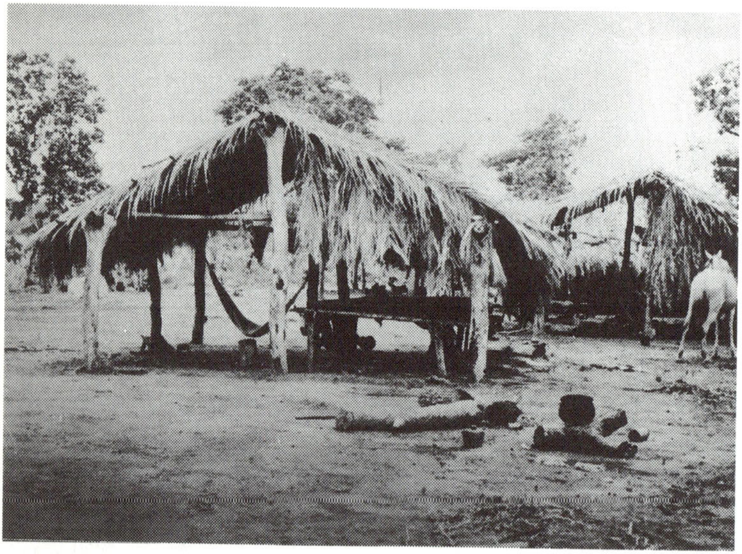

Photo n° 15 - Nalike, capitale du pays caduveo.
Collection du Musée de l'Homme.

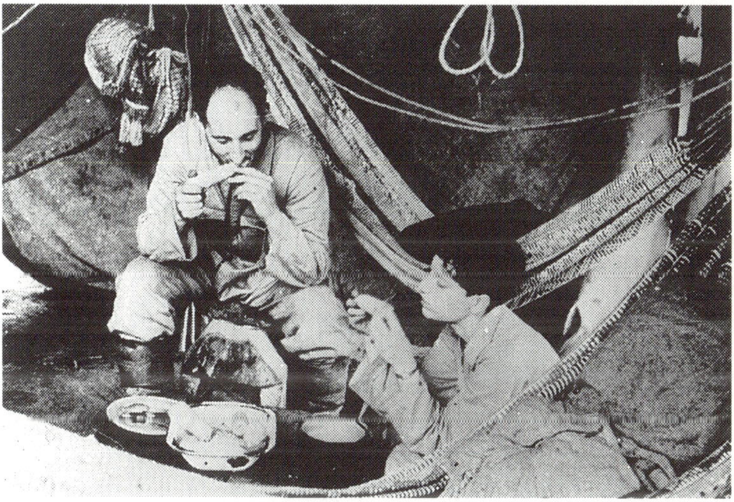

Photo n° 16 - Mme Lévi-Strauss
et un collaborateur de terrain.
Collection du Musée de l'Homme.

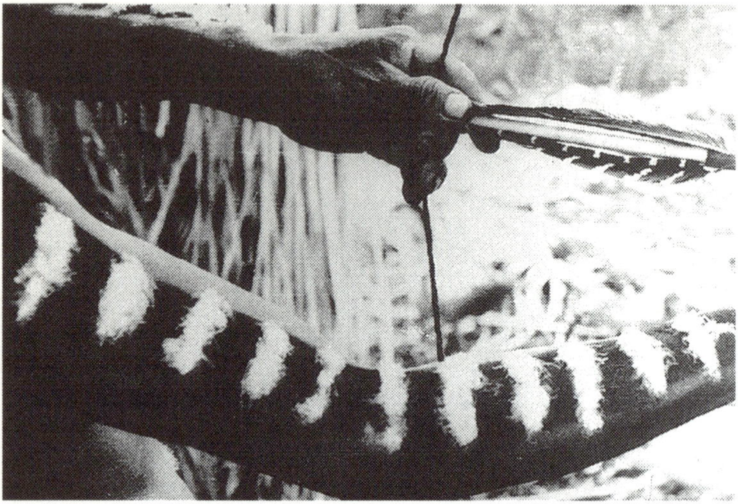

Photo n° 17 - La position du tir à l'arc chez les Bororos. Brésil.
Collection du Musée de l'Homme.

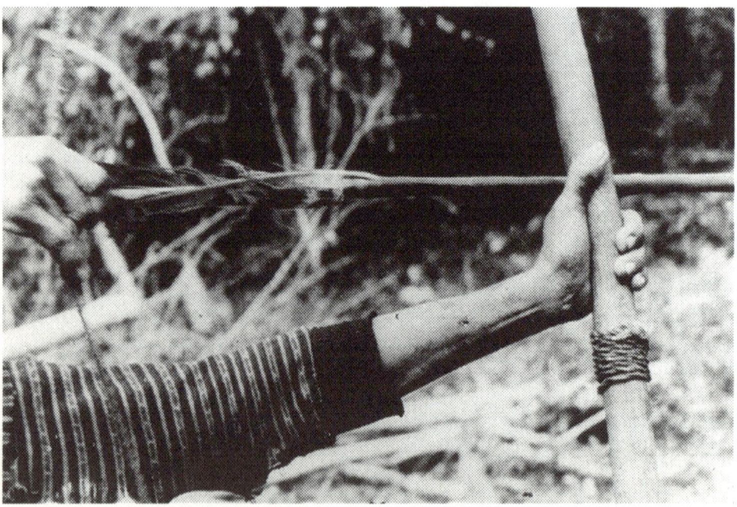

Photo n° 18 - Tir à l'arc : position des mains.
Collection du Musée de l'Homme.

et se poursuit depuis Roger Bastide, Michel Foucault, Devereux ou Lévi-Strauss jusqu'à imprégner des réflexions tout à fait actuelles.

La part constructive d'imaginaire que comporte l'ethnologie est plus visible que dans les autres sciences humaines ; cela ne veut pas dire qu'elle n'existe pas dans les autres. La dimension imaginaire n'implique pas forcément quelque chose de péjoratif ou de pathologique, mais un travail à faire à partir de soi. C'est ce travail qui est à l'œuvre dans « *L'Afrique fantôme* » et qui en fait toute sa valeur. C'est également ce travail qui alimente, entre autre choses, et dans une autre tournure d'esprit, « *Tristes Tropiques* ». Un pont entre ces deux démarches presque contemporaines, un trait culturel important et commun à ces deux (ethnographes ? écrivains ?) chercheurs, est le surréalisme, ou plus précisément André Breton. Dans la sensibilité du poète, dans sa perception des choses, dans sa voyance, il y a des savoirs qui se situent dans ces différents registres. Et on ne sera pas surpris de savoir que Breton fut ami avec l'un et avec l'autre. Lévi-Strauss dit même que Breton était un expert en objets ethnographiques[1]. Il était assez calé en art et en ethnographie pour savoir par le regard si une statuette indienne de Colombie britannique trouvée chez un antiquaire de New-York dans les années 40 était ou non authentique. Le savant, le spécialiste des Indiens d'Amérique, rend hommage au poète. Il a même exposé une de ces statuettes authentifiées par Breton au cours de l'exposition « Les Amériques de Claude Lévi-Strauss » au Musée de l'Homme, au printemps 1989. Breton fut de ces hommes dont le regard a su accumuler, synthétiser de nombreux savoirs dont la poésie, l'ethnologie et la psychanalyse parmi les registres les plus importants. C'est avec ce regard, sensibilisé par le surréalisme de surcroît, qu'il convient, me semble-t-il, de regarder les photographies de Claude Lévi-Strauss. Mieux on connaît son œuvre et mieux on peut les lire ethnographiquement, évidemment, mais on peut les voir aussi d'autres façons ; avant de les commenter dans leur contenu, il nous faut encore faire quelques remarques d'ensemble et rectifier quelques appréciations trop rapides. Lévi-Strauss n'a jamais eu l'ambition

---

[1] **Claude Lévi-Strauss**. *Les symboles et leurs doubles*. Plon 1990.

d'être un grand photographe et ses photographies sont simplement d'un honnête amateur ; ce n'est pas par leur qualité photographique au sens esthétique du terme qu'elles peuvent nous toucher, c'est pour d'autres dimensions de la photographie, et en particulier la mémoire et la dimension autobiographique. Ainsi comparer Lévi-Strauss et Salgado semble impossible tellement leurs photos jouent dans des registres différents ; dans quel registre peut alors se faire la comparaison ? Mais il ne faut pas dire non plus : à chacun sa spécialité, car ce réductionnisme peut rendre aveugle et empêcher de constater que quelqu'un a plusieurs talents à la fois. Mais la question n'est pas là, en fait. L'intérêt des photographies de Lévi-Strauss joue sur plusieurs registres mais peu sur celui de l'esthétique photographique pure. Elles ne dévoilent pas, en effet, un savoir « savamment » accumulé dans ce domaine. Cela ne les empêche pas d'être empreintes d'une certaine poésie sur laquelle nous allons revenir. Ce qui peut les rendre précieuses d'abord, c'est ce qu'elles montrent, ce dont elles témoignent et dont Lévi-Strauss témoigne aussi dans son texte : des Indiens qu'on a détruits ; des formes culturelles irremplaçables et uniques chacune, dont on a pu croire qu'on pouvait se passer. C'est une dimension à la fois anthropologique, politique et écologique. Cet aspect suffirait largement à leur donner beaucoup de valeur et d'intérêt, même si elles ne sont pas parfaites techniquement. Suivant qu'on le perçoit ou non, on regarde autrement ses photos. Sinon on tombe dans certaines réactions les rejetant d'entrée de jeu pour leur insuffisance technique : c'est le cas de certains photographologues qui confondent encore le fond et la forme. Riches d'un savoir ethnographique, ces photographies témoignent depuis plus d'un demi-siècle (comme le texte qu'elles accompagnent) de l'impérieuse nécessité de préserver ces cultures originales, et d'empêcher le génocide des Indiens d'Amazonie... apparemment sans succès. Elles risquent d'avoir à jouer un autre rôle : l'obligation morale de la mémoire : ne pas les oublier. Ne pas oublier les destructions de sociétés liées au mouvement indéfini du développement de l'homme.

A côté de ce registre très important, il y a la valeur autobiographique de ces photos qui joue sur au moins deux registres : ce qu'elles apportent d'informations sur l'ethnographe Lévi-Strauss pratiquant le terrain ; leur côté miroir. J'avais cru, en montrant ces photographies et en particulier celle de cette jeune fille *Bororo* qu'une main manipule sans scrupule et sans délicatesse (comme un objet), ou encore certains portraits faits de face puis de profil, que la notoriété de Lévi-Strauss étant suffisamment établie, et en particulier son travail scientifique inlassable et permanent de reconnaissance de la valeur des sociétés appelées *avant lui*, primitives, de reconnaissance du potentiel conceptuel de ces sociétés, de l'absurdité du racisme et de certaines conceptions du progrès et du développement, qu'il serait le dernier à qui on aurait l'idée incongrue de lui reprocher une attitude condescendante ou d'utilisation froidement technique, voire purement objectivitiste et anthropométrique, dans sa façon de faire des photos et de « prendre » des Indiens. Peut-on lui reprocher une attitude que, justement, il nous a appris à ne pas avoir ? Cela semble d'autant plus impossible que l'œil de Lévi-Strauss est un œil particulièrement averti. Et, en effet, dans son entretien, la réserve essentielle qu'il émet à l'égard d'une utilisation ethnographique et scientifique possible de la photographie, c'est sa dimension trop fortement subjective et imaginaire, justement.

Le premier registre autobiographique renvoie à l'ethnographe en plein travail de terrain. C'est un témoignage que montre bien la photo de Lévi-Strauss, avec sa femme, sous sa tente en train de manger du maïs (?) entre deux hamacs. Rectifions : Lévi-Strauss nous a signalé que prenant lui-même cette photo, ce n'est pas lui que l'on voit à côté de sa femme mais un collaborateur. Cela nous apprend ainsi que Lévi-Strauss n'était pas toujours seul pendant son temps de terrain, contrairement à ce qu'on pourrait croire à la lecture de *Tristes Tropiques*.

Le deuxième registre autobiographique est plus subtil à saisir ; c'est celui de l'homme Lévi-Strauss dans son ensemble, chacune de ses photos étant comme un regard personnel saisi et fixé. A ce moment-là, les photographies renvoient à des contenus différents suivant la direction et l'intention du regard.

Les portraits *Bororo ou Caduveo* ont un but scientifique. Ainsi les portraits de femmes *Caduveo* sont destinés à enregistrer la subtilité du savoir contenu dans les graphismes des tatouages ou des teintures faciales. On pourrait dire de ces photographies ce que Lévi-Strauss dit de ces graphismes dans « *Tristes Tropiques* » : elles condensent et synthétisent un bonne part de la connaissance du savant et nous aurions besoin de son commentaire oral pour épuiser cette polysémie dont nous ne pouvons saisir que les éléments sur lesquels nous avons déjà des informations ; mais nous pouvons y lire d'autres éléments encore. Ainsi, dans certaines photos des Nambikwara que nous ne pouvons pas montrer puisqu'elles sont manquantes au Musée de l'Homme (Lévi-Strauss fait l'hypothèse que des amateurs les ont dérobées. Nous renvoyons au livre *Tristes Tropiques*), on voit que c'est cette tribu qui a été l'objet du contact le plus long et le plus intime. On y lit un registre bien différent du discours savant habituel de l'ethnographe rendant compte « scientifiquement » de son terrain. On y découvre un témoignage direct sur cette spécifique relation à l'autre qu'est le terrain de l'ethnographe et que cette relation n'exclut pas la tendresse ni la réciprocité de cette tendresse. D'ailleurs, Lévi Strauss l'exprime aussi dans sa leçon inaugurale au Collège de France. Nous trouvons que c'est une des spécificités et une des richesses de la photographie que de pouvoir exprimer *aussi* toute une variété de sentiments et de valeurs subjectives qui vont aussi bien de l'implication du chercheur dans son travail qu'à l'expression d'un certain plaisir. Nous croyons d'ailleurs que la photographie peut être très utile comme instrument servant à repérer et à dévoiler les préjugés et prénotions plutôt qu'à les refouler ou les camoufler. C'est par cette dimension de la photographie qu'on peut parler de poésie à propos de certaines photos de Lévi-Strauss. Poésie du regard perdu ou concentré de cette petite fille *Caduveo,* ou encore vision à la fois scientifique (la capitale *Nalike du pays Caduveo)* et surréaliste (ce cheval blanc qui tourne le dos au regardeur et qui semble être le seul être vivant habitant ce village abandonné).

La thématique de l'ensemble des photos présentées ici est assez simple : il y a cinq photos faites chez les *Bororo,* quatre chez les *Caduveo,* et quatre diverses.

Les photos Bororo : cinq portraits dont un homme et une jeune femme en gros plan. C'est cette même jeune femme qu'une main (qui d'évidence, n'est pas celle de Lévi-Strauss) manipule sans scrupule dans une autre photo. Une photo montre un jeune homme paré pour une danse funéraire et une autre, montre l'informateur préféré de Lévi-Strauss, qui s'est orné, exprès pour les photos, de toutes ses parures. Enfin, une photo montre, dans une case, un homme en train de peindre le visage d'un autre, pour une danse funéraire. Cette photo montre beaucoup d'aspects de la culture Bororo : construction de la case, natte, vannerie, etc.. elle a un pouvoir informatif élevé pour les ethnographes, mais elle a aussi, à mon avis, un pouvoir poétique très intense et mystérieux : elle surprend, dévoile et nous transmet ce qui semble être un moment d'intimité particulière entre ces deux-là, et dont nous sommes indéfiniment et comme miraculeusement les témoins. Rien ne les dérange et ils ne se savent pas regardés par nous. Et aussi subjectif que soit ce sentiment, il me paraît faire partie intégrante de ce qui peut pousser, plus ou moins inconsciemment, un chercheur à devenir anthropologue.

Les photos Caduveo : un paysage montre Nalike le village principal avec ce mystérieux cheval blanc solitaire. Les autres photos sont des portraits de femme en gros plan, destinés à montrer leurs tatouages et peintures faciales (but scientifique) ; elles montrent également ces visages de femmes, avec chacune leurs caractéristiques et leurs expressions ; une très jeune fille dont ont voit les 2/3 du corps et les vêtements (elle est parée, habillée et tatouée à l'occasion de la fête de sa nubilité) cette dernière parée et habillée de la même façon que cette petite fille au regard impressionné et impressionnant, de la photo d'ouverture.

Le 3ème jeu de photos : deux d'entre elles montrent des positions des doigts et des mains pour le tir à l'arc. Elles sont informatives à plusieurs degrés. Le bras au T-shirt déchiré par exemple (d'où vient ce T-shirt et pourquoi, comment ?) : imagine-t-on la taille de l'arc, que l'on peut déduire ? Le deuxième tireur à l'arc, nous savons d'après le texte qu'il est Bororo, grâce à cette parure sur son bras faite au duvet d'oiseau collé et dont les couleurs (noires et blanches) se répètent sur la flèche qu'il va envoyer. Cette photo là est d'autant plus belle qu'elle marie harmonieusement registre scientifique et registre esthétique. Une quatrième photo montre un habitat temporaire et nous rappelle que les Indiens nomadisent et se déplacent dans la jungle amazonienne, suivant les saisons. Un portrait d'une indienne *Guarani* : est-elle dans une foule ? Sommes-nous en ville ? Quel est le but de cette photographie ? Mystère.

Deux photos non publiées, mais exposées à Chalon tranchent sur l'ensemble. Elles ont été prises au Pakistan. Elles rappellent aussi que le Brésil n'a pas été le seul terrain de Lévi-Strauss. Sur l'une d'elle on voit le chef d'un village, dans sa tenue habituelle et sur la terrasse de sa maison. Sur l'autre, un petit piquet de bois indique qu'il s'agit d'un lieu tabou ; dans un registre purement esthétique, cette photo évoque la façon dont le Douanier Rousseau, dans le fond de certains tableaux, représente la jungle. Enfin, une photo qui tient lieu de signature car elle représente un collaborateur de Lévi-Strauss et la femme de ce dernier, en mission ethnographique, au moment où il ont pris des photographies du Brésil, il y a plus d'un demi-siècle. J'avais cru qu'il s'agissait de Lévi-Strauss lui-même. Il m'a donc dit que c'était un de ses collaborateur. Mais cela ne change rien au questionnement. Le document est quand même autobiographique et permet d'avoir un coup d'œil ethnographique (réciproque ? réversible ?) sur le chercheur de terrain. A titre de stimulation du regard sur ces photographies, et sans aller jusqu'à demander au regardeur de se faire l'œil structuraliste, rappelons par exemple par une citation comment Lévi-Strauss voit quand il regarde. Il décrit ainsi, dans « *Tristes Tropiques* », certains dessins faciaux de *Caduveo* : « Le décor respecte souvent un double principe de symétrie et d'asymétrie simultanément appliqués, ce qui se traduit sous la forme de registres opposés entre eux, rarement partis ou coupés, plus souvent tranchés ou taillés ou encore écartelés ou gironnés C'est à dessin que j'emploie des termes héraldiques, car toutes ces règles évoquent irrésistiblement les principes du blason... comme un blason réunissant dans son champ des prérogatives reçues de plusieurs lignes, la société se trouve taillée, coupée, partie et tranchée. Il suffit de considérer le plan d'un village *Bororo pour* s'apercevoir qu'il est organisé à la façon d'un dessin Caduveo ».

L'exposition a suffisamment plu à Paul Jay, conservateur du Musée Niepce de Chalon-sur-Saône, pour qu'il la présente plusieurs mois. Nous ne désespérons pas de pouvoir la montrer à Paris. Le bureau du Laboratoire d'Anthropologie sociale est sobre, il domine une vaste bibliothèque et en contient une lui-même. Aux murs : une photographie de Maurice Merleau Ponty et un dessin superbe de Bill Reid, Indien de Colombie Britannique, représentant un oiseau !

Lévi-Strauss reçoit brièvement mais parle avec la plus extrême rigueur et franchise. Qu'on s'intéresse à ses photographies ne lui déplaît pas, mais il tient à préciser d'entrée de jeu et très clairement qu'il n'est pas photographe et ne saurait donc être considéré comme tel. « Je suis ethnographe et non pas photographe. A chacun sa spécialité ». Le propos qu'il peut tenir sur la photographie est donc forcément modeste. Même si l'ethnographe utilise ponctuellement la photographie, il n'en est pas photographe pour autant, en tout cas pour lui, Lévi-Strauss. Ce qui le gêne dans l'utilisation ethnographique de la photographie, c'est sa dimension imaginaire et subjective : il a donc volontairement limité l'utilisation de celle-ci. Lévi-Strauss est justement le type d'ethnographe qui a peu utilisé la photographie, contrairement à Malinowski et à la plupart des autres. Mais c'est son choix à lui, car il parle volontiers du travail photographique de Margaret Mead ; il renvoie à Margaret Mead pour ce qui est de l'utilisation ethnographique de la photographie, comme si elle s'en était fait une spécialité, contrairement à lui. Lévi-Strauss cite *Balinese character, a photographié analyses,* travail accompli avec Gregory Bateson, il explique volontiers que, pour Margaret Mead et Gregory Bateson, la photographie était et pouvait être un instrument de travail ; d'ailleurs, toute une équipe autour de M. Mead partageait ce point de vue, ainsi Jany Belo et Reo Fortune, entre autres. Cette dimension imaginaire possible de la photographie peut aller jusqu'à le déranger, au point qu'il n'a pas autorisé les organisateurs de l'exposition du Musée de l'Homme destinée à lui rendre hommage : - « Les Amériques de Claude Lévi-Strauss » printemps 1990 - à montrer la moindre photographie de lui ou d'un autre ; car des photographies auraient détourné l'attention des objets exposés et auraient changé le propos et le registre de l'exposition. Par contre, il n'était pas hostile à ce qu'on expose ses photos en tant que telles, c'est-à-dire que ce soient elles l'objet d'un exposition, pourvu que celle-ci soit distincte de celle du Musée de l'Homme. L'idée d'exposer ses photos avec son autorisation me plaisait tellement que je lui proposais de tenter de les montrer aux rencontres d'Arles ou au mois de la photo à Paris ; non seulement il accepta, mais me donna carte blanche pour l'organisation, la sélection, ce qu'on appelle le Commissariat de leurs expositions. La répartition des tâches et des spécialités étant faites, que dire de plus ? Je voulais lui montrer le grand intérêt de l'ethnophotographie et lui racontais l'expérience que je dirigeais avec les étudiants à la Goutte d'Or. Il en approuva entièrement l'aspect pédagogique et cette méthode photographique d'initiation à l'ethnographie ; la démarche lui parut valable et passionnante. C'était l'occasion de lui demander quelle est la meilleure façon de pratiquer le terrain, quel matériel emporter ? Pour lui, le but de l'ethnographe, c'est d'être le moins gêné et le moins encombré possible. Il faut donc savoir se limiter à peu de matériel. Dans son cas à lui, il avait emporté un appareil de photo, un Leica et une petite caméra, et une provision de films. Je posais la question du magnétophone. Cela le fit sourire : dans les années 1935-1939, les magnétophones étaient d'une taille telle qu'ils n'étaient pas transportables. D'autre part, les enregistrements étaient très fragiles, car ils se faisaient sur fil et non sur bandes. De même que la photographie peut permettre de garder en mémoire des centaines de dessins ou d'objets, des enregistrements sonores de voix ou de chants pourraient passionner les linguistes...

Tel est l'essentiel de l'entretien concernant la photographie. Il est forcément bref puisque, manifestement, ce n'est pas le moyen d'expression favori de Lévi-Strauss. J'avais d'autres questions en réserve : aurait-il accepté d'être accompagné d'un photographe sur le terrain ; l'aurait-il laissé faire ou lui aurait-il donné des consignes ? Que pensait-il des photographies d'August Sander, de Cartier-Bresson ? Il reconnaît avoir été influencé, dans sa façon de travailler et d'écrire même, par des peintures de Max Ernst, que pense-t-il de la photo comme art ? Apprécie-t-il Man Ray ? etc. Connaît-il les photographies de Malinowski ?...

Mais, ce qui le préoccupait, c'était de témoigner une fois de plus et inlassablement, de sa peur, de sa certitude de voir disparaître les sociétés qu'il a étudiées, de son profond pessimisme à l'égard du destin présent et à venir des sociétés traditionnelles dans leur ensemble. Il dénonça les erreurs d'industrialisation à tout crin du Brésil et les graves maladresses de la politique du FMI destinée à réduire la dette du Brésil, car elles entraînaient comme conséquences dramatiques la destruction des Indiens d'Amazonie

On ne peut exceller dans tous les domaines. L'apport de Lévi-Strauss aux sciences humaines et à la philosophie est suffisam-

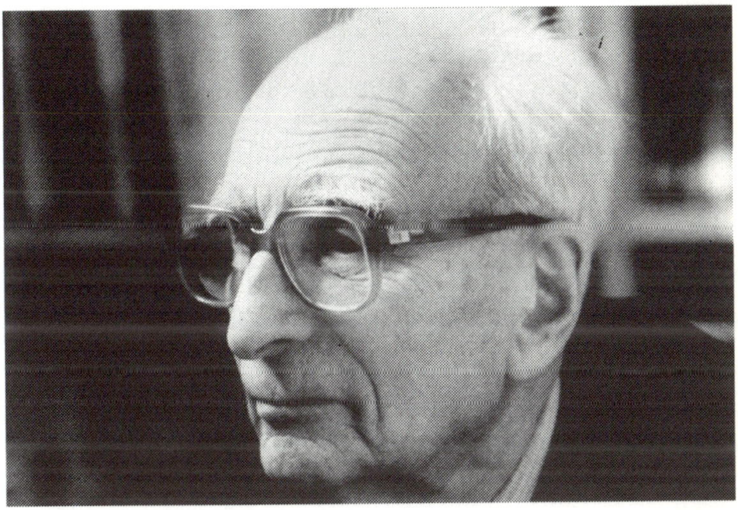

Photo n° 19 - E. Garrigues.
Portrait de Claude Lévi-Strauss. Avril 1989.

ment important pour qu'on n'essaye pas de le transformer contre son gré en photographe. La dimension de témoignage sur les Indiens d'Amazonie est suffisamment et constamment importante pour donner un intérêt incontestable aux photos de Lévi-Strauss, et pour rappeler, comme lui, qu'il est insupportable de laisser détruire ces Indiens et leurs cultures. Ainsi, dans les années 90, les *Yanomam.* J'ai pu voir quelques photos couleur de Lévi-Strauss au Musée de l'Homme, des diapositives montrant des corps sombres, noirs, peints d'indiens, sur un ciel devenu magenta, rouge. Je ne pus m'empêcher de penser que la lente destruction de ces diapositives qu'il ne voulait pas qu'on montre (« Elles sont tout simplement ratées »), témoignait en elle-même, ethnographiquement et photographiquement, de l'inexorable destruction des Indiens.

2 - *LEVI-STRAUSS ET LES PARADOXES DE LA REALITE PHOTOGRAPHIQUE*

Au cours de ses expéditions dans les tribus indiennes de l'Amazonie, entre 1935 et 1939, Claude Lévi-Strauss a pris plus de 3.000 photographies. Il en avait publié 64 dans *Tristes Tropiques* en 1955 et confié quelques centaines à la photothèque du Musée de L'Homme. Sa défiance à l'égard de la photographie ne lui faisait pas accorder un très grand intérêt, jusque-là, à ces 3.000 documents (les négatifs) qu'il conservait chez lui. A-t-il cédé finalement à l'aimable insistance avec laquelle je lui faisais remarquer que, s'il ne légendait pas ces photographies avant de disparaître, personne ne saurait le faire avec son savoir, sa précision et sa rigueur ? En tout cas, c'est peut-être une des raisons majeures qui l'ont convaincu d'en publier une sélection, dans *Saudades do Brasil*.[2]

Disons-le tout de suite, l'album, qui en résulte, est tout simplement magnifique. Il joue sur plusieurs registres dont les plus importants sont l'histoire, l'anthropologie, l'esthétique et le témoignage, le récit autobiographique. Le premier paradoxe est ce jeu entre l'art et la science. Même si C. Lévi-Strauss dit qu'il n'est « pas photographe, même amateur », on peut voir qu'il a été un amateur tout à fait éclairé : son père, peintre, l'a initié à la prise de vue et au développement et ils rivalisaient de précision au Leica au Brésil. C'est son fils Mathieu qui a fait tous les tirages du livre dans le cabinet noir de l'appartement de famille. Pratique familiale, peut-on dire. Le titre du livre est celui d'une composition musicale de Darius Milhaud et exprime un sentiment profond de mélancolie ou de nostalgie. Enfin, la composition du livre est un montage tout à fait original et passionnant de souvenirs « littéraires » (le style précis et sensible de l'écrivain Lévi-Strauss) et de souvenirs photographiques. A ce propos, lui-même parle d'une « bande dessinée ». On pourrait, plus précisément, et sur un registre similaire, parler de roman-photo. Et il s'agit, en effet d'un superbe roman-photo, le complément photographique de *Tristes Tropiques*. Il n'y a pas d'art mineur sinon dans les représentations conventionnelles qu'on peut se faire de disciplines ou d'expressions artistiques qu'on ne connaît pas ou mal. La virtuosité dans les rapports de

---

[2] *Saudades do Brasil*. Plon 1994

montage de l'écrit et de la photographie (ou de l'image), la rencontre réussie de ces deux maîtrises a passionné et interrogé Roland Barthes toute sa vie. La réussite dans ce domaine, est extrêmement rare. Sans égaler Nadja de Breton, qui est, sûrement, le premier « roman-photo » réussi (et, peut-être même le seul, pour le moment), avec des qualités et des registres analogues au livre de C. Lévi-Strauss, comme la dimension autobiographique, le témoignage historique, la réflexion philosophique et le document scientifique, mais auquel Breton ajoute une trame romanesque et la description d'un amour fou, *Saudades do Brasil* a bien cette dimension de roman-photo car le maître d'œuvre s'exprime dans ces deux arts à la fois. Je cite Breton a dessein car l'échange qu'il eut avec lui et que C. Lévi-Strauss reproduit dans *Regarder Ecouter Lire*[3] concernait essentiellement les relations de l'œuvre d'art et du document. Mais contrairement au poète, C. Lévi-Strauss ne croit pas qu'on puisse faire œuvre scientifique et artistique à la fois. Il a toujours peur qu'un des aspects nuise à l'autre.

Le deuxième paradoxe concerne ce qu'on peut appeler la réalité photographique et les dimensions historiques et anthropologiques de cet album. C. Lévi-Strauss témoigne très directement d'une réalité qui, hélas, n'existe plus. Sans ces documents photographiques, on ne saurait pas aussi bien comment était Sao Paulo, en 1935, avant qu'elle ne devienne une mégalopole ; on ne saurait pas comment étaient physiquement les Bororos et les Nambikwaras avant qu'on ne les détruise complètement, la grâce des jeunes filles et la douceur du regard des jeunes gens. Régis Debray n'hésite pas, lui, à dire devant ces photos : « mieux que l'écrit, l'image précaire nous fait toucher l'essentielle précarité des cultures indigènes ».[4] Pour C. Lévi-Strauss, la photographie est un document et une mémoire, indispensables à l'anthropologie. Ainsi : « Je vivais dans ces expéditions une expérience totalement nouvelle. C'était un sujet d'émerveillement dont il fallait que je garde la trace. La photo s'est donc imposée comme une évidence. De manière générale, sur le plan ethnographique, la photographie constitue une réserve de documents, permet de conserver des choses qu'on ne reverra plus. »

---

[3] Plon 1993

[4] Le Monde, 4 novembre 1994

Claude Lévi-Strauss précise encore sa pensée par rapport à l'ethnographie : « Dès l'invention de la photographie, les ethnologues ont compris qu'elle allait devenir pour eux un instrument indispensable. Tous ont fait des photos. Sans méfiance car ils ne cherchaient à obtenir que des documents... puis est née cette idée, surtout aux U.S.A., que la photographie allait permettre d'aller au plus profond de l'ethnologie, plus que n'importe quel moyen. On s'est dît qu'on découvrirait par la photo ce qu'on ne voyait pas autrement. Sous l'impulsion de Margaret Mead, par exemple, on s'est mis à photographier Bali sous toutes les coutures. Je pense qu'il s'agit d'une totale illusion ... la photographie est un matériel admirable pour l'ethnologue, mais qui permet à ce dernier de voir tout ce qu'il a envie d'y mettre.[5]

Mais ne peut-on pas dire la même chose de la réalité sociale qu'étudie l'ethnologue ; il peut aussi y voir tout ce qu'il a envie d'y mettre ; il sait que c'est un risque permanent ; ne peut-on pas dire la même chose du langage et de l'écriture par l'intermédiaire desquels il tente de rendre compte de la réalité ? C. Lévi-Strauss rappelle ainsi que la réalité elle-même est trompeuse et que la recherche scientifique impose de découvrir le latent derrière le manifeste. - La dimension autobiographique de l'ethnographie et de la photographie le dérange. Il ne voit que l'aspect technique et documentaire de la photographie ; or ce que montrent les recherches théoriques sur elle depuis Moholy-Nagy, Benjamin ou Barthes, c'est qu'elle a également une dimension de langage avec tous les avantages et inconvénients d'un langage. Elle a ce côté ustensile ou instrumental qui la rend dépendante de la rigueur ou de l'honnêteté de celui qui la pratique.

En fait C. Lévi-Strauss n'aime pas la photographie (ou n'y est pas sensible ; ce qui revient au même). Il la prend pour un art tout à fait mineur et la croit trompeuse par nature (comme une apparence), parce qu'il s'agit d'un instantané et que celui-ci (d'après lui) est dépourvu de sens si n'intervient pas ce qui se produit juste avant et juste après ; contrairement à la peinture. En fait, rien n'empêche de prendre plusieurs instantanés d'une même scène ou de scènes comparables et c'est ce qu'il réussit

---

5.Entretien avec Antoine de Gaudemar, sur son livre. Libération 20 octobre 1994. Je reprends une lecture critique plus systématique de cet entretien dans la 3ème partie.

parfaitement dans la description de l'intimité des Nambikwaras. Un beau portrait n'implique pas qu'on sache ou sente ce qui s'est passé avant ou après et cette reconnaissance repose le plus souvent et essentiellement sur le bagage culturel du regardeur, autant pour la peinture que pour la photographie. La lecture de *Tristes Tropiques* nous permet d'apprécier plus intensément encore dans *Saudades do Brasil* la beauté des Nambikwaras à travers les superbes portraits photographiques de jeunes gens, de jeunes filles innocentes et fragiles dans leur nudité émouvante, ou de scènes de leur vie de famille et de leur intimité. Grâce aux photographies des Nambikwaras, qui constituent l'apogée de ce livre indispensable, nous pouvons accéder aussi bien intellectuellement que sensiblement, à ce sentiment de tristesse et de mélancolie qui prend, face à ces cultures irremplaçables qu'on a détruit. La photographie joue alors pleinement son rôle de mémoire, son devoir de mémoire ; et elle ajoute, à cette valeur documentaire, incontestable une dimension artistique qui nous touche infiniment plus, encore.

Cette troisième partie seulement a été écrite après le chapitre 2. Je tente d'aller plus loin dans ma critique ; mais rappelons encore qu'il s'agit, dans mon esprit, de critiques mineures et peut-être les seules que je sois capable de formuler, à l'égard d'une pensée et d'une personnalité qui ont été irremplaçables dans ma formation. La lecture et l'écoute de Lévi-Strauss rendent intelligent. Il s'agit aussi d'un hommage d'un disciple à un de ses maîtres éminents.

Lévi-Strauss, nous l'avons souligné dans la partie précédente, a une attitude paradoxale à l'égard de la photographie, car, n'hésitons pas à le dire, son originalité et sa spécificité lui ont finalement échappé. Il ne veut voir en elle qu'une technique, et, à la rigueur, une mémoire. Mais c'est là qu'est le paradoxe essentiel. Si ce n'est qu'une technique, elle ne devrait poser aucun problème d'utilisation. Or, à la fois, il la voit comme un instrument précieux ; mais pas fiable. On peut lui faire dire ce qu'on veut. Nous avons remarqué que l'ethnologue pourrait, lui aussi, faire dire ce qu'il veut à la réalité qu'il observe. C'est un problème d'interprétation. La nature de langage de la photo lui échappe. Enfin, il la prend pour un art mineur qu'il a le tort de comparer à la peinture.

Nous tenons à lui répondre en reprenant ses arguments un par un, d'autant plus qu'il nous met en cause dans un entretien accordé à Libération, à la sortie de son livre de photos.

Lévi-Strauss regrette de ne pas être un savant à l'ancienne (ce qu'il est pourtant), et jette un discrédit sur les sciences humaines qu'il a quand même pratiquées sa vie entière : les sciences humaines ne sont des sciences que par une fâcheuse imposture, car la contradiction « insurmontable » à laquelle elles se buttent tient au fait que l'objet et le sujet de ces sciences sont de même nature, affirme-t-il. Est-ce un rejet catégorique de l'auto-observation et de l'autobiographique, voire de la psychanalyse comme discipline ?

Le débat remonte à Durkheim et on pourrait l'appeler « l'opposition Durkheim / Malinowski ». D'un côté, le sociologue qui veut créer la distance dite scientifique avec son objet, en surmontant (comment ?) les prénotions, de l'autre l'ethnologue qui crée la discipline par la pratique du terrain, dont le sens est justement de réduire la distance avec son objet.

Ces deux attitudes sont remarquables et complémentaires. La contradiction apparente des attitudes est liée à la notion d'identification à l'objet. Le sociologue, trop près de son objet qui lui ressemble trop, doit créer la distance pour ne pas se projeter sur son objet, alors que l'ethnologue, trop loin de son objet, doit faire l'effort inverse. Pourtant, dans un cas comme dans l'autre, l'autre, autrui, reste autre, évidemment !

L'identification est à double tranchant. Elle peut permettre de comprendre comme elle peut entretenir la confusion. Poussons le paradoxe : on pourrait dire la même chose de la photographie : ou elle ne dit rien (trop loin), ou on peut la faire parler (très proche). Il en va de même de la réalité. Ou on la croit trop proche et on ne la voit même pas, ou elle semble étrange, et à ce moment-là, on va la faire parler. Mais dans un cas comme dans l'autre, tout dépend de l'attitude du savant. Ou il accepte la réalité et elle le laisse tranquille, ou il a besoin de la faire parler, parce qu'elle ne le laisse pas tranquille.

Lévi-Strauss oscille entre deux attitudes : un maximum de rigueur scientifique d'un côté, et un goût prononcé pour l'art et la création artistique, de l'autre. *Tristes Tropiques* est un excellent exemple de la coexistence, en ce qui en fait un chef-d'œuvre, de ces deux attitudes qui ne sont exclusives l'une de l'autre que si on le croit. Ce paradoxe arrive très tôt dans sa démarche. Ainsi, il raconte dans « Regarder, Ecouter, Lire », sa rencontre avec Breton et son échange sur un problème très précis qui est toujours le même : qu'est-ce qui permet de distinguer une œuvre d'art et un document ? Il s'agit d'un échange paradigmatique très Lévi-Straussien : le savant, le poète, l'œuvre d'art, le document, déclinaison en plusieurs parties qu'il analyse avec une logique imperturbable. Il arrive à faire dire à Breton que sa définition de l'œuvre d'art est trop idéaliste, qu'on peut arriver à réduire l'irrationnel. Breton répond avec franchise, et précise que le critère de base reste la jouissance esthétique qui est essentiellement érotique. On sent Lévi-Strauss attiré, voire fasciné, mais méfiant, presque trop rationaliste et en même temps, le regrettant.

Finalement, il a la même attitude à l'égard de la photo. C'est un excellent instrument, une mémoire, mais pas fiable, trop subjective. Il se prétend non photographe, même pas amateur, et pourtant il faisait des concours photographiques au Leica avec son père ! Quelle exigence, car le Leica est un appareil de professionnel. De tous les ethnologues, Lévi-Strauss est celui qui a le moins utilisé la photographie. Dans l'autre sens, c'est le seul à ma connaissance, qui ait pris la peine de publier un recueil de photos.

Il a fait tout un itinéraire en photos, auquel nous nous flattons d'avoir participé. Il a compris l'importance considérable de la photo comme mémoire. Il est incroyable que ce soit les photos des Nambikwara qu'on ait volé à la photothèque du Musée de l'Homme. Ces photos sont belles, les Nambikwara aussi. Elles donnent une belle image de l'homme nu. Elles montrent à la fois une société extrêmement frugale, pauvre, proche de la nature, « primitive », mais extrêmement raffinée de mœurs et de sentiments, affectueuse et érotique, sans faux-semblant, mais pudique, etc. Il suffit de lire le texte pour réaliser (avoir confirmation) que les photos montrent parfaitement tout cela. Lévi-Strauss avait le devoir de publier ces photos car, malgré ses incessantes mises en garde depuis un demi-siècle et plus, ces sociétés sont en voie de disparition par destruction, si elles n'ont pas déjà disparu. Lévi-Strauss le dit. Ses photos montrent une réalité indispensable qui a disparu.

Maintenant, il faut savoir utiliser la photo. Dans le fond, le « reproche » essentiel que l'on peut faire à Barthes comme à Lévi-Strauss, c'est pour le premier, de ne pas être un praticien et d'ignorer ce que les praticiens peuvent dire, et pour le second, de n'être pas suffisamment praticien, et de n'avoir eu qu'une pratique d'amateur, qui l'a conduit à porter des jugements trop négatifs et à laisser échapper des possibilités très précieuses. Ses photos, néanmoins, restent irremplaçables puisqu'elles témoignent d'une réalité qui a disparu.

Lévi-Strauss sans le dire, accorde une telle importance à la photo, ou semble avoir tellement peur que quelque chose d'elle n'échappe à sa maîtrise, qu'il n'a confié ses négatifs à personne, même pas à un laboratoire professionnel. Il a fait son tri avec sa femme, et c'est son fils qui a fait les tirages dans l'appartement. Les négatifs ne sont pas sortis de chez eux, apparemment.

La présentation de son livre est chronologique, comme une histoire, comme un roman-photo, avions-nous dit, comme une bande dessinée, dit Lévi-Strauss. S'il n'hésite pas à être autobiographique dans *Tristes Tropiques*, il se méfie aussi de la dimension trop autobiographique des photographies, aussi bien sur un plan personnel, que sur le côté anecdotique et insignifiant pour lui du dévoilement de l'envers du décor. Pourtant, si la pratique du terrain est indispensable, il est important de savoir comment les autres ont fait leur terrain, et quels en sont les aspects négatifs, les risques du métier (la dépression, par exemple, ou la frustration sexuelle et amoureuse, la solitude, le bouleversement culturel, les accidents, etc.). Ce n'est pas indiscrétion, mais formation. Les photos montrent que Lévi-Strauss était souvent avec sa femme et d'autres compagnons, alors que la lecture donne l'impression qu'il était seul.

« Regardées à nouveau, ces photographies me laissent l'impression d'un vide, d'un manque de ce que l'objectif est foncièrement impuissant à créer », dit-il dans la préface de « *Saudades do Brasil* ». Que veut-il dire par cette condamnation si sévère ? On retrouve la rageuse impuissance de Barthes devant la photo de sa mère enfant. Mais quel miracle - apparemment déçu- attendent-ils de la photo ? Le travail de deuil qu'elle impose leur insupporte. Mais Barthes aime la photo, alors que Lévi-Strauss la dédaigne. Fils et neveu de peintre, il a appris à n'y voir qu'un usage technique et non esthétique. Il tombe dans l'erreur fréquente de comparer la photo à la peinture. Quand il fait des recherches esthétiques avec Leica, elles sont formelles et non réalistes : « Je ne photographiais pas des scènes vécues, cela ne m'intéressait pas. Je construisais toutes sortes d'objets pittoresques... Tout cela dans le plus pur style expressionniste allemand. Je ne faisais jamais aucun portrait ou extérieur, la photo était pour moi un jeu esthétique ».[6] Croire qu'il n'y a d'esthétisme photographique que dans des compositions abstraites et formelles est, évidemment, extrêmement restrictif et réducteur. On ne peut reprocher à Lévi-Strauss de ne pas aimer la photo ; par contre, cela ne l'autorise pas pour autant à porter des jugements excessivement catégoriques. Maintenant il se peut que le décalage entre les propos réellement tenus pendant l'entretien, avec toutes les finesses requises et rapides que permet l'expression orale, et le texte qui est imprimé dans le journal et présenté comme l'entretien tel qu'il aurait eu lieu, soit tel qu'il

---

[6] **Lévi-Strauss**. *Le Cru et le Vu*, entretien publié dans Libération du 20/10/1994, à la sortie de « *Saudades do Brasil* » et recueilli par A. de Gaudemar.

rende les propos excessivement schématiques par rapport à ce qu'ils ont été réellement.

Ce qu'il dit du Leica est très juste, et il s'en est servi pour faire de belles photos extérieures et de beaux portraits, heureusement. Mais qu'est-ce que l'objectif est impuissant à créer ? Mystère. Il y a plutôt refus que vide et c'est sans doute une réaction sensorielle personnelle. Il n'anime pas une photo, il la laisse apparemment vide, et refuse la nostalgie. C'est une forme de choix précis. Pour lui, semble-t-il, l'œil ne s'émeut et n'associe que devant la peinture. Alors que l'odorat : Il dit qu'il lui suffit de sentir l'odeur de créosote qui imbibait ses carnets pour partir en rêve éveillé vers ses souvenirs. Le rapport avec nos organes des sens favoris est fascinant.

Lévi-Strauss précise dans son entretien que le cinéma l'a instantanément dégoûté. Pourquoi ? « Filmer mobilisait toute mon énergie, et quand je filmais, je ne regardais pas »[7]. Il peut en aller de même en photo. Si on fait beaucoup de photos, on voit la réalité à travers la photo, et c'est tellement absorbant, qu'il devient difficile de faire autre chose. De fait, on doit pouvoir mobiliser ses sens sur un sens précis, favori, mais à ce moment-là, c'est au détriment de ce que les autres sens pourraient apporter. Il y a ainsi une économie des sens qu'il serait important d'étudier. Lévi-Strauss y contribue, à son corps défendant, avec son trop grand dédain de la photographie, car c'est lui qui nous a appris à étudier autant ce qui manque dans la réalité que ce qui est manifestement présent. C'est une technique d'observation que le structuralisme emprunte à la psychanalyse, finalement.

La nouveauté de ce qu'il vivait lui a imposé d'utiliser la photo comme mémoire : « elle s'est donc imposée comme une évidence » pour qu'il garde la trace de son émerveillement.

« D'une manière générale, sur le plan ethnographique, la photographie constitue une réserve de documents, permet de conserver des choses qu'on ne reverra plus. ».[8] Sa dimension de mémoire lui paraît incontestable, quand même. Les anecdotes qu'il raconte précisent encore l'importance de la photo. Les « autorités » ont conscience de son pouvoir. Si la photo ne dérange pas les indiens (*Nambikwara*), ou bien les flatte

---

[7] Op. Cit.

[8] Op. Cit.

(*Caduveo*), elle peut importuner les policiers à Bahia : quand il photographie à leur demande des enfants noirs en pleine rue, un policier l'arrête, car « en photographiant ces enfants, je pouvais, selon lui, donner à l'étranger une image biaisée, négative du Brésil... ».[9]

De même à son arrivée aux Etats-Unis, en 1941, et ce, à l'initiative des services de renseignements, on fit l'inventaire des trois mille négatifs rapportés du Brésil : « Le pays se préparait à la guerre, les militaires américains ignoraient encore où elle se déroulerait pour eux, et ils étaient à l'affût de la moindre information. Ma collection toute fraîche leur était très précieuse. On a saisi mes négatifs, qui furent intégralement tirés, et on me demanda de les commenter. Les américains se fichaient complètement des Indiens... ».[10]

En fait, Lévi-Strauss reconnaît que la photographie ne fait pas partie de ses pratiques : « Je n'aimais pas la vogue de la photographie ni la philosophie qui en découlait ».[11] Je serai tenté de dire « moi non plus ». Mais ce n'est pas une raison pour devenir injuste.

Si on lui demande la fonction qu'il assigne à la photo dans son travail, il fait des réponses qui sont contradictoires. Repense-t-il à son échange avec Breton ? « Une photo c'est un document ». Certes. Mais pourquoi se croit-il obligé d'ajouter : « Il y a de belles photos, mais il s'agit pour moi d'un art tout à fait mineur ».[12] Là, il devient polémiste, et je ne trouve pas que son argumentation soit acceptable. Parce que cette argumentation peut contribuer à préciser l'importance possible de la photo comme technique d'observation en sciences humaines, nous allons la discuter.

1 - Lévi-Strauss raconte :

« Quant à l'interprétation savante des photos, je vous raconterai une petite histoire. En voyant des photos que j'avais faites il y a cinquante ans, très détériorées, quelqu'un m'a expliqué doctement que cette détérioration était à la fois le symbole du temps passé et du sort misérable auquel les indiens

---

[9] Op. Cit.

[10] Op. Cit.

[11] Op. Cit.

[12] Op. Cit.

se trouvaient réduits. Or ces photos étaient simplement ratées, et je ne les avais jamais utilisées. On peut faire dire trop de choses à une photo. Elle est trompeuse par nature... ».[13]

Il est vrai qu'au moment où je préparais l'exposition de ses photos au Musée Niepce, et avec son accord, j'ai eu l'occasion de voir des diapositives couleurs qu'il avait faites au Brésil. Elles m'ont ému. Partisan de la couleur en photo, et disciple de Lévi-Strauss en sciences humaines, j'ai accordé sans doute trop d'importance à ces clichés. Je me souviens de photos mal cadrées, virant au magenta, mais montrant ces corps noirs, sur fond de ciel bleu, et avec du rouge. Des indiens en couleurs fixés par Lévi-Strauss dans les années trente. J'ai espéré une rencontre fortuite : un document original dans lequel il y avait peut-être de la beauté. Les photos abîmées étaient probablement restaurables. J'ai écrit à Lévi-Strauss pour lui demander s'il m'autoriserait à essayer d'en tirer quelque chose. Il m'a répondu nettement qu'il refusait, car il estimait que ces photos étaient ratées.

C'est pourquoi, respectant sa volonté, et saisi du symbole (photos se détruisant montrant des indiens qu'on a détruits), en « bon » disciple structuralisant sensibilisé à l'analogie, je me suis permis d'écrire (cf. première partie de ce chapitre) : « j'ai pu voir quelques photos couleur de Lévi-Strauss, au Musée de l'Homme ; des diapositives montrant des corps sombres, noirs, peints d'indiens, sur un ciel devenu magenta. Je ne pus m'empêcher de penser que la lente destruction de ces diapositives qu'il ne voulait pas qu'on montre (« elles sont tout simplement ratées ») témoignait en elle-même, ethnographiquement et photographiquement, de l'inexorable destruction des indiens. »

Je précisai avant qu'il ne fallait pas transformer Lévi-Strauss en photographe malgré lui. Mais il est vrai que le symbole, le parallèle, m'a sauté aux yeux. Trop audacieuse métaphore. Les photos sont, à la fois ratées, et se détruisent [14] pendant que la réalité qu'elles montrent a été détruite. Régis Debray commentant *Saudades do Brasil* dans Le Monde, ne dit pas autre chose : « Mieux que l'écrit, l'image précaire nous fait

---

[13] Op. Cit.

[14] Les diapositives, en vieillissant, virent souvent au magenta, comme le savent leurs praticiens – concrètement, et éventuellement, symboliquement - .

toucher l'essentielle précarité des cultures indigènes». Décidément, cette métaphore s'impose. En fait, ce n'est qu'une coïncidence, une rencontre fortuite, diraient les surréalistes. Ce n'est pas, loin de là, une docte explication ; et les photos appellent des interprétations savantes, car elles les méritent. J'ajoute un dernier argument que je ne voudrais pas qu'on prenne pour insidieux, car il me semble inspiré par la psychanalyse. En effet, il me vient brusquement à l'idée une question très liée au mystère de la photographie : pourquoi avoir gardé pendant plus d'un demi-siècle des photos qu'on estime ratées ? Est-ce que la photo, même ratée, ou peut-être parce qu'elle est ratée, ne garde pas en mémoire le souvenir de cet instant comme un aspect fixé, même si le résultat est insuffisant sur le plan de l'expression photographique. Support de souvenir et de mémoire, support précieux malgré tout, malgré le ratage technique, et qui ouvre au désir de mieux maîtriser ce langage si exigeant, finalement.

2. Comme disait Barthes, les représentations sociales sont le plus souvent en retard sur la réalité. Un savant aussi éminent et averti que Lévi-Strauss peut avoir des représentations de la photo qui sont en retard sur la réalité. En effet, pendant que scientifiquement, il apporte une critique radicale de l'évolutionnisme au profit d'un lucide relativisme culturel, sa pratique photographique reste, par moments, empreinte des manières de l'anthropologie physique qui précède l'anthropologie sociale et culturelle qu'il développe. Il photographie à la pose des personnages de face et de profil. L'apport de Lévi-Strauss aux sciences humaines et à la philosophie est tel qu'il rend mineures ces petites critiques, évidemment. Car nous nous efforçons de plaider malgré lui pour l'importance de ses photographies.

3. L'importance de la pratique et de l'instantané

Parce qu'il n'a pas assez pratiqué l'instantané, il le croit trompeur. C'est là qu'il faut rappeler que la photographie, bien au-delà de ses capacités techniques, est d'abord et avant tout un langage, qui, comme tous les langages, a ses règles spécifiques.

Lévi-Strauss dit : « La photo est trompeuse par nature, parce qu'il s'agit d'un instantané, et que celui-ci est dépourvu de sens si n'intervient pas ce qui se produit juste avant et juste après. Filmez des acteurs en proie à de grandes émotions, et faites des photogrammes : il est extrêmement difficile, à la seule vue de ces plans fixes, de déterminer la nature de l'émotion exprimée par ces acteurs ». [15]

Soyons précis, car c'est important. Une photo instantanée n'a rien à voir avec un photogramme qui est un document photographique extrait d'un film. Si le film enregistre vingt-quatre images par seconde et qu'on extrait une de ces images, on obtient un photogramme. Ce dernier n'est pas de même nature qu'une photographie instantanée, et cela pour plusieurs raisons. La première et la plus forte, est tout simplement que les documents obtenus dans un cas comme dans l'autre, n'obéissent pas du tout à la même logique de composition ni au même langage. De façon schématique, on ne peut comparer le langage filmique au langage photographique. Dans un cas (le film), l'unité de composition va être la séquence, la scène (par comparaison avec le théâtre), ou encore la phrase (par comparaison avec le langage) ; dans l'autre (la photo), l'unité de composition va être le ça-a-été instantanéïsé, un instant précis et immobilisé, une fraction de seconde fixée, le geste d'un acteur ou un instant précis et choisi d'une scène (par comparaison avec le théâtre), ou encore le mot (photo banale), ou mieux le concept (photo forte).

On voit que toute la différence tient dans la façon de découper le temps, ce punctum si fort. Là où Lévi-Strauss se trompe de bonne foi, c'est qu'on ne peut comparer si facilement un extrait de film fixé en photogramme et une photo : les intentions du praticien, dans chaque cas ne sont par du tout de même nature. Et du coup, ce qui est montré n'a pas du tout le même sens et c'est ça qui compte dans un cas comme dans l'autre.

Ces machines (la caméra, le camescope, l'appareil de photo) sont hypersensibles, d'une sensibilité extrêmement difficile à maîtriser, et la plupart des gens, trop impatients pour comprendre les différences de sens qu'ont les images qu'ils produisent (ces appareils et leurs utilisateurs) préfèrent, par facilité (et par un narcissisme typiquement occidental), les dédaigner en leur reprochant de ne pas arriver à enregistrer leurs désirs. Deleuze et Gattari parlaient de machines désirantes. Il

---

[15] **Lévi-Strauss**, *Le Cru et le Vu*, entretien publié dans Libération du 20/10/1994.

vaudrait mieux dire : « machines-dont-on-voudrait-qu'elles-enregistrent-le-désir-du-regardeur ».

La décomposition d'un geste n'a pas le même sens, ne peut avoir le même sens qu'un geste saisi et immobilisé au sommet de son intensité.

Les interférences de sens, les accointances de sens sont tellement nombreuses, qu'il faudrait pouvoir les sérier avec rigueur. Chaque image a ses sens, et Barthes avait raison de chercher plusieurs niveaux de sens et d'origine des sens des images et des photos, mais ses supports d'analyse ne sont pas toujours bien choisis. Quand il choisit une publicité Panzani, il choisit un document dont le sens principal a été pré-construit volontairement. Le regardeur va pouvoir retrouver le sens pré-construit, mais aussi, y voir plein d'autres choses, car le document peut jouer comme test projectif. S'il choisit un photogramme d'Eisenstein, là aussi, il va rencontrer les intentions du metteur en scène, car quiconque a un bagage culturel un tant soit peu élaboré, sait qu'Eisenstein préparait longuement la construction de chaque scène par une série de dessins préalables. Ce qu'il filme, ce n'est pas la réalité instantanée, mais une réalité organisée, mise en scène, fabriquée, construite à partir d'une série de dessins préalables.

Il y a toute une échelle d'intentionnalités de sens donnés à l'image par le producteur de l'image suivant qu'il la fabrique en instantané photographique (1), en mise en scène photographique (2), en scène de film dont la mise en scène a été élaborée à partir de dessins (3), ou en scène de film instantanée sans toucher à la réalité qui est filmée (4). On voit alors que ce qui peut se discuter en termes de techniques de prises de vue aboutit à des discussions importantes voire métaphysiques sur ce que le regardeur peut interpréter de la réalité « enregistrée » et surtout, de ce qu'il peut comprendre de la réalité telle qu'elle est, sans manipulation de celui qui tente de la capter et de la lui transmettre.

Quand Moholy-Nagy parle de « nouvelle vision » en parlant de ce que peut apporter la photo, on comprend qu'il veut dire apport à une compréhension de la réalité telle qu'elle est, et telle qu'elle nous échappe le plus souvent, et non pas tripatouillages ignorants d'une réalité elle-même ignorée.

On voit ainsi que l'enjeu est extrême et ne peut se réduire à une discussion sur l'apport de techniques dont les effets ont été insuffisamment analysés. Toute technique est une métaphysique, disait Sartre. Pour une fois, il a raison. C'est la réalité qui continue à échapper pendant ce temps-là.

Qui a tenté de se servir de la photo pour saisir un instant particulièrement significatif de la réalité sait à quel point il faut savoir, en une fraction de seconde, maîtriser le réglage technique, cadrer correctement, rendre au plus précis l'importance de ce qu'on voit, et en plus, grâce de la composition, y compris en couleur, de l'œil un peu exercé, tenter une expression esthétique, artistique. C'est le tir à l'arc dans le bouddhisme Zen. Ou encore la rencontre fortuite réussie, mais hyper-rare. C'est pourquoi l'art photographique est si rare et, en même temps, si difficile à expliquer. La subtilité du processus est infernale, mais renseigne aussi sur la subtilité des rapports, des relations entre le regard et ce qui fait sens pour le regard.

La deuxième raison est liée à l'analyse que Barthes fait de certains photogrammes d'Eisenstein. Les exemples qu'il a choisis montrent tout simplement qu'Eisenstein a tellement de talent, comme cinéaste, et qu'il sait tellement bien construire une image fixe avant de la rendre mobile, que si on extrait des photogrammes des scènes les plus fortes de ses films, ces photogrammes vont avoir suffisamment de force esthétique pour devenir des photos réussies, pour tenir comme photos, pour être transformés en photos fortes. Mais il y a deux raisons à cela : il construit, il préconstruit en dessin ces scènes fortes, donc elles sont préconçues à l'avance comme images fixes d'abord. Ensuite, il met en scène mobile son film dans ces cadres fixes préconstruits ; cela devient du théâtre filmé. Enfin, il joue souvent des très gros plans pour exprimer des sentiments. C'est donc un cinéaste-photographe, un cas très particulier de cinéaste.

La troisième raison est tout simplement que tout ceci tourne le dos à la pratique de la photo instantanée. Cette dernière, bien pratiquée par un photographe qui maîtrise bien cette technique, et qui a un sens esthétique très fort va reposer sur la saisie au vol et en une fraction de seconde (les fameuses images « à la sauvette » de Cartier-Bresson) d'un instant particulièrement fort sur le plan de la signification, cet instant étant comme un symbole réussissant en un seul plan et en une seule image à ramasser, à résumer, à concentrer un maximum de sens et d'aspects de la réalité, le tout en une image unique, extraite de cette réalité. On comprend qu'il s'agit d'un exercice de haute voltige et, malheureusement c'est ainsi, à la portée de très peu de gens. Il ne s'agit pas d'un vide ou d'un manque de ce que l'objectif est foncièrement impuissant à créer, comme le prétend Lévi-Strauss, mais plutôt d'une délicate incapacité de la plupart d'entre nous à saisir aussi rapidement et esthétiquement un instant fort. Le vide et le manque sont du côté du photographe quand il n'y arrive pas, et non pas du côté de la photo. C'est pourquoi l'image Zen du tir à l'arc est une bonne image pour résumer la chose. En effet, quand la chose arrive, quand elle est réussie, elle peut faire le tour du monde. La photo de la petite fille vietnamienne qui court, toute nue, sous le napalm, en est un bon exemple. Elle a contribué à l'évolution des représentations que les américains se faisaient de leur guerre au Viêt-nam et donc, tout simplement, à la paix. L'objectif photographique a alors créé un plein dont il est tout à fait capable et non un vide.

4. L'assomption de l'instantané

Le sens de l'instantané ne lui vient pas de savoir ce qui se produit juste avant et juste après, car il contient ces sens possibles quand il est réussi. Il a un caractère de synthèse lié à sa nature de symbole. Ceci suppose du regardeur un minimum de bagage culturel, non pas tant pour re-situer la photo dans une série d'instants immédiats, mais dans un contexte social beaucoup plus vaste, et qui a une importance beaucoup plus grande sur le plan du sens. Si je regarde l'autoportrait de Lévi-Strauss au petit singe, en 1938, c'est vrai que je ne peux pas savoir ce qu'il faisait cinq minutes avant la photo, ni ce qu'il va faire après (par exemple, pousser le film de son appareil pour qu'il soit prêt pour la photo suivante). Par contre, mon bagage culturel peut me permettre de re-situer cette mission dans l'ensemble de ses missions.

Distingons l'usage scientifique et l'usage esthétique. S'il s'agit de rendre compte d'un cérémonial, le photographe ne va pas se contenter de prendre en instantané une photo ; il va en prendre plusieurs, même si l'une d'entre elles va servir de résumé et de symbole de la chose, ce qu'il ne peut pas savoir à la prise de vue, car un photographe conséquent n'est jamais sûr à l'avance des photos qui seront réussies ou non. Il y a une dimension inconsciente de la prise de vue (cf. entretien avec

Pierre Verger.publié dans le n° 109 de l'Ethnographie et que je publierai dans le Tome 2 de ce travail). Une photo ou deux de Pierre Verger, publiées par G. Bataille dans l'Erotisme, sont devenues célèbres et montrent, de façon symbolique à cause de leur rareté, des moments-clés d'une cérémonie vaudou. La femme qui reçoit sur la tête le sang d'une pintade, ou celle qui tient par sa bouche une tête de bélier. Evidemment qu'en les voyant, je ne peux déduire que partiellement (tout un cérémonial, évidemment) ce qui s'est passé avant ou après. Mais, à ce moment-là, suis-je sûr d'avoir bien vu, d'avoir épuisé ce que ces photos me montrent. De toute façon et d'entrée de jeu, et plus fort que moi, elles me montrent des choses que je n'aurai jamais vues, ni pues visualiser sans elles. Elles sont bien plus fortes que moi, car, malgré mon imagination, elles me montrent directement un ça-a-été. C'est l'argument de Lévi-Strauss face à Braudel : quelle que soit l'imagination que je me faisais du Vaudou, enfin je vois, même si c'est seulement une fraction de seconde fixée. La réalité qui passe par ce jeu de clichés est infiniment plus précise, et donc, plus forte, que l'imaginaire que je m'en faisais. Un savant photographe prendra autant de photos qu'il est nécessaire pour saisir quelque chose de la réalité qui lui paraît important. Lévi-Strauss dévoile qu'il n'est pas un vrai praticien, même comme ethnographe, quand il prend ce mauvais exemple d'un photogramme pour transmettre des sentiments. Concédons lui qu'il n'y a rien de plus difficile à transmettre pour un photographe que des sentiments, justement. L'instantané peut avoir ce pouvoir parce qu'il est plus rapide que le photographe et que le regardeur.

Exemple : la photo de cette femme algérienne saisie de douleur à la suite d'un massacre. La douleur et son horreur sont saisies en un seul cliché qui, de plus, est remarquablement construit sur le plan esthétique. Non seulement le gouvernement algérien mais même cette femme ne peuvent plus rien contre cet instant saisi. Il n'y a plus besoin d'avant ou d'après devant cette photo. Elle montre incessamment l'horreur de ces massacres incessants. Ce n'est qu'après, et trop tard, que la politique, l'idéologie et le refus de la réalité enregistrée vont s'en mêler.

Précisons encore. Beaucoup de photographies de Salgado nous ont dérangé et paru insupportables. Pourquoi ? parce qu'il arrivait à faire des photos esthétiques avec ce qu'elles montraient de réalité insupportable (la famine dans le Sahel). Mais cette contradiction choquante, il m'a fallu un énorme effort sentimental pour comprendre qu'elle tenait au génie spécifique de la photo et non pas à une attitude perverse de Salgado. Comme photographe particulièrement doué, il arrivait à donner encore plus de force à sa dénonciation photographique, du fait que ses photos n'étaient pas de simples machines sans sentiments aptes à saisir de la réalité, mais en plus, un langage, un vrai langage, un langage visuel aux qualités exceptionnelles. Le réflexe primaire aurait consisté à lui dire : tu fais de l'art facile avec la misère des gens. Alors que l'interprétation savante tente de lui dire : tu es un virtuose de la composition photographique, et tu t'en sers avec juste raison pour dénoncer des scandales de la conditions humaine. En effet, la réalité, dans son aspect choquant, apparaît encore plus scandaleuse dans une photo qui a une forte dimension esthétique. Dans un premier temps, j'étais pris entre deux sentiments : c'est une belle photo d'un côté, mais ce qu'elle montre est insupportable, de l'autre. On ne peut faire de l'art sur le dos de la misère. Mais dans un deuxième temps, j'ai compris que cet écart insupportable contribuait justement à accroître la perception du scandale réel à dénoncer. Finalement, il faut savoir situer l'humilité dans tout ça. Elle est du côté du regardeur. Il doit se rendre compte qu'une virtuosité photographique sans pareil se met au service de la dénonciation d'un scandale insupportable. Si on veut tirer sur le lampiste, ce n'est pas la photographie qu'il faut accuser, ni le photographe qui, finalement, est quand même à son service, mais la réalité insoutenable, insupportable : des algériens égorgent des algériens. Ce développement est indispensable pour comprendre que la photographie a un génie instantané qu'il faut protéger ; que le photographe est un médiateur qui peut avoir de la présence (politique) et du génie ; et que la responsabilité finale de tout cela retombe aussi sur le regardeur. A lui de ne pas toujours confondre ce que ses désirs lui disent de la réalité avec la réalité elle-même.

La photographie, beaucoup mieux que le film, peut obliger, s'il le veut, le regardeur à prendre conscience de la réalité, par son côté fixe, immobile. C'est ce que Moholy-Nagy appelait « la nouvelle vision ». Enfin, on peut voir, en prenant un maximum de temps, ce que dans la vie on n'a pas le temps de voir. On peut enfin regarder longuement un instant. Et ce processus, c'est une matérialisation concrète de ce que tente la psychanalyse comme science humaine. Réfléchir enfin un tant soit peu sur ce qu'on vit, au lieu de le consommer hâtivement et sans réflexion, aveugle devant le présent, par besoin irrésistible de le faire fuir pour mieux l'esquiver. La réalité, l'insoutenable réalité.

L'usage esthétique de la photo :

Peut-on arriver à rendre le mouvement en image fixe ? ce n'est pas le même problème que de réussir à transmettre au regardeur ce qui s'est passé avant et après une scène qu'il voit fixée en photo ou en peinture. Marcel Duchamp a peint le nu descendant l'escalier ; on voit à la fois plusieurs représentations simultanées qui traduisent le mouvement. Une des techniques du cubisme consiste effectivement à faire coexister côte à côte en une seule représentation différents points de vue ou aspects d'une même chose ou d'une même personne. Certains portraits de Picasso montrent en une seule peinture la face et le profil par exemple ; ce qu'on ne peut pas voir à la fois dans la réalité. Savoir ce qui s'est passé avant et après ce qu'on voit fixé me semble plus lié au bagage culturel du regardeur qu'au savoir-faire de celui qui construit l'image. Redisons qu'il ne faut pas comparer la peinture et la photo [16] ou alors seulement du point de vue des règles de composition d'une image équilibrée, et non pas du point de vue du sens global de l'image. Lévi-Strauss prolongeant sa démonstration que l'instantané photographique est trompeur, prétend qu'un photogramme extrait d'une scène ne permettra pas ou très difficilement de déterminer la nature de l'émotion exprimée par des acteurs. En prenant cet exemple, il complique un peu plus la situation, ou il reprend un exemple un peu spécial de Barthes, comme on l'a vu. En effet, des acteurs jouant des émotions, c'est déjà une représentation ou une mise en scène de la réalité, et non la réalité elle-même. Le photographe algérien n'a pas demandé à la femme qui pleure de jouer sa souffrance ; de même qu'il n'a pas demandé à une actrice de jouer l'émotion de cette femme. Il a saisi sur le vif et en instantané, la douleur spontanément exprimée. Et il est facile

[16] Cette discussion nous démontre une fois de plus qu'il est urgent, pour éviter les malentendus, d'exposer rapidement l'esthétique spécifique de la photo. La photo appelle son esthétique propre.

de savoir, en regardant, qu'il y a eu un drame avant et que la souffrance va continuer après la photo.

Son argument est très spécial parce qu'il veut exprimer deux critiques à la fois : que la photo est un art tout à fait mineur et en même temps qu'elle est trompeuse et ne peut exprimer l'avant et après. Il explique en effet que c'est un problème ancien qui date du XVIIème siècle : « les grands peintres sont ceux qui arrivent à représenter non seulement la scène, mais ce qui se passe avant et après. Au moment où nous célébrons Poussin (en octobre 1994), il faut reconnaître en lui un tel peintre : Poussin est capable de donner à ses toiles une épaisseur de durée et son époque lui a reconnu ce talent ». [17]

Naturellement, on ne va pas mettre sur le même plan de valeur une peinture de Poussin et un instantané contemporain, mais le problème n'est pas là. Un peintre est capable de donner à ses toiles une épaisseur de durée ; soit. Il immortalise, dit-on. Cela ne me dit pas forcément ce qui s'est passé avant ou après. S'il peint la rencontre d'Eliezer et de Rebecca, je peux penser qu'il s'agit de personnages importants et que cette rencontre est un moment, un événement important. Mais si je ne connais pas la Bible ni le contexte, je ne peux saisir cette importance, ni son sens, ni la signification des personnages, et ce n'est pas le tableau qui va me le dire. Cette épaisseur de durée, seul mon bagage culturel peut m'apporter de savoir l'apprécier et la voir. Sinon, impossible de dire ce qui s'est passé avant et ce qui va se passer après. Rappelons, pour finir, qu'un ethnographe sur le terrain ne tentera pas de résumer (synthétiser) un moment important d'une cérémonie en un seul cliché, une seule photo. Il en prendra plusieurs, tout simplement ! Cf. Balinese Character, de Mead et Bateson.

- Le bon usage de la photographie en ethnologie.

Il peut y en avoir et il y en a de multiples que Lévi-Strauss reconnaît bien volontiers. Au-delà de la mémoire et du document, elle peut enregistrer nombre d'activités techniques, de gestes, comme le tissage ou la confection d'une arme ou d'une poterie ; elle peut permettre de faire des répertoires, des catalogues de tous les objets, elle peut décrire, faire tout un travail ethnographique indispensable. Lévi-Strauss croit qu'on

---

[17] **Lévi-Strauss**. *Le Cru et le Vu*, entretien publié dans Libération du 20/10/1994.

arrive à un meilleur résultat en dessinant, car le temps d'observation et d'exécution est plus long. C'est vrai, mais c'est aussi une vision statique de la pratique photographique. En effet, un ethnographe photographe qui veut enregistrer des objets ou des pratiques techniques va observer précisément d'abord, s'il s'agit d'objets, il peut les prendre à la pose et sous plusieurs angles, il peut établir un répertoire par objet ; il peut les re-photographier, s'il trouve ses premiers essais insuffisants. Il y a toute une plasticité dynamique qu'il va s'efforcer d'avoir et qu'il va réfléchir, délibérément. Contrairement à ce que semble croire Lévi-Strauss, il ne va pas se contenter de photographier en un instantané, en une fois, un objet. La photo a infiniment plus de possibilités, heureusement.

On pourrait même dire que l'ethnologue n'a pas de meilleur allié que la photographie car elle est, elle-même, une ethnographie à part entière. Ce que l'œil ne sait pas voir ou n'a pas le temps d'enregistrer, elle le peut. Elle va même prendre de l'avance sur lui car il va découvrir grâce à elle beaucoup de choses et sens qu'il n'a fait que regarder mais qu'il n'a pas eu le temps de vraiment voir.

Lévi-Strauss la réduit à un imprécis bloc-notes, alors qu'elle peut aider à construire une vision et un sens. Pendant qu'il va longuement dessiner un objet sous un seul angle, le photographe, lui, va multiplier les prises de vue, comme un carnet de croquis et ce travail minutieux va l'obliger à passer de l'ethnographie à l'ethnologie car cela va l'obliger à réfléchir pour comprendre.

Le journal de Malinowski est bourré de réflexions ethnologiques que sa pratique photographique lui impose.

Comme le reconnaît malgré tout, malgré ses préventions, Lévi-Strauss : « Dès l'invention de la photographie, les ethnologues ont compris qu'elle allait devenir pour eux un instrument indispensable. Tous ont fait des photos ».[18] Heureusement qu'ils en ont tous fait. En effet, la photo peut être plus précise que le discours. Et on pourrait construire une histoire photographique de l'ethnographie. Mais Lévi-Strauss ajoute : « Tous ont fait des photos. Sans méfiance, car ils ne cherchaient qu'à obtenir des documents ». La photo de documents peut se faire sans méfiance ; les documents sont

---

[18] **Lévi-Strauss**, entretien cité.

« inoffensifs ».[19] Par contre, si la photo se met à être pensive... Le fond du problème c'est celui du sens. Mais c'est un problème tout à fait stimulant et maîtrisable. Plus étrange est ce qu'ajoute Lévi-Strauss : « Est née surtout aux Etats-Unis, cette idée que la photographie allait permettre d'aller au plus profond de l'ethnologie, plus que n'importe quel autre moyen. On s'est dit qu'on découvrirait par la photo ce qu'on ne voyait pas autrement ».[20]

Et il met en cause Margaret Mead qui aurait initié un courant de ce genre et qui aurait provoqué qu'on a photographié Bali « sous toutes les coutures ». A quoi fait-il allusion ? A la création de l'anthropologie visuelle, ou au remarquable ouvrage qu'il nous a indiqué : « Balinese Character, a photographic analysis », de M. Mead et G. Bateson. Nous avons déjà constaté que l'anthropologie visuelle se focalise essentiellement sur le film et l'image mobile et du coup, néglige la photo. Quant à l'étude de Mead et Bateson, elle reste un remarquable exemple, pionnier, d'utilisation scientifique de la photo. C'est de l'excellente ethnographie visuelle. Si la photo permet de voir ce qu'on ne peut pas voir autrement, il ne faut pas confondre pour autant ethnographie et ethnologie ; ce n'est pas parce qu'elle permet de remarquables descriptions, qu'elle en donne en plus l'explication. Cette dernière reste de l'entière responsabilité du chercheur, évidemment. La photo montre, enregistre, mémorise, thésaurise un certain savoir, mais elle ne saurait le dire à la place du chercheur. Le savoir ethnographique (ou psychanalytique) de la photo nécessite l'expression d'un chercheur pour pouvoir devenir de l'ethnologie.

A propos de ce savoir qu'on peut ne pas voir, il tranche : « Je pense qu'il s'agit d'une totale illusion. La photographie est un matériel admirable pour l'ethnologue, mais qui permet à ce dernier de voir tout ce qu'il a envie d'y mettre ».[21] Qu'est-ce que cette totale illusion ? qu'est-ce que cette contradiction entre le matériel admirable et la subjectivité incontrôlable ? Etrange position ambiguë, polémique et provocante. Notre réponse est simple et déjà dite. Pourquoi l'ethnologue se permettrait de voir

---

[19] Non, les documents ne sont jamais inoffensifs, car, comme dirait Lévi-Strauss, ce sont des pensées matérialisées.

[20] **Lévi-Strauss**, entretien cité.

[21] **Lévi-Strauss**. Op. Cit.

tout ce qu'il a envie d'y mettre ? Ne peut-il le faire de la réalité ? Combien d'ethnologues ont cru observer ce qu'en réalité ils projetaient et mettaient dans cette réalité ? (Ce sont les fameuses prénotions et préjugés- de Durkheim). Le langage, constamment, permet de faire dire à la réalité ce qu'on a envie de lui faire dire. Ce problème global est celui des sciences humaines dans leur ensemble, et ne concerne pas particulièrement la photo. Mais c'est vrai qu'il y a toute une hiérarchie de préventions et méfiances face à l'expression scientifique. Le conformisme étouffant de l'Académie fait systématiquement prédominer l'écrit comme plus scientifique que l'oral, moins subjectif, la photo ne pouvant arriver qu'en troisième position. C'est un pur problème ethnographique de maîtrise des pratiques. L'écrit, seul, malgré sa totale subjectivité possible, est mis en tête et on n'apprécie pas du tout quand un Michel Leiris, dans *L'Afrique fantôme*, vend la mèche par écrit. La photographie, matériel admirable, fait peur à ceux qui ne savent pas qu'on peut parvenir par la pratique, à une certaine rigueur ou maîtrise qui, du coup, va inciter au maximum d'honnêteté intellectuelle. L'intérêt des sciences humaines repose sur l'honnêteté intellectuelle des chercheurs, essentiellement, et on imagine mal Freud voir dans un rêve ou se permettre de voir tout ce qu'il a envie d'y mettre.

La photographie dérange, parce qu'elle peut fonctionner dans le réel, dans l'imaginaire et dans le symbolique. Mais c'est à chaque praticien de faire l'effort de distinguer ces différents registres, et à ne pas prendre l'un pour l'autre. Bien maîtrisée, la photo est effectivement un matériel anthropologique admirable. Les photos de Nadar, Atget, Curtis, Sander, Cartier-Bresson ou Salgado, sont là pour en témoigner constamment. Sans les photos des Nambikwara, je ne connaîtrai rien de l'étonnante douceur de certains de leurs regards.

Le dernier argument de Lévi-Strauss a une dimension éthique fondamentale. Il amène à s'interroger autant sur la responsabilité éthique d'un chercheur en sciences humaines que sur celle d'un photographe. Pourquoi ce dernier chercherait-il à tricher plus qu'un chercheur ? La réponse à cette question ne dépend pas de l'instrument. Elle dépend d'un choix personnel ; et on ne voit pas pourquoi il y aurait moins de tricheurs dans les sciences humaines qu'en photographie. Faut-il dire que les photos se vendent mieux que les rapports de recherche ? Là encore, ce serait à démontrer à l'issue d'une recherche rigoureuse. Et qui dérangerait, forcément.

La photographie, comme l'ethnographie, a une valeur de témoignage. C'est cela le plus important, bien au-delà des fausses querelles. Qu'on ne sache pas toujours l'apprécier dans le court terme, c'est frappant. Espérons, pour finir, que les photos de Lévi-Strauss dépasseront enfin dans leur pouvoir de conviction, l'effet de ses écritures savantes, puisque dans un cas comme dans l'autre, le but essentiel reste le respect et la sauvegarde de cultures qu'on ne cesse de détruire. Si la science n'y parvient pas, que le pouvoir poétique de la photo y parvienne...

PARTIE II

PRATIQUES ETHNO-PHOTOGRAPHIQUES

Chapitre 1

LES ALBUMS DE FAMILLE

1 – FAMILLE ET PHOTOGRAPHIE : LA PHOTOGRAPHIE COMME MATRICE DE RECHERCHES

Les photographies ne sont pas seulement des points de repère ; elles sont souvent des déclencheurs d'idées.

Francis Bacon [1]

Plus nous travaillons la photographie, en pratique et en théorie, et plus elle nous apparaît comme une matrice de recherches d'une exceptionnelle fécondité. Nous avons consacré un numéro de l'Ethnographie sur les rapports entre famille et photographie pour en donner une illustration éclairante.

Il y a un lien particulièrement fort entre famille et photographie, et le recueil d'études, bien connu, dirigé par P. Bourdieu et publié en 1965 sous le titre « Un art moyen : essai sur les usages sociaux de la photographie », en fit, à l'époque, largement la démonstration. En effet, dans sa longue et première étude intitulée : « Culte de l'unité et différences cultivées », P. Bourdieu rappelle que rien n'est plus réglé et plus conventionnel que la pratique photographique et les photographies d'amateur. Non seulement la fonction sociale essentielle de l'acte et de l'image photographique est « d'éterniser et de solenniser les temps forts de la vie collective » mais encore, la pratique la plus fréquente et la plus partagée est celle qui consiste à fabriquer des images privées de la vie privée, et donc des photos de famille et des temps forts de la famille. Si on suivait jusqu'au bout la logique des études et des démonstrations de P. Bourdieu, on finirait par croire qu'il n'y a de photos que

---

[1] **David Sylvester**. *Entretiens avec Francis Bacon*. Traduction Michel Leiris. Ed. Skira 1996. p. 36

les photos de famille, et qu'il n'y a pas d'art photographique en dehors de son usage familial et populaire. Que la photo de famille soit l'usage le plus fréquent de la photo ne peut permettre, pour autant, de limiter la définition de la photographie, même socialement, à celle de rite du culte domestique, ou plutôt, ce n'est pas son seul usage social, loin de là. La photographie est un phénomène infiniment plus complexe sur tous les plans. L'étude collective de P. Bourdieu, entre autres travaux, a initié des recherches en sciences humaines sur la photographie, et il nous a paru intéressant, plus de trente ans plus tard, de tenter de faire un nouveau point sur les relations étroites et mystérieuses mais préférentielles qu'entretiennent la famille et la photographie. Nous allons voir, en effet, qu'il y a des attitudes communes entre amateurs et professionnels de la photo vis-à-vis de la photo de famille, mais que les divergences de démarches ne sont pas moins intéressantes ou importantes que les convergences.

La définition même de la photographie s'est considérablement enrichie et transformée, en une génération ; ses usagers se sont étendus en même temps que ses possibilités. C'est pourquoi il nous faut pousser l'analyse plus loin en nous servant autant de l'évolution de la photographie elle-même et de ses usages que de celle des sciences humaines pendant la même période.

Il y a un usage intime de la photographie qui rejoint la dimension autobiographique de nombre de recherches en sciences humaines, et en Anthropologie en particulier, car les sociologues sont souvent plus pudiques, que les anthropologues. Nous avons eu l'occasion de travailler sur les photographies de *Tristes Tropiques* ou sur celles de Malinowski ; mais qui a remarqué que la vocation de G. Balandier, d'après lui, lui serait fort probablement venu de la rencontre avec une photographie « de famille ». Rappelons les premières lignes de l'*Afrique ambiguë.*[2] : « Je repousse mes souvenirs d'enfance après les avoir trop aimés. Seul l'un d'eux aujourd'hui bénéficie de ma complaisance : il est à l'origine de mes premières rêveries africaines. Vincent, camarade de classe et de jeu, m'avait demandé par message clandestin de le rejoindre au moment de

---

[2] **G. Balandier**. *Afrique ambiguë*. Collection Terre Humaine. Plon 1956-1962.

la récréation, en un endroit convenu de la cour d'école. Il m'y présenta en prenant de mystérieuses précautions une photographie, reçue le matin même avec la lettre adressée par un oncle, coupeur de bois au Gabon. L'image montrait un homme puissant, les cheveux en friche, la chemise ouverte sur la poitrine, le fusil sur l'épaule ; à ses côtés se trouvait, désarticulé et grotesque, la tête tenue comme un jouet entre les mains d'un chasseur nègre, un gorille frappé d'une balle en plein front. Ce tableau de chasse nous fascina. Nous fîmes le serment de nous enfuir - plus tard - pour aller rejoindre cet oncle invincible, symbole de la puissance mâle et de l'aventure.

Est-ce le souvenir de cette scène d'enfance qui m'a conduit jusqu'à ce lieu précis du Gabon... ».

Nous allons voir que ce texte a beaucoup de points communs avec les nombreux témoignages que nous avons reçus à propos de la photographie de famille et qu'il nous permet de recenser rapidement les thèmes que nous allons aborder. En effet, nous ne cessons de nous interroger sur les relations entre la photographie et la réalité, le souvenir, le fantasme, la vocation, la famille, la mémoire, l'art et la recherche. Mais surtout la recherche.

La photographie et la recherche en sciences humaines.

Nous ne pouvons synthétiser en quelques lignes un domaine de recherches aussi vaste, qui part des expérimentations de Malinowski ou de Margaret Mead et Grégory Bateson, en passant par le dernier travail de Roland Barthes, jusqu'aux études les plus récentes de la Recherche Photographique[3] ou de Xoana[4] Rappelons simplement les résultats auxquels nous étions parvenus lors du numéro spécial de l'Ethnographie sur les rapports entre la photographie et l'anthropologie.

---

[3] **La Recherche Photographique. Histoire. Esthétique**. Revue semestrielle. Paris Audio-visuel. Université Paris 8. N° 8 La Famille. Fév. 1990

[4] **Xoana**. *Images et Sciences sociales*. Ed. Jean-Michel Place. Paris 1992-95.

Nous avions proposé de montrer que, dans sa capacité à décrire la réalité, y compris sociale, la photographie a un lien spécial à la réalité. On a longtemps cru qu'elle reproduisait quasi mécaniquement la réalité ; ce qu'affirmait encore R. Barthes dans sa dernière étude *La Chambre Claire*.[5] Depuis, certains, pour l'affirmer sur le plan esthétique, décrètent qu'elle n'a rien à voir avec la réalité. En fait, trace, indice ou représentation, elle dit souvent beaucoup plus sur la réalité que les regardeurs de cette dernière n'ont le temps d'en voir et en même temps elle contribue à interpréter, construire et exprimer la réalité. C'est pourquoi nous proposons une nouvelle appréciation de la photographie qui consiste à en faire un révélateur épistémologique des sciences humaines dans leur capacité à analyser la réalité. Disons, pour le moment, que la photographie a un lien d'une nature particulière avec la réalité. Donnons-en deux exemples : l'un rappelle une utilisation dramatiquement réaliste de la photographie ; c'est cette opération citée par le journal le Monde du 9 septembre 1996 : 12 000 photographies pour retrouver les enfants perdus du Rwanda ; le festival Visa pour l'image de Perpignan a exposé une des tentes où les parents du pays martyr cherchent les moyens de rassembler leurs familles grâce aux images prises par l'Unicef et la Croix-Rouge. Citons un résumé du journal expliquant l'ampleur et l'histoire de ce type d'opération :

« Au delà des massacres, de la sauvagerie qui a saisi le Rwanda en 1994, il est un autre drame. Celui des dizaines de milliers d'enfants perdus dans la fuite éperdue des uns et des autres. Comment rassembler les familles jetées éparses sur les chemins ? Dès 1994, l'Unicef et la Croix-Rouge ont photographié ces dizaines de milliers de visages et ont organisé sous des tentes, de Bukavu à Goma, de pathétiques expositions. Les parents s'y rendent pour tenter d'y retrouver leurs enfants. Le photographe Réza a montré une de ces tentes à Perpignan pendant que là-bas les photographes zaïrois qu'il a formés continuent inlassablement le travail. Déjà, après la seconde guerre mondiale, au Biafra en 1968, en Thaïlande en 1980 la photographie avait été utilisée de manière similaire ».

---

[5] **R. Barthes**. *La Chambre claire*. Gallimard, Le Seuil, Cahiers du Cinéma. 1980.

L'autre exemple, qu'on va retrouver dans notre enquête, c'est ce commentaire de C. Génin, ancien directeur de la communication de Kodak, accompagnant une photographie de ses trois enfants, souriants dans un champ de marguerites : « quoiqu'il arrive cette image correspondra toujours à la réalité de cet instant». La photographie arrache irréversiblement quelque chose de la réalité et la garde en mémoire, à la disposition d'éventuels regardeurs disponibles.

Deux autres éléments sur la nature de la photo, complétant les analyses bien connues de Barthes, et celles que nous avons faites sur le travail de Malinowski, nous sont apportés par la psychanalyse : d'abord ce qui nous accroche, nous touche, nous trouble, nous dérange, nous retient dans une photographie, ce que Barthes appelle le punctum des photos que nous trouvons fortes, nous faisons l'hypothèse que c'est quelque chose, un élément, qui vient réveiller quelque chose de l'inconscient du regardeur et qui est propice à déclencher le jeu des associations (qui est le mode de fonctionnement le plus fréquent de l'appareil psychique) ; cela se traduit le plus souvent par des lectures de ces photos en terme de : « tel élément ou partie ou moment de cette photo me fait penser à... qui me fait penser à... qui me fait penser à... etc. ». Répétition, certes, mais dans des domaines aussi précis et subtils, il vaut mieux dire les choses deux fois qu'une.

L'autre constat, c'est la photo, l'appareil de photo, la prise de vue comme modes de relations à autrui en terme de ce que le psychanalyste anglais Winnicott appelle objets ou espaces *transitionnels,* pour désigner le petit jouet ou animal fétiches de l'enfant (son doudou, sa totote) qui lui permet de surmonter l'absence de sa mère et qui lui sert de médiateur dans sa relation au monde et à autrui ; la photographie comme objet transitionnel qui permet d'accéder à autrui et à la connaissance d'autrui se traduit aussi bien par l'usage qu'en fait Malinowski dans ses rencontres avec les Mélanésiens, par exemple, tel qu'il le décrit à de multiples reprises dans son journal d'ethnographe, que par une nouvelle technique d'entretien, ou tout simplement par la façon dont nous avions constitué le numéro de l'Ethnographie avec l'aide et les témoignages écrits et photographiques de nos correspondants.

Ce que nous voudrions avancer et rappeler dans ce chapitre qui rendait compte d'une enquête, c'est en effet à quel point la photographie peut être et est une matrice de recherches qui peut en faire un révélateur épistémologique en sciences humaines à cause de ces phénomènes de représentations et d'identifications en cascade qui la font presque automatiquement confondre avec la réalité, voire le réel. Or justement le léger décalage, (parfois, infime ou inexistant pour certains comme beaucoup de réponses vont le montrer) d'avec la réalité, n'empêche pas vraiment la photo d'en enregistrer assez pour perturber la plupart des regardeurs.

La photographie comme matrice de recherches.

Il y a une dimension matricielle de la photo dès sa capacité technique à être reproduite à partir de son négatif. Mais elle est surtout symbolique. Elle a contribué à la démocratisation des représentations sociales et on ne peut pas ne pas évoquer dès le départ, l'étude de P. Ariès sur l'enfant et la vie familiale sous l'Ancien Régime, qui retrace la constitution et l'évolution de la famille et du sentiment de l'enfance et qui montre comment on peut comprendre cette évolution à travers l'évolution de leurs représentations ; pour le dire rapidement : à l'aristocratie d'Ancien Régime, la galerie de portraits d'ancêtres en peinture, à la bourgeoisie ses portraits individuels en photographie, ses daguerréotypes puis ses albums photographiques de famille dès la deuxième moitié du XIXéme siècle, au fur et à mesure de l'évolution technique des procédés parallèle à la lente démocratisation des représentations sociales.

Rappelons que ce chapitre est l'exposé des résultats d'une enquête qui consiste à demander à un certain nombre de personnes de choisir dans leur(s) album(s) de famille, une, deux, trois, (voire plus) photos parmi les préférées et d'expliquer les raisons de ce choix, et donc de témoigner. Travailler sur les photographies de famille est, à la fois, passionnant et presque impossible, cela renvoie aux difficultés principales des sciences humaines en général : peut-on travailler sur l'intime des autres, proches ou lointains, et comment ; ne risque-t-on pas sans arrêt de faire interférer sa propre subjectivité de chercheur et d'humain avec celle des autres ? Nous savons tout cela très bien et depuis longtemps.

Les photos de famille, pour être appréhendées correctement, vont demander au chercheur d'utiliser différentes approches : l'histoire (la plupart des albums remontent aux années 1880 avec des photos dont les plus anciennes remontent à 1850), la sociologie évidemment, l'ethnographie aussi, pour les saisir dans leurs contextes ; et enfin la psychanalyse pour essayer de comprendre, avec la finesse requise, les multiples liens sous-jacents et inconscients qu'elles provoquent ou qu'entretiennent avec elles ceux qui les détiennent.

Et c'est, en effet, la difficulté de répondre à cette enquête et la difficulté d'en analyser et présenter les résultats qui nous a progressivement, convaincu de la dimension matricielle de la photo. Sans jouer sur les mots et dans une vision synthétique et progressive de ce que nous a appris cette enquête, nous aurions envie de montrer aussi bien que la famille a une dimension de photographie, avec ses phénomènes de ressemblance et de reproduction, comme la photographie a une dimension de famille dans les différents usages dont elle est l'objet et dans les différentes pratiques, y compris chez le même praticien, amateur ou professionnel, car ces usages et pratiques ont des liens de famille, quoiqu'on en dise et comme on va le voir. C'est, aussi, le problème de notre propre réponse à cette enquête qui nous a imposé cette vision de la question. Mais, avant de l'aborder, rappelons rapidement, à travers les études déjà citées de P. Bourdieu et de R. Barthes, les résultats importants auxquels ils sont parvenus et qui nous servent d'éléments de base et de départ.

L'étude de P. Bourdieu, même datée, nous donne le contexte social et les usages majoritaires ; elle insiste plus sur les usages que sur les contenus. Elle constate que les albums ne sont qu'une partie de la photo de famille. Cette dernière fixe et solennise les temps forts de la vie de famille ; elle s'insère à ses rituels et renforce sa cohésion au point qu'il en fait un « rite essentiel du culte domestique ».[6] Il insiste donc sur la dimension collective majoritaire et sur son aspect théâtral, sur sa faculté de construction d'une représentation qu'on peut qualifier d'officielle. « N'est-il pas naturel que la photographie reçoive, en l'absence d'autres supports, la fonction de thésauriser l'héritage familial ».[7] C'est une question à approfondir, aussi bien du point de vue du naturel, que de celui

[6] Op. Cit. p. 48

[7] Op. Cit. p. 51

de l'évolution des supports ou encore de ce qu'on appelle l'héritage familial. Héritage matériel, culturel, symbolique... La photo comme fabrication domestique d'emblèmes domestiques nécessite alors d'être beaucoup plus approfondie aussi bien comme contenu que comme sens qu'on attribue aux pratiques domestiques. C'est là où notre enquête peut apporter un complément, voire un affinement, microsociologique ou ethnographique, à ce problème du sens, conscient ou inconscient, accordé à ces pratiques par nos correspondants, car ils les précisent justement. Et c'est bien ce que nous attendons de ce travail.

Les fonctions sociales sont le réceptacle et le contenant de dizaines d'attitudes microsociologiques voire psychanalytiques que nous avons tentées de cerner ethnographiquement.

Le dernier travail de Barthes, axé essentiellement sur une tentative de définition scientifique de la photographie, en est comme un exemple emblématique, justement, pour reprendre une expression contestable qui n'arrive pas à dire symbolique.

Barthes, dans *La Chambre Claire,* tente de définir la photographie à partir d'une de ses photos de famille. Nous accordons une importance particulière à ce texte et à cette recherche pour de multiples raisons, dont les plus importantes, pour le dire brièvement, sont sa dimension de témoignage posthume, voire de testament puisque c'est sa dernière recherche publiée après sa mort accidentelle, qui suivit de peu celle de sa mère. Barthes concentre, nous en faisons l'hypothèse, son acquis et son savoir, à l'occasion d'un travail de deuil, la perte de sa mère. C'est comme s'il répondait à notre travail d'enquête : quelle est la photo de famille qui vous importe le plus. Il veut absolument trouver une photographie de sa mère qui la montre telle qu'il pensait qu'elle était. On voit la multitude des enjeux qui renvoie directement à la problématique de notre enquête. Par pudeur, il ne la montre pas au lecteur mais il la décrit. C'est la fameuse photo dite «Photo du Jardin d'Hiver ».[8] « Ma mère avait alors cinq ans (1898), son frère en avait sept... Le frère et la sœur, unis entre eux, je le savais, par la désunion des parents... ».[9] Le texte de Barthes est paradoxal, mais, comme on va le voir, a de nombreux points communs

---

[8] Les majuscules sont de Barthes

[9]Op ; Cit. p.

avec certains envois que nous avons reçus (nous ne les citons pas ici par discrétion mais le lecteur pourra les trouver dans la partie témoignages du numéro 120 de l'Ethnographie). D'abord, et il le dit, il inverse le rapport de filiation et se met en position de « père » de sa propre mère ; ensuite il y annonce sa propre mort comme s'il avait irréversiblement dénoué quelque chose : « Elle, si forte, qui était ma Loi intérieure, je la vivais pour finir comme mon enfant féminin. Je résolvais aussi, à ma manière, La Mort... moi qui n'avais pas procréé, j'avais, dans sa maladie même, engendré ma mère. Elle morte, je n'avais plus aucune raison de m'accorder à la marche du Vivant supérieur (l'espèce). Ma particularité ne pourrait jamais plus s'universaliser (sinon, utopiquement, par l'écriture, dont le projet, dès lors, devait devenir l'unique but de ma vie). Je ne pouvais plus qu'attendre une mort totale, indialectique.[10]

Voilà ce que je lisais dans la Photographie du Jardin d'Hiver ».

Pour Barthes, c'est cette photo qui va lui permettre de définir l'essence de la photo. Mais on voit également l'étendue de ce qu'il lit et voit dans cette photo ; le lien entre l'écriture et la photo ; la réévaluation symbolique de son rapport avec sa mère, et de sa propre vie. Les enjeux contenus dans les envois photographiques de nos correspondants vont bien au-delà de l'usage social majoritaire de solennisation des temps forts de la vie de famille. Ils concernent aussi les grandes instances de toute existence, la vie, la mort, l'amour, la mémoire et l'oubli, la résurrection imaginaire, et la recherche désespéré du sens, et puis encore et toujours la vie par les parents et les enfants. Certains, commentateurs relèvent et ils ont raison de le faire tel A. Rouillé la dimension imaginaire d'idéalisation des albums de famille : « un idéal de la famille anime secrètement les vrais albums de famille... lesquels sont aussi des albums imaginaires : à la fois l'image d'une famille mythique et la fiction d'une vraie famille ».[11] Naturellement et par rigueur, beaucoup de sociologues et de psychanalystes s'accorderaient à cerner avec précision cette idéalisation de la famille et de ses représen-

---

[10] Op. Cit. p. 113

[11] **A. Rouillé**. « Un album imaginaire ». *La recherche photographique n° 8* : La famille, p. 40. Voir aussi dans le même numéro A. Buisine : « Leurres et illusions du portrait de famille ».

tations à travers les albums. Beaucoup de réponses vont le montrer mais vont aussi montrer le désarroi ou la détresse sous-jacente, et l'incroyable travail de deuil, à l'instar de celui de Barthes, qui peut animer le lien aux photos de famille, ou que celles-ci provoquent. La palette des sentiments va bien au-delà de l'idéalisation et, une fois de plus, une écoute attentive, une approche au plus près, vont montrer que les acteurs, même agis, sont moins dupes de leurs propres idéalisations que ce qu'on leur en attribue.

Que ce soit par la solennisation de temps forts de la vie de famille (P. Bourdieu) ou par un travail de définition scientifique et de deuil (Barthes), la photographie permet de creuser encore beaucoup d'attitudes et de comportements dans leurs dimensions de représentations ; mais elle est aussi matrice de bien d'autres choses : de témoignages, d'entretiens, d'écritures et de créations. Elle a cette double nature de pouvoir exprimer de la science et de l'art.

Notre témoignage

Ayant la responsabilité de l'enquête, avais-je à répondre ; puis-je être juge et partie ? En fait, nombre des correspondants rencontrés trouvaient que j'avais à «jouer le jeu» et à me risquer à répondre comme eux. Toujours sensible à la dimension d'implication du chercheur dans sa recherche, j'ai essayé de le faire pour montrer plus encore l'aspect matrice de recherches de la photo. On va voir que dans beaucoup de familles, il y a deux types d'album : ceux dont on hérite et ceux qu'on constitue en parallèle de la constitution de sa propre famille descendante par le mariage et les enfants. J'ai préféré choisir deux photos d'un album dont j'ai hérité, pour répondre à notre enquête stricto sensu. Ma cousine, mes cousins, une cousine préférée, la façon dont mon oncle photographe m'a initié à la photo, le jardin d'une maison de vacances, les jeux auxquels nous faisait jouer mon oncle, la façon qu'il avait de nous habituer à être pris en photo, les qualités artistiques de ses photos, je pourrais trouver des dizaines de raisons de choisir dans ses photos l'image heureuse de nos enfances méditerranéennes qu'il a réussi à nous transmettre, mais il y a si longtemps déjà. Cela me permet de ne pas utiliser les photos faites par moi de ma propre famille, car trop proches, et je n'ai pas idéalisé le passé mais son image. Ce témoignage, ce numéro de revue, le travail sur le quartier de la Goutte d'or, l'association Anthropologie et Photographie, parmi d'autres activités, sont des modalités d'une recherche à caractère scientifique sur la photographie (et ne sont parmi mes recherches, que celles qui concernent l'approche scientifique possible de la photo, évidemment). Or j'ai aussi une recherche à caractère esthétique dont l'origine remonte à une photographie faite en 1972 à Santorin. Cette photographie me sert de matrice de recherche esthétique depuis longtemps et a sa place, au milieu des portraits de mes enfants, dans « mon » album de famille. En fait, c'est une photo couleur dont les couleurs sont le bleu du ciel, découpé par les deux arches roses, du fond, tout le reste étant noir et blanc, c'est-à-dire des gammes de gris vers le blanc du liseré du mur, du rectangle en hauteur, ou de l'ombre de marches, ou vers le noir des ombres. Cette photo est recadrable de multiples façons que ne peut montrer sa reproduction en noir et blanc et est à l'origine de multiples gammes photographiques sur d'autres îles et d'autres murs à la recherche du mystère métaphysique tel qu'il apparaît dans certaines toiles de Chirico ou de Nicolas de Staël. C'est à la fois une photo-matrice et la mère d'une famille de photos. On pourrait voir que certaines réponses d'artistes vont dans le même sens et proposent des démarches de travail, à partir de photos ou d'albums de famille, tout à fait similaires. Il s'agit même d'un des types importants de réponses à notre enquête.[12]

L'écriture et la création provoquées par la photographie

La photographie peut favoriser la rencontre, l'échange, l'observation ; nous l'avons déjà noté à propos de sa dimension d'objet transitionnel et de la façon dont Malinowski l'a pratiqué sur le terrain. Elle peut être prétexte à entretien ; ce qui pourrait être modélisé comme technique d'entretien en méthodologie des sciences humaines ; elle est un déclencheur de témoignages et d'écritures : cela recouvre les différents registres des réponses reçus à notre enquête mais va bien au-delà. Avant d'analyser le foisonnement de créations et d'expressions à l'origine desquelles elle peut être, notons une des plus importantes attitudes la concernant à propos des albums de famille : il s'agit d'un

---

[12] L'Ethnographie n° 120. *Famille et photographie*. 1996.

étonnant parallèle ; indépendamment des albums dont on hérite, la plupart des gens se mettent à composer un album de famille à partir du moment où ils ont leur premier enfant, comme s'ils duplicataient photographiquement ce qu'ils vivent familialement, ou comme s'ils éprouvaient le besoin de construire, en parallèle de ce qu'ils vivent, une représentation symbolique de la chose sous la forme d'albums de photos. Et cela peut aller, cas fréquent, jusqu'à la constitution d'un album par enfant. On voit bien qu'il s'agit d'un enfantement parallèle avec, là-aussi suivant les tendances majoritaires, une répartitions sexuelle des taches : les hommes prennent les photographies, les conçoivent et les femmes, patiemment, constituent les albums. Deux citations, extraites des témoignages, illustrent cette attitude celle d'un homme jeune qui n'hésite pas à faire la comparaison et à dire : « l'idée de faire un album m'est aussi étrangère aujourd'hui que celle d'avoir des enfants ; j'ai pourtant 32 ans ». On peut opposer son attitude à celle de cette mère de famille : « Pour moi, la photo de famille, c'est plus qu'un loisir, c'est une nécessité ; non, un instinct ».

J.F. Werner, chercheur à l'O.R.S.T.O.M., et en particulier sur les albums de photographie en Afrique de l'ouest, parle de « cet appel vers le langage que constitue le « mutisme » caractéristique de toute photographie ». Cela fait plusieurs années que nous observons et étudions ce rapprochement permanent qui existe d'abord entre le langage et la photographie (pourquoi et en quoi la photographie est-elle un langage ? Comment explorer, analyser, voire fonder un langage visuel ?), ensuite entre l'écriture et la photographie. Une des dimensions de l'œuvre de Barthes est justement de comprendre la possibilité de cette articulation. Il y a une écriture provoquée par la photographie ; c'est un type d'écriture. La photographie de famille, elle-même, prête au roman, lance l'écriture ; elle est manifestement, un cas type de déclenchement d'écriture. On pourrait citer de nombreux textes provoqués par la photographie chez Barthes, ou Marguerite Duras, *L'Herbe* de Claude Simon ou bien *Chien de printemps* de P. Modiano, ou encore une partie importante de l'œuvre d'Hervé Guibert. Mais la photo de famille, elle-même, précisément, a encore accentué ce processus. Autour du livre d'Annie Duperey, *Le Voile noir,* qui présente les photos de son père et donc beaucoup de photos de famille et qui a eu un succès impressionnant, on peut citer, pour ces dernières années, un roman de Suzanne Prou (*l'Album de photo*), un roman d'Anne-Marie Garat (*Album de famille*), un roman de Régine Detambel qui a accepté de témoigner pour notre enquête (*l'Album*), un livre d'A. Wiazemsky qui présente un recueil de photos tirés d'albums, un livre de Marie-Claire Blancquart (*Photographies de famille*). On voit bien qu'on se trouve face à un phénomène qui nécessiterait une étude sociologique approfondie de cette période maintenant, pour comprendre pourquoi tant d'écrivains sont incités à écrire sur les photos et albums de famille, et tant d'éditeurs à publier ce type d'écriture. L'univers multimédia qui se profile risque-t-il de mettre en danger ou de marginaliser l'écriture d'un côté, la photographie de l'autre ? On sait bien pourtant que l'apparition de nouveaux médias n'a jamais jusque là contribué à supprimer les médias précédents. Ils s'ajoutent plutôt les uns aux autres. L'analyse de l'importance de la photographie dans les processus de création contemporains nécessiterait une étude à part entière particulièrement pour les rapports entre la peinture et la photographie ; nous n'avons pu qu'évoquer rapidement le lien photographie-écriture. Il nous faut revenir au lien plus précis entre la famille et la photographie.

Famille et photographie.

Disons-le simplement, se lancer dans une analyse des relations entre la famille et la photographie, c'est tenter une exploration des passions privées, avec tous les risques et limites que cela comporte. La sociologie analyse les usages sociaux de la photo les plus courants et de façon extérieure. Elle voit l'ensemble (ou le tente) qui lui parait conditionnant, les usages moyens, et donc analyse peu le contenu des photos lui-même, ou le lien que chacun entretient avec elles. Par contre l'anthropologie et l'ethnographie cernent de plus près les usages privés, intimes, ou des manies, des rituels personnels, et, du coup, s'approchent beaucoup plus du contenu intime des photos ; ce qui permet alors au moins une double lecture : celle des récits privés que la photo provoque à travers les témoignages de nos correspondants ; celle, plus complexe, qui englobe textes et images et leur articulation : ce que nous avions tenté de faire en dialoguant avec certains témoignages. Soyons modeste ; il s'agissait bien d'une tentative et d'un dialogue pour y parvenir. En effet, la difficulté de cette double lecture tient tout simplement au fait qu'il n'y a pas de règles formalisées d'analyse de contenu ou de lecture des photographies, sinon celles de se servir de certaines sciences humaines comme codes de lecture. Nous renvoyons au numéro 109 de *l'Ethnographie*[13] pour cet aspect de la question.

Nous nous demandons, pour finir, ce qu'on photographie exactement à travers les photos de famille. La sociologie répond : une éternisation et une solennisation des temps forts de la vie de famille. C'est souvent vrai, c'est incontestable. Ou plutôt, c'était vrai quand on posait pour faire ces documents. Mais, à ce moment-là, ce n'est pas les temps forts ou les moments forts de la vie qu'on photographie, mais déjà leurs mises en scène, leurs reconstructions. On fabrique alors une représentation photographique de ce qui est déjà une mise en scène. C'est pour cette raison que tant de nos correspondants, qui sont souvent des connaisseurs, semblent moins dupes que prévu de l'aspect d'idéalisation de ce genre de documents. Mais qui peut l'être ? C'est le jeu social qui conseille de s'avancer masqué. Souriez, dit-on. Il faut donc se forcer. Et c'est en souriant qu'on lit maintenant la légère crispation bien visible ; ou la volonté d'avoir l'air solennel. L'instantané permet de surprendre depuis 3/4 de siècle. Et cela change tout. C'est parce qu'on le sait qu'on ne va pas mettre d'instantané malveillant dans les albums ou alors, évidemment, on va choisir à qui montrer ces documents.

On lit bien dans les réponses ce qu'on peut appeler l'ambivalence des sentiments : la photo, surtout de famille, alimente l'ambivalence des sentiments et l'ambivalence secret/aveu ou pudeur/impudeur. On pourrait ajouter l'ambivalence beauté/banalité. On dit que les photos de famille relèvent du goût barbare ou d'une esthétique involontaire. Pourquoi alors beaucoup d'entre elles embellissent en vieillissant, voire en devenant anonymes au point que certains les jettent pendant que d'autres les ramassent ou les collectionnent ? L'Album de famille, au-delà de sa fausseté apparente, est un lieu de deuil et de ressourcement, de résurrection dont on n'est pas dupe. Ce n'est pas qu'on est dupe

[13] L'Ethnographie n° 109. Printemps 1991. *Ethnographie et Photographie*.

de l'image idéalisée apparente qu'il présente, c'est le contraire : on tente désespérément de l'idéaliser.

Les photos envoyées, documentaires et/ou artistiques, sont d'abord des façons de communiquer, au même titre que les écritures qui les accompagnent. Chaque photo et chaque témoignage renvoient à tous les autres même si chacun est unique. Ce premier livre étant plus théorique que pratique, il n'était pas question de republier, en un chapître, les envois qui ont constitué l'essentiel du numéro 120 de l'Ethnographie, soit l'équivalent d'un livre de près de 250 pages . Par contre, nous pensons qu'il est pertinent, d'en livrer le résultat sociologique synthétique . C'est pourquoi nous renvoyons nos lecteurs que la lecture des témoignages intéresserait au numéro de l'Ethnographie, qui peut être lu, à ce moment, comme le recueil des exemples empiriques ayant permis de construire ce chapitre.

2 – VOYAGE A TRAVERS LES ALBUMS DE FAMILLE

Analyse et commentaire des réponses et de l'enquête

> *«Les photos de famille doivent être racontées Une photographie est muette. Elle parle certes, mais son discours n'est pas audible, il a besoin du langage articulé, de mots, pour que jaillisse enfin le sens de ce simulacre. Nous lisons la photographie de famille, nous la décryptons : pour qu'elle ait un sens, il faut la dire».*
>
> *Laurence et Lucie PETIT*

Ce qui compte, disait Mauss, c'est le Mélanésien de telle ou telle île. Reconnaissons humblement qu'à la lecture de l'ensemble des réponses que nous avons reçues, nous avions l'impression que chacun est l'habitant unique de l'île de son témoignage. En effet, notre démarche avait quelque chose de paradoxal. Rappelons qu'on demandait à chacun de choisir, dans ses albums et photos de famille, une, deux, trois ou plus, photographies parmi les préférées et de dire les raisons de cette élection. N'était-ce pas là demander quelque chose de très intime, avec le risque que beaucoup, par réflexe de pudeur, cachent cet intime derrière des lieux communs. Mais justement, c'est là qu'est le paradoxe : il y a de multiples façons intimes de dire des lieux communs et dans chaque témoignage il y a, à la fois, de l'intime et du lieu commun. Pouvons-nous faire la part des choses ? En avons-nous seulement le droit ? Notre petite étude, finalement, ne suit pas les règles les plus courantes des enquêtes en sciences humaines. Elle s'apparenterait plutôt à une préenquête qualitative, voire exploratoire. C'est pourquoi nous disions dans notre présentation qu'elle ressemblait un peu aux enquêtes surréalistes de l'entre-deux-guerres, c'est-à-dire à un appel à témoignage sur des sujets graves, comme le suicide ou l'amour. Notre demande dans notre esprit, n'avait quand même pas ce caractère de gravité. Mais ce n'est pas nous qui avons choisi le caractère de gravité ou d'humour des réponses que nous avons reçues. Néanmoins, la plupart des réponses ayant un caractère de témoignage intime, nous avons très vite compris, à leur lecture, qu'il nous était impossible de faire un choix, que cela ne nous était pas permis et que nous avions donc l'obligation de tout publier. Il s'agit d'un appel de témoignage ; ils ont donc tous leur valeur de témoignage et nous ne voyons pas quelle règle nous permettrait de faire un tri entre eux ou à l'intérieur d'eux.

De même, la règle habituelle des études en sciences humaines est l'anonymat des réponses. Ici, c'est le contraire et chacun est le maître de son témoignage comme dans un courrier des lecteurs puisque chacun savait que le but était une publication. Amateurs ou professionnels, connus ou non connus, chacun a donc signé son témoignage et nous avons respecté la confiance et la signature, car il y a une personnalisation volontaire des envois.

Nous sommes bien devant un cas d'écritures provoquées par la photographie : nos correspondants répondent sans chercher une rigueur autre que leurs sentiments (nostalgie, deuils, ressemblances, émotions) ; ils répondent à certaines questions et pas à d'autres, et du coup les réponses sont plus proches d'une série de témoignages qualitatifs partiels, qui ne permettent pas un véritable recensement systématique, mais qui apportent plutôt un panorama de tendances.

Rappelons le bref questionnaire qui accompagnait la demande de choix de photos dans son album de famille :

- a-t-on un ou plusieurs album de famille ?
- à quand remontent les albums ?
- qui le tient ? qui prend les photos ?
- où le range-t-on ?
- à quelles occasions le consulte-t-on ?
- contient-il des personnages extérieurs à la famille et pourquoi ?

Rappelons également, sur le plan de la méthode, que nous ne croyons pas à la sociologie du questionnaire. Nous cherchons à entendre les témoignages et à observer les comportements. C'est pourquoi le bref questionnaire, qui soulève les quatre ou cinq problèmes clé concernant les albums de famille, est essentiellement un prétexte à associer et à provoquer le témoignage le plus librement possible. Car nous pensons qu'il vaut mieux étudier des témoignages libres (c'est à nous de nous efforcer de comprendre le terrain), que de baliser à l'avance les réponses organisées par un questionnaire qui risque de dévoiler beaucoup plus les préjugés et prénotions du chercheur que ce qu'il prétend vouloir chercher.

Il y a, en effet, une dimension, à la fois ethnographique, micro-sociologique et analytique de notre approche et de notre questionnement car comment, autrement, faire signifier des détails, des fragments, des semi-aveux, des indices, des métonymies et des métaphores, des lyrismes qui ne parlent qu'à ceux qui les expriment ?

C'est pourquoi nous tentons un essai de synthèse.

Il y a les albums transmis et il y a les albums démarrés au premier enfant ; il y a les photos publiques et il y a les photos privées. Notre enquête concerne plus les usages intimes que les usages sociaux, contrairement à la célèbre étude de P. Bourdieu. C'est pourquoi elle se présente, modestement et à son niveau, comme un complément micro-sociologique de cette dernière. La photo de famille atteste des moments solennels et sociaux de la vie de famille, mais aussi de ses grands moments intimes, même s'ils ont aussi une dimension sociale. Souvent, les albums constitués à la naissance des enfants semblent doubler la vie et la croissance des enfants en un album de leur croissance comparable à la courbe de poids, l'échelle des tailles, et celle des âges-anniversaires. On fait l'album des enfants qui montre aussi les parents, pour les enfants, plus tard.

Si les pratiques les plus répandues sont les portraits de familles et les portraits d'enfants, il y a aussi ce qu'on pourrait appeler, sans rien de péjoratif, les monomanies ; ce sont des cas particuliers de démarches qui font souvent partie de la démarche de recherche des artistes mais qui animent certains, comme cette tante qui ne prend que sa nièce en photo. Petit à petit, à travers les témoignages, on voit se dresser un panorama de rituels domestiques, et d'entretiens de la mémoire et de l'histoire familiales. Chacun y va de son récit de rituel et apporte sa voix et sa part à une ethnographie de rites familiaux, comme celui ou celle qui tient à dire que les albums sont précieusement rangés dans la malle du grand-père.

Les albums de famille permettent de prendre conscience de la situation, de la place de chacun dans la filiation, et donc d'accepter la transmission et le passage d'une génération à l'autre comme une chaîne apparemment indéfinie. Cela rappelle certaines études d'historiens contemporains : interroger les grands-parents sur leur jeunesse, c'est déjà un écart vivant maximum qui se rapproche de la durée d'un siècle ; interroger les grands-parents sur ce que leur propres grands-parents leur disaient quand ils étaient petits, c'est probablement l'écart maximum de l'oralité et de la transmission orale. La photographie peut le permettre pareillement et le montrer. Au-delà des grands-parents enfants, la distance devient trop grande et passe de la vie transmise à l'histoire et à l'anonymat.

D'une façon générale, le style des réponses que nous avons reçu est très varié : il y a de la littérature « brut » ou sauvage, des débuts de récits, des amorces de confidence, des fragments de romans familiaux, des lyrismes parfois naïfs, des émotions contenues, des confidences à mi-voix, mais surtout beaucoup de regrets, de nostalgies et de deuils etc. C'est sans doute même l'aspect qui nous a le plus frappé, en contrepoint de toutes ces analyses qui critiquent l'aspect illusoire idéalisé de beaucoup de récits de vie et d'albums de famille : la photographie de famille, en album ou non, fait partie du travail de deuil et y contribue presque constamment. Que ce soit nostalgie ou tentation d'idéaliser le passé ou les « ancêtres », il s'agit encore et toujours de modalités variables du travail de deuil. C'est probablement un aspect de la photographie en général. Barthes, à son propos, a souvent parlé de mort et de résurrection : c'est le sentiment contradictoire qu'on éprouve souvent devant la photo souriante d'un être aimé et dont on sait qu'il est mort entre temps : constamment et insupportablement, il est mort et il n'est pas encore mort puisqu'il me sourie. C'est pourquoi on peut dire que la photographie, en général, fait partie du travail de deuil. En témoignent à mon avis, la plupart des réponses reçues, mais particulièrement évidemment les plus poignantes. D'ailleurs, là aussi contrairement à une idée trop facilement reçue, on ne photographie pas que les événements heureux de la vie de famille, il arrive qu'on photographie les événements malheureux ou les peurs, probablement dans une tentative de conjuration. C'est l'écrivain Hervé Guibert, racontant dans un de ses recueils de photo : *Le seul visage,* la souffrance, le désir et le temps qu'il lui a fallu pour photographier à l'hôpital sa mère qui avait été opéré d'un cancer. Un de nos correspondants nous adresse un témoignage tout à fait comparable et une photographie de sa compagne sur son lit d'hôpital : « Mes photos personnelles - pour album - ne sont pas forcément l'écho « d'événements heureux » mais peuvent très bien relater des événements « malheureux » comme l'une des images en témoigne : Arièle, ma compagne traitée pour une leucémie au centre Léon Bérard, à Lyon, en 1993 ». D'autres témoignages et d'autres photos d'êtres chers disparus dans des conditions tragiques disent la même chose et nous remercions nos correspondants d'avoir eu le courage ou la volonté de nous les adresser.

La plupart des réponses, mais pas toutes, comportent trois parties : quelques photos choisies, avec leurs légendes ; parfois la légende explique les raisons du choix mais pas toujours ; les raisons du choix forment alors la deuxième partie ; celle-ci, à son tour, peut aussi comporter les réponses à notre petit questionnaire, mais pas toujours ; enfin, les réponses à notre questionnaire constituent la troisième partie. Il y a comme une série d'emboîtages ou de recoupements qu'il n'a pas toujours été facile de distinguer. Aussi, pour la commodité de la chose, nous avons synthétisé les réponses au questionnaire dans ce texte même de présentation des résultats. La suite du numéro tente une typologie des témoignages. Toute la difficulté résidait dans la découverte de la typologie la plus pertinente. Il y a une logique des textes et il y a une logique des photographies ; comment les concilier en une logique qui respecte chacune d'elle ? Les photographies elles-mêmes fonctionnent toujours dans plusieurs registres à la fois, dans plusieurs univers de sens, et c'est souvent refuser de les comprendre que de se limiter à les lire dans un seul registre, ou un seul univers. D'où la difficulté de classer les réponses, liée à la polysémie possible de la photo. Quelques exemples qu'on va voir : le témoignage de P. de Vallombreuse concerne une famille qui n'est pas la sienne, une famille de l'île de Palawan dans les Philippines, dont il dit que les photos qu'il prend d'elle contribuent à une sorte d'album pour elle ; le témoignage de F. Aubert sur une belle photo de famille qu'elle a trouvé dans la rue et qui lui donne l'occasion de se livrer à une analyse de contenu ou de lecture dans laquelle elle parle de sa propre famille. Celui de Robert Lacombe qui l'amène à témoigner de l'histoire d'une entreprise familiale. Ou enfin celui de Laurence et Lucie Petit qui passe de leur propre famille à « celle »des S.D.F. Deux logiques dominent cependant : une logique photographique avec son esthétique propre. Une logique de lecture globale des photographies et des textes et qui utilise à la fois une ou plusieurs sciences humaines ; mais même dans ce cas certaines parties de ces logiques peuvent être communes et provoquer des confusions, des recoupements ou des redites.

Nous avions donc plusieurs typologies possibles :

. Réponses par continents : nous avons reçu des réponses en provenance de, ou sur : L'Afrique, l'Europe, l'Asie, l'Amérique.

. Réponses par professions : les réponses reçues émanent de chercheurs en sciences humaines, souvent sociologues ou ethnologues, certains bien connus comme Edgar Morin, par exemple ; elles émanent de photographes, amateurs, ou professionnels, comme Raymond Depardon ; elles émanent d'artistes qui travaillent particulièrement sur les albums de famille, comme Hélène Hourmat ; elles émanent d'amateurs de photographies, praticiens ou non, et qui ne nous ont pas toujours indiqué leur profession.

. Réponses par types de photographie : là encore, on retrouve la distinction amateur/professionnel mais on en trouve bien d'autres : photos récentes, anciennes, tirées d'album ou non. Il y a enfin la distinction réel/ imaginaire : familles réelles, familles imaginaires, familles d'adoptions, avec toute une plasticité liée à la polysémie du mot famille, ou à sa transformation en signifiant ou en symbole. Car, encore une fois, beaucoup de ces catégories se recoupent : la photographie envoyée par E. Morin n'est pas à proprement parler une photo de famille même si elle montre sa famille ; le témoignage de Depardon concerne plus ses activités de « photographe de famille » que de photographe professionnel ; celui de Vallombreuse concerne plus une famille d'adoption par pratique du « terrain » que sa propre famille etc.

La typologie choisie, qui constituait les grands chapitres de ce numéro, est la suivante :

1) Chercheurs en sciences humaines et professionnels d'une réflexion sur la photographie.
2) Amateurs qui sont, le plus souvent, membres d'associations concernant la photographie.

3) Artistes photographes ou plasticiens qui utilisent la photographie.
4) Réflexions à caractère d'articles et qui travaillent sur la photographie de famille des autres.

Cette typologie n'implique aucun jugement de valeur ni sur les témoignages, ni sur les photographies, ni sur la distinction amateur/professionnel. Nous nous devions de respecter l'esprit de notre revue et sa démarche de recherche en sciences humaines ; enfin chacun est libre de préférer une photo d'amateur à une photo d'artiste. Nous avons suivi la façon dont chacun se présentait lui-même.

Ne pouvant présenter dans cet ouvrage de synthèse théorique les témoignages puisqu'ils constituent un ouvrage à part entière (encore une fois, nous renvoyons au n° 120 de l'Ethnographie), nous proposons une synthèse des réponses au questionnaire en sept parties qui suivent les thèmes du questionnement.

Synthèse des réponses au questionnaire

Nous avons adressé notre demande de témoignage et notre questionnaire à plus de 600 personnes, et à deux reprises. Nous avons sollicité le maximum des personnes qui nous paraissaient susceptibles de s'intéresser à la photographie et particulièrement à la photographie de famille sans chercher une représentativité particulière dans la mesure où il s'agissait d'une enquête exploratoire faisant appel à des témoignages nominaux. C'est pourquoi nous nous sommes adressés à l'Association des Gens d'images (qui décerne chaque année le prix Niepce au meilleur jeune photographe professionnel et le prix Nadar au meilleur livre de photos) qui est constituée de professionnels de la photo, du praticien amateur ou professionnel, au technicien, collectionneur, archiviste etc., à l'Association Anthropologie et Photographie qui constitue progressivement un réseau de chercheurs en ces domaines, sur le plan national et international ; ensuite, nous avons sollicité les chercheurs en sciences humaines intéressés par la photographie, puis dans un cercle plus large, les écrivains et artistes qui ont travaillé sur la photographie ; enfin, le bouche à oreille a encore étendu l'audience de notre enquête. Nous avons obtenu 51 réponses, c'est-à-dire 51 témoignages constituant un corpus tout à fait considérable sur beaucoup d'aspects. Nous parlons de témoignage car toutes les personnes qui ont répondu, même négativement, ont pris la peine de justifier leur attitude et d'expliquer leurs raisons.

Les refus (6) sont essentiellement dus au caractère trop intime de la demande, même si ce refus se justifie parfois par le manque de temps. Les 46 réponses et témoignages font donc l'objet de l'analyse suivante. Signalons, enfin, que certains n'ont répondu qu'à certaines questions mais que la plus grande majorité a considéré que sa réponse, même partielle, avait valeur de témoignage ; ce qui nous importe le plus. Ainsi, certains chercheurs qui ont proposé des articles, que nous avons regroupé en dernière partie, n'ont pas répondu à certaines de nos questions dans la mesure où leur article lui-même synthétisait les réponses du même type de plusieurs autres ensembles de personnes, ou approfondissait encore les objectifs de notre enquête.

A-t-on un ou des albums de photos de famille ?

La plupart des gens ont un album de famille, voire plusieurs. Quelques scrupuleux répondent négativement parce qu'ils n'ont pas eu le courage de constituer matériel-lement leurs albums et qu'ils conservent leurs photographies de famille dans des pochettes ou des cartons. Cela leur permet de reculer le moment du tri et du choix, et celui du montage et de l'ordre.

Il y a une différence fondamentale entre les albums de famille dont on hérite et qui font partie des archives familiales, et celui (ou ceux) qu'on constitue en créant sa propre famille.

Les albums de la famille ascendante n'ont pas la même valeur ni le même usage que ceux de la famille qu'on constitue soi-même et qu'on peut appeler descendante ; nous avons déjà évoqué cet aspect. À partir de là, on trouve tout un éventail de positions qui permettrait de constituer une typologie durkheimienne des familles : plus elles sont anciennes, constituées, notables et intégrées, et plus elles sont riches en albums de famille qu'on se transmet comme capital symbolique qui s'inscrit dans le capital culturel ou dans la partie culturelle du capital. Mais l'histoire de ce capital photographique suit les aléas de l'histoire de la famille elle-même, suivant qu'elle monte ou descend dans la hiérarchie sociale, par exemple, et aussi suivant les partages et héritages : les partages d'albums de famille sont, symboliquement, aussi délicats que les partages des biens dont on hérite entre frères, sœurs et cousins. Enfin, un autre facteur déterminant est lié à l'intérêt que certains membres de la famille portent à la photo, que ce soit sur le plan des collections ou de la prise de vue. Certaines collectionnent les albums de famille : ainsi plus de cinq réponses font état de plusieurs albums sur plusieurs générations, de l'arrière grand-père à Ego en passant par les parents.

Il y a donc un lien entre l'histoire de la famille, sa position sociale et sa richesse en photos et albums de famille d'un côté (aspect diachronique), et un lien entre le degré d'intégration sociale et la constitution d'albums de famille de l'autre (aspect synchronique). Quelques citations vont le montrer.

A propos de l'importance de ce capital symbolique et de sa transmission : du côté ascendant : « Oui,[14] mais c'est un grand tiroir de commode où étaient éparpillés daguerréotypes, positifs, négatifs et diapositives de 3 générations issues de mon arrière-grand-mère maternelle » et du côté descendant du même témoignage, toujours dans le tiroir de la commode qui tient lieu de « matrice » des albums : « un album par enfant, depuis la naissance jusqu'à, environ, l'entrée au collège, plus des boites de photos par année ou en pochette ». Nous allons voir que notre enquête recouvre pratiquement l'histoire de la photographie, parce que les daguerréotypes, à exemplaire unique (il n'y avait pas de négatif, invention de la fin du XIXéme siècle), datent, en général des années 1850.

Autre façon de marquer l'importance de ce capital symbolique, le cas de cette personne qui explique pourquoi elle répond sans envoyer de photos de famille car, pour elle, les albums de famille sont des reliques précieuses qui n'ont rien à voir avec les albums de photos en général :

« J'ai plusieurs « albums de photos » mais que je ne me permettrais pas d'appeler des « albums de famille », tant ces derniers représentent pour moi quelque chose de précieux, de sacré... d'ancien. Enfant, j'étais fascinée par les photos de famille mais qui n'ont jamais été mises en album. Les poses

[14] Oui à cette 1ère question : a-t-on un ou des albums de photos de famille ?.

étaient solennelles ; la photographie scandait les temps forts de la vie alors qu'elle est devenue plus banale. Ces photos sont toujours en possession de ma mère ; elle les sort parfois et raconte qui est qui ». (Correspondante de 48 ans. Ce témoignage s'inscrit dans la thématique de P. Bourdieu et l'exprime à sa façon).

Pour le lien entre fondation de famille et album, et donc pour l'importance de l'intégration sociale par la famille (Durkheim) :

- « Ma famille est désunie et je n'ai pas d'album... l'album de famille est sans doute le privilège des familles bien soudées ou qui veulent se montrer telles ».

- « L'idée de faire un album m'est aussi étrangère aujourd'hui que celle d'avoir des enfants -j'ai pourtant 32 ans - et les seuls albums de photos que je possède sont ceux de mes voyages et de cette grande famille universelle qu'est l'humanité ». (J.H.)

- « Non car je ne dispose plus des 4 albums que j'ai tant feuilleté dans mon enfance « pour des raisons de tensions familiales ».

Au fil des témoignages, on peut faire une hiérarchie des albums, depuis l'Album le plus ancien, reproduisant des mises en scènes officielles de grandes circonstances, autour d'un mariage ou de portraits des arrière-grands-parents voire d'une génération antérieure, ces photos étant faites par un photographe professionnel et datant de la fin du XIXéme siècle ou du début du XXème siècle, en passant par les albums de ses propres parents ou grands-parents qu'on a feuilleté dans son enfance et qui sont précieux mais pas encore historiques, pour arriver aux albums qu'on constitue en constituant sa famille ; puis aux pochettes ou boites qui sont des stades préliminaires ; ceux qui n'ont pas constitué de famille gardent des photos, ici ou là, de leurs proches ou bien font des albums de photo de leurs voyages. Comme si le voyage était le substitut de la famille ; ou plutôt dans la hiérarchie des souvenirs importants, les voyages arrivent après la famille, dans le contenu des photographies qu'on prend, qu'on garde et même qu'on collectionne.

Si la plupart ont un album, ou plusieurs, certaines les collectionnent : « Je possède environ une quarantaine d'albums de famille, les premiers faits par mes parents datent des années 1927-28. Depuis l'âge de 14-15 ans, j'ai pris la succession ; j'ai 65 ans ».

Notons, pour finir, que, souvent, les photographes professionnels sont obligés de faire passer leurs photos familiales après leur travail, et donc qu'ils ne sont pas plus avancés que les autres dans la constitution de leurs albums de famille, et même parfois moins. Ils gardent leurs négatifs dans l'attente du moment, toujours repoussé, où ils auront enfin le temps de faire ces albums.

Enfin, on peut se demander dans quelle mesure les cassettes vidéo, à terme, ne vont pas focaliser les souvenirs enregistrés des différentes étapes de la vie de famille, laissant la pratique des photos et de leurs albums aux réels amateurs.

A quand remontent les albums

Chacun de nos correspondants, et quel que soit son âge, a son histoire de famille et de ses albums, évidemment. Mais, à partir de l'ensemble des réponses, la convergence est suffisamment forte pour qu'on puisse retracer l'histoire des grandes étapes de cette pratique telle qu'elle apparaît déjà dans les réponses à la question précédente : d'une façon générale, les plus anciens albums datent de la fin du XIXéme siècle, plus précisément autour de 1880 ; ce qui est une moyenne. Ainsi, un de nos correspondants, nous précise que « l'album de famille » est tenu depuis 1895 mais que la plus ancienne photo qu'il contient date de 1850. C'est-à-dire de l'époque des daguerréotypes. On voit, à ce moment-là, que l'histoire des albums de famille rejoint, tout simplement, l'histoire de la photo elle-même. Quand les albums des parents dont on hérite remontent aux années 1920-1930, ils contiennent souvent des photos de leurs parents et même de leurs grands-parents. On voit bien, alors, qu'on remonte à la fin du XIXéme siècle, et qu'on peut dater la moyenne des plus anciennes photos autour des années

1880. On sait très bien, à partir des travaux de G. Freund,[15] que la majorité des photos prises entre 1850 et 1880, sont essentiellement des portraits. Pourquoi l'invention de la photographie a provoqué l'envie de reproduire le visage humain, d'abord et avant tout ? Elle a reproduit, évidemment, des paysages et des objets, mais surtout des portraits.

Il parait difficile de ne pas évoquer ce que Lacan appelait le stade du miroir, le besoin de constitution de l'identité, quelle soit individuelle ou collective ; en effet, même si c'est une étape individuelle, à partir du moment où chacun y passe, elle prend une dimension collective qui n'a rien à voir avec cet objet inconstituable que certains se sont crus autorisés à baptiser inconscient collectif.

Nous évoquons la psychanalyse parce que la démarche de notre enquête s'y apparente par bien des aspects. Nous cherchons à remonter au plus loin, au plus profond et au plus ancien du processus que nous observons, en considérant que toutes les réponses ont un lien entre elles et forment système à partir du moment où c'est nous qui l'avons provoqué. Parmi ces réponses qui vont loin dans le passé, l'une nous dit que c'est sa grand-tante maternelle qui tient l'album, actuellement, et que ce dernier remonte à son arrière-grand-père[16] : cela représente cinq générations antérieures à notre correspondant, soit près de 150 ans, c'est-à-dire les années 1850. A.M. d'Ans dit que sa plus ancienne photo de famille est celle de son trisaïeul, Godefroid d'Ans, décédé en 1872. E. Morin précise que, dans l'album de son père, il y a des photos de la fin du XIXéme siècle.

La pratique de l'album de famille se répand au début du siècle. Mon grand-père avait fait des photos pendant la guerre de 14 et avait mis, dans son album, deux photographies d'une église prise l'une avant le « passage » des allemands, et l'autre après, l'église étant en ruine. On hérite des albums de ses grands-parents ; on est, enfant, dans celui de ses parents ; on constitue ses propres albums à partir de la naissance de ses enfants, tel est bien le schéma général vécu par la plupart de nos correspondants. A partir de là, chacun y va de sa variation particulière.

---

[15] **G. Freund**. *Photographie et Société*. Le Seuil 1973.

[16] L'arrière grand-père de sa grand-tante maternelle.

On peut suivre l'évolution des pratiques et des techniques : jusqu'à la deuxième guerre mondiale, on fait appel à un photographe professionnel ; après, c'est un des membres de la famille, souvent le père mais pas toujours, cela peut aussi être la mère, un oncle ou une tante, qui prend les photos avec l'appareil photo de la famille.

« Beaucoup de nos photos remontent au début du siècle : elles ont dû être faites par des photographes ambulants dans les campagnes, car on voit les grands-parents paysans entourés de leurs enfants et pris sur place ». Sur place, c'est-à-dire à la ferme où il n'y avait évidemment pas d'appareil photo.

Après les années 50, progressivement, chaque famille a son appareil, et, indépendamment des albums hérités, beaucoup commencent leurs albums avec leurs enfants, comme on l'a vu.

Qui tient l'album de famille ? Qui prend les photos ?

L'enquête de P. Bourdieu, dans les années 60, montrait qu'en général si c'est le père qui prend les photos, c'est la mère qui tient les albums ; répartition des tâches liée à la répartition des rôles et qui renvoie à un type de famille traditionnelle dans laquelle le père est le chef de famille et le probable acquéreur de l'appareil de famille. Entre temps, la famille a évolué, s'est diversifiée, ainsi que les rôles parentaux ou la répartition des taches. D'une façon générale, les répondeurs à notre enquête, quel que soit leur sexe, sont des teneurs d'album, mais rappelons aussi que nous avons sollicité majoritairement des personnes qui portaient un intérêt particulier à la photographie, chercheurs, photographes, artistes ou membres d'associations consacrées à la chose.

Autour de la répartition traditionnelle qui reste un schéma fort, les pratiques, là aussi, se sont diversifiés. L'enquête de Bourdieu montrait que, dans une famille, quand un membre se spécialise un tant soit peu en photo et donc sort de l'usage exclusif de la photo de famille, c'est un autre membre de la famille qui prend alors le relais de la photo de famille. Le photographe Depardon n'échappe pas à la règle : c'est lui qui prend les photos et c'est sa femme qui tient les albums ; mais comme ses taches professionnelles ne lui laissent guère le temps de tirer sur papier les photos prises de ses enfants, sa belle-mère fait aussi des photos de famille qu'elle tire en format carte postale et en couleur.

La diversification des pratiques prend deux directions : la première concerne la considération des archives familiales, et leurs modes de constitution, la seconde concerne les pratiques elles-mêmes. L'évolution des techniques et des supports permet et entraîne la chose. On peut facilement maintenant agrandir, diminuer, reproduire, duplicater ; on peut mettre les photos sur films vidéo, les changer de format et de couleur, de support ; on peut les restaurer etc., cette plasticité a poussé certains à constituer des archives familiales globales regroupant un maximum de documents. Quelques exemples pour illustrer la chose :

Un de nos correspondants tient des albums depuis 1964. Cela l'amène progressivement à faire des recherches généalogiques pour tenter une histoire globale de sa famille à partir des photos et des récits liés aux photos. Il fait ainsi le tour de sa famille et souhaite parvenir à un document de synthèse combinant textes et photos qu'il envisage d'imprimer à 40 exemplaires pour pouvoir le redistribuer.

Un autre collectionne un maximum d'albums car, pour lui, ils sont l'équivalent de journaux de bord : famille, fiançailles, mariages, naissances, baptêmes, premières communions, réunions de familles, anniversaires, voyages, la guerre, la France libre, amis, collègues, groupes d'élèves ou d'étudiants, sport : tout est enregistré et daté.

Un autre, enfin, dont le père avait écrit l'histoire de sa famille en 1960, a demandé à sa mère d'écrire ses souvenirs d'enfance et d'adulte de 1910 à 1945. Lui-même a entrepris à l'intention de ses filles et petites filles, la réalisation d'un album de reproduction de photos de famille de 1890 à 1996 qui couvrira 7 générations. Cet album sera accompagné des récits de ses parents et des siens.

Quant à la diversification des pratiques elle-même, elle tient autant à l'évolution des rôles sociaux qu'à une plus grande maniabilité des appareils, du Polaroïd à l'Instamatic ou à l'appareil dit jetable. Une tante prend des photos de sa nièce et en fait un album. Dans une famille, tout le monde fait des photos : le père, la mère, le fils et la fille. Une étudiante en sociologie fait ses albums depuis qu'elle a 12 ans. Dans un couple (la trentaine), chacun fait ses photos de son côté. Dans un autre, c'est la mère qui prend les photos. Dans un troisième, non seulement chacun fait des photos et des albums, mais une des filles (8 ans) s'est constitué elle-même son album qu'elle montre à ses copines pendant les récréations à l'école.

A titre d'exemple de plasticité des pratiques, nous citons enfin un petit témoignage in-extenso :

« Je n'ai pas d'album de famille personnel. C'est ma mère qui garde les photographies de famille. Lorsque j'en fais, je les lui donne toujours. Elle les archive, non pas dans un album, mais dans des enveloppes classées par années ; ces enveloppes sont dans un tiroir dans le secrétaire de sa salle-à-manger.

Je les vois rarement. Ma mère me dit les sortir parfois et les regarder seule. Souvent lorsque je passe chez elle, nous regardons ensemble celles de mon enfance ou de nos ancêtres (elle a inscrit derrière les noms et les « lignages »). Nous notons les ressemblances physiques « mon frère lui ressemble, il a son air boudeur » et souvent ma mère dérive sur de vieilles histoires de famille.

Nous les sortons rarement à des personnes étrangères à la famille, à l'inverse de certains qui exhibent facilement leur album (plus malléable que des enveloppes) sauf si celles-ci sont particulièrement désireuses de les voir : donc des proches ». (Claire Chevalier).

Où range-t-on l'album de famille ?

L'usage majoritaire consiste à ranger ses albums dans la bibliothèque, mais on les range aussi dans le living, avec les livres, dans le « coin culture », ou dans la chambre à coucher. Là encore, on peut se livrer à une véritable petite ethnographie des usages familiaux : « Les deux premiers albums, correspondant à mon enfance et mon adolescence (10-22 ans), sont restés au domicile de mes parents, dans un meuble qui m'appartenait étant enfant. Le dernier se trouve à mon domicile actuel dans une ancienne malle de voyage en bois léguée par mon grand-père paternel. J'aime l'association de cet album avec cet objet chargé d'histoires ».

On pourrait présenter ainsi tout un éventail d'usages variés autour de la pratique majoritaire de la bibliothèque. Certains disent dans mon bureau, dans un tiroir, dans une commode, dans des cartons. Tout dépend aussi du stade de finition des albums. Les albums finis ou transmis sont dans les bibliothèque ou dans ce qui en tient lieu. Sinon les enveloppes, pochettes, boites de diapositives, qui représentent des étapes intermédiaires, peuvent être rangées dans des boites, dans le bureau ou la chambre :

« Ce sont des enveloppes classées par années et rangées dans un tiroir dans le secrétaire de la salle-à-manger de ma mère ». Une de nos étudiantes dit : « Dans la salle-à-manger, à côté des cassettes audiovisuelles et des livres... dans le « coin culture » de l'appartement en somme ». Toutes les familles n'ont pas une bibliothèque.

L'expression « à portée de main » revient à plusieurs reprises, sans plus de précision. Mais tout dépend aussi de l'importance qu'on leur accorde. Deux exemples pour préciser ceci :

« Dans la chambre à coucher car c'est quelque chose de très personnel et intime. C'est plus précieux que des bijoux ».

« Dans la bibliothèque... alors que les vieilles photos détenues par ma mère sont sous clefs ».

Edgar Morin, laconiquement, dit : « Dans un casier ».

Pour certains, enfin, photos et albums sont dans la maison de famille d'origine devenue maison de vacances. Autrement dit, ces archives familiales restent, pour le moment, dans une forme d'indivision. D'autres n'hésitent pas à les mettre sur les murs, sous forme de portraits, ou à décorer la chambre des enfants avec leurs portraits.

Quand et à qui montre-t-on les albums ?

Les deux usages sont liés comme le montrent beaucoup de témoignages. Certains les regardent seul. Mais la plupart du temps les occasions sont précises : les festivités familiales, incluant ou non des amis proches, et donc Noël ou le jour de l'An, ou les fêtes de famille, les anniversaires ; les visites de la famille ou de certains amis, les vacances, etc. On cite plus précisément alors les fins de déjeuner ou de dîners.

L'adjonction d'une pièce nouvelle est une raison qui revient souvent également. On voit bien que la consultation est liée aux raisons de tenir des albums de famille, et renvoit donc à ces moments plus ou moins solennels où l'on prend également des photos de famille. Mais c'est aussi la suite, pourrait-on dire ; c'est-à-dire les moments de remémoration de la filiation et d'entretien ou de transmission de la mémoire familiale. Ainsi, ce sont souvent les enfants qui veulent voir les albums ou qui aiment qu'on les leur montre, ou encore qui s'interrogent sur leur enfance.

Deux autres dimensions nous paraissent importantes : certains disent « n'importe quand » ; Edgar Morin dit « c'est le hasard » ; nous pensons que c'est le jeu des associations : on les consulte quand on y pense, et à ce moment-là, cela peut sembler arriver au hasard et n'importe quand. Il y a tout un jeu des abréactions possibles. Abréactions spontanées qui poussent à consulter les albums, abréactions provoquées par leurs consultations. C'est la deuxième dimension qui rejoint la première d'ailleurs, celle de la nostalgie et du travail de deuil.

Nous pensons que c'est l'apport essentiel de cette étude, finalement. Derrière la façade apparemment positive des usages sociaux les plus fréquents, du genre solennisation des moments solennels, mariages, naissances, baptêmes et fêtes, il y a l'incessant et permanent travail du deuil et de la nostalgie ; c'est cela que provoquent et entretiennent les photos de famille, et probablement, mystérieusement, n'importe quelle photo. Malgré la proximité du vocabulaire photographique auquel Kafka n'avait probablement pas pensé, mais sait-on jamais, son aphorisme dit la même chose ; deuil et nostalgie : « Il nous incombe encore de faire le négatif, le positif nous a déjà été donné ».

On regarde les albums, seul, ou en famille ; et on ne les montre qu'aux amis intimes ou aux confidents. Mais inclut-on ces derniers dans les albums ? Ça dépend.

La famille et les amis

Il y a un intermédiaire bien connu entre la famille et les amis, c'est celui qu'on appelle l'ami de la famille. Là encore, tout dépend de la définition et de la conception qu'on a de la famille ; familles ouvertes, fermées, grandes ou petites familles, complétées ou décomplétées, en évolution, en transition. Ce travail, s'il tente d'en être un complément, est aussi un hommage à la sociologie de P. Bourdieu, car à partir de l'analyse d'une pratique précise, en l'occurrence les albums de famille, c'est un panorama impressionnant des pratiques de distinction sociale qu'on obtient. Mais notre approche est plus intimiste.

D'abord beaucoup ne répondent pas à la question de l'inclusion, dans les albums, de personnes extérieures à la famille. Des rencontres amoureuses ou amicales peuvent favoriser cette confidence qu'est de montrer ses albums à des personnes extérieures ; mais de là à les inclure dans les albums, il s'agit d'une autre démarche qui dépend de la façon dont chacun délimite la frontière entre le privé, l'intime et le public. On sent bien, d'une façon générale, qu'il y a une réticence à intégrer des extérieurs. Là encore, plusieurs facteurs interviennent, liés soit à la position sociale de la famille, soit à la génération de celui ou celle qui nous répond. Les frontières des familles des jeunes générations sont moins étanches que celles des générations précédentes.

On retrouve également la distinction entre « l'Album de Famille » (qu'il y en ait un ou plusieurs) transmis à travers deux ou trois générations et les incluant, et qui ne contient que des images du cercle familial stricto sensu, et les albums ultérieurs, plus récents, ceux qu'on fait en faisant, à son tour, sa famille, et qui peuvent mêler famille et amis.

A.M. d'Ans, dans son témoignage, précise très bien les choses en faisant le tour des « figurants occasionnels » possibles de ses albums : copains de régiment, collègues de travail, copains de captivité, relations occasionnelles, passants, visiteurs, amis de rencontre ou compagnons de voyage. Ces personnages sont en retrait d'identité et font moins sens que n'importe quel acteur de la famille ; ils ont, néanmoins, leur importance comme rôle de re-situation sociale de la famille. Et c'est pour cela qu'on peut accepter leur présence. La famille n'est pas isolée du monde et ce dernier s'introduit forcément dans la plupart des albums. Mais la famille elle-même se transforme en parallèle de la photographie. Un jeune homme de 32 ans dit : « les deux premiers albums ne concernent que ma famille proche (parents, frère, grands-parents encore vivants). Le dernier est beaucoup plus hétéroclite : photographies d'inconnus (scènes de rue), d'ami(e)s pour la plupart perdu(e)s de vue, paysages, objets. Aucune photographie de ma proche famille de l'époque ». Cette évolution de la pratique photographique et de la famille aboutit justement à bien distinguer deux types d'albums : les Albums de Famille (nous mettons des majuscules exprès) qui incluent le cercle familial, et quelques amis qui peuvent être parrain ou marraine d'enfants (c'est un nouvel usage qui se répand de choisir des amis) ou qui sont des intimes ; et les albums de photos-souvenirs rendant compte de voyages, de rencontres, mais aussi, progressivement, d'une autre façon de vivre la vie de famille avec ses divorces, ses remariages, ses vies communes à l'essai, les petits amis ou amies plus ou moins admis, les amis des enfants et les enfants des amis etc. Une de nos plus jeunes correspondantes, étudiante en sociologie, témoigne de l'évolution et de la baisse de certains tabous familiaux. C'est elle qui fait les albums dans sa famille et qui en prend des photos depuis l'âge de 12 ans. Ses albums mêlent volontiers familles, amis et voyages et elle déclare les montrer à qui veut. Elle n'est pas la seule d'ailleurs à inclure volontairement des amis.

On voit se profiler ainsi d'autres types d'albums, ou des albums intermédiaires, avec « photos de copains, de copines, puis photos de ma famille : parents, enfants, mari, amis... c'est davantage un album de clichés, d'instants de vie, sans ce côté solennel qu'évoque pour moi l'album de famille au sens propre. Et il y a des boites de diapos ! Ces albums sont peut-être encore trop actuels pour accéder à la dignité d'album de famille ». Le temps change le sens et la valeur des photos.

Il y a enfin les albums de voyage qui peuvent mêler tous les cas de figure précédents. Et les albums que constituent les célibataires et les solitaires, et qui, eux aussi, mêlent les voyages et les amis. Il y a un lien entre les voyages et les amis, à ce moment-là, car ce sont des attachements à des souvenirs et des valeurs qui peuvent peut-être compenser l'absence de famille descendante.

Les cassettes vidéo familiales viennent encore compliquer les choses car, à moins d'être suffisamment calé ou équipé pour faire des montages, elles vont inclure en bout à bout des scènes de familles ou de voyage, et des moments où les amis sont là. Rappelons qu'on peut aussi filmer en vidéo ses albums, de famille ou non, photo par photo, et faire alors le montage de son choix, image par image. Mais on peut aussi faire cela en montant ses albums. C'est pourquoi, même si beaucoup d'albums ont des points communs, chacun est unique, comme chaque témoignage que nous avons reçu. En conclusion, quelles sont les raisons essentielles des choix qu'on nous a adressés ?

Les raisons de la préférence

La raison essentielle et il n'y en qu'une, c'est de témoigner. Témoignages individuels, témoignages sur du collectif, on peut faire une lecture à deux niveaux : un niveau psychologique voire psychanalytique, mais est-ce vraiment possible à partir d'indices aussi ténus et fragmentaires ; un niveau ethnographique et sociologique dans une optique d'anthropologie de la culture, c'est ce que nous avons tenté le plus souvent, aussi bien dans notre première partie, dans cette présentation des résultats, que dans nos commentaires de certains envois.

Certains ont très bien fait, avant nous (cf. P. Bourdieu ou A. Rouillé, déjà cités) les critiques du côté factice, idéalisé, et lacunaire des albums de famille ; on pourrait faire les mêmes sur les témoignages, soit. Mais il y a tellement d'aveux, aussi, qu'il faut savoir joindre les deux aspects des témoignages et accepter, finalement, que la vérité ou la réalité ne puissent jamais se dire autrement qu'à moitié ; c'est l'inconvénient du langage : il ne dit pas tout et il ne peut pas tout dire. Constatons qu'on nous a beaucoup dit. Il y a des raisons imaginaires des préférences qui se disent comme telles : idéalisation de sa famille ou choix d'une famille qui n'est pas la sienne. Il y a le jeu des ressemblances et des identifications, infiniment complexe. Il y a les 3 photos volées à un album dont on ne peut plus disposer.

Des parents envoient les photos de leurs enfants et des enfants celles de leurs parents ; mais surtout le fils envoie la photo de sa mère et la fille celle de son père ou bien la mère envoie la photo de son fils et le père celle de sa fille : ce n'est pas mathématique, et avec le jeu des identifications, déplacements et renversements, ce n'est pas si facile à cerner ou à discerner. S'il parait difficile de photographier le complexe d'œdipe, les liens œdipiens ou la dimension œdipienne des relations sont un des thèmes et contenus majeurs et permanents d'une majorité de photos de famille. Barthes, lui-même, en est un exemple frappant. Rappelons ce témoignage qui dit curieusement que la photographie de famille c'est plus qu'un loisir, c'est une nécessité puis qui se reprend pour dire un instinct.

Il y a ceux qui choisissent un membre préféré de la famille, grand-mère ou nièce ; ou qui, en 3 ou 4 photos, racontent leur vie ou celle d'un parent.

Par ce biais, nous passons à la dimension sociale des témoignages. Certains reconstituent la généalogie familiale sur un siècle ou un siècle et demi (1850-1984, dans le cas de P. Ansart et en 4 photographies), ou font l'histoire d'une entreprise familiale, de sa naissance à sa disparition. Ils contribuent bien alors aux rites de transmission et aux rituels familiaux ; ou ils témoignent de leurs ancêtres paysans ou artisans (bottiers ; boissellerie etc.).

Rappelons l'importance des faits marquants y compris et surtout négatifs : maladies, cancer, mort, peurs de perdre l'autre ; dessins et photos faits de lits de souffrance ou de peur de la mort. Nous avons insisté suffisamment sur la nostalgie et le deuil. Car il y a aussi la beauté, la joie de vivre, la ressemblance mystérieuse ; la beauté de la photo ou du portrait, qu'on a agrandi, encadré, exposé ; l'importance du lieu, réelle ou symbolique.

Il y a la recherche esthétique et la valeur artistique de ces témoignages que nous avons regroupés exprès, comme des recherches particulières, et dont les sens ne sont pas tous encore visibles. Il y a enfin tout un jeu de sociabilité et de dialogue auquel nous convie l'ensemble des témoignages que nous avions recueillis. C'est pourquoi nous n'hésitons pas à renvoyer nos lecteurs au numéro de l'Ethnographie qui recueille l'intégralité des témoignages et à leur proposer de le lire comme un nouveau roman-photo. Pourquoi roman-photo ?

1 – La première raison renvoie à l'expression psychanalytique de roman familial qui définit ainsi la façon dont chacun raconte son origine familiale. La psychanalyse prend toujours en compte la dimension imaginaire du récit de chacun sur ses origines. L'imaginaire fait partie du réel, et en ait une dimension obligée.

2 – Le montage texte-photographie du numéro cité n'oublie pas que le pionnier de la démarche est André Breton dans son récit Nadja.

3 – Tous les documents (écrits – photos) sont des témoignages libres. C'est ce qui leur donne, à notre avis, leur vraie valeur sociologique.

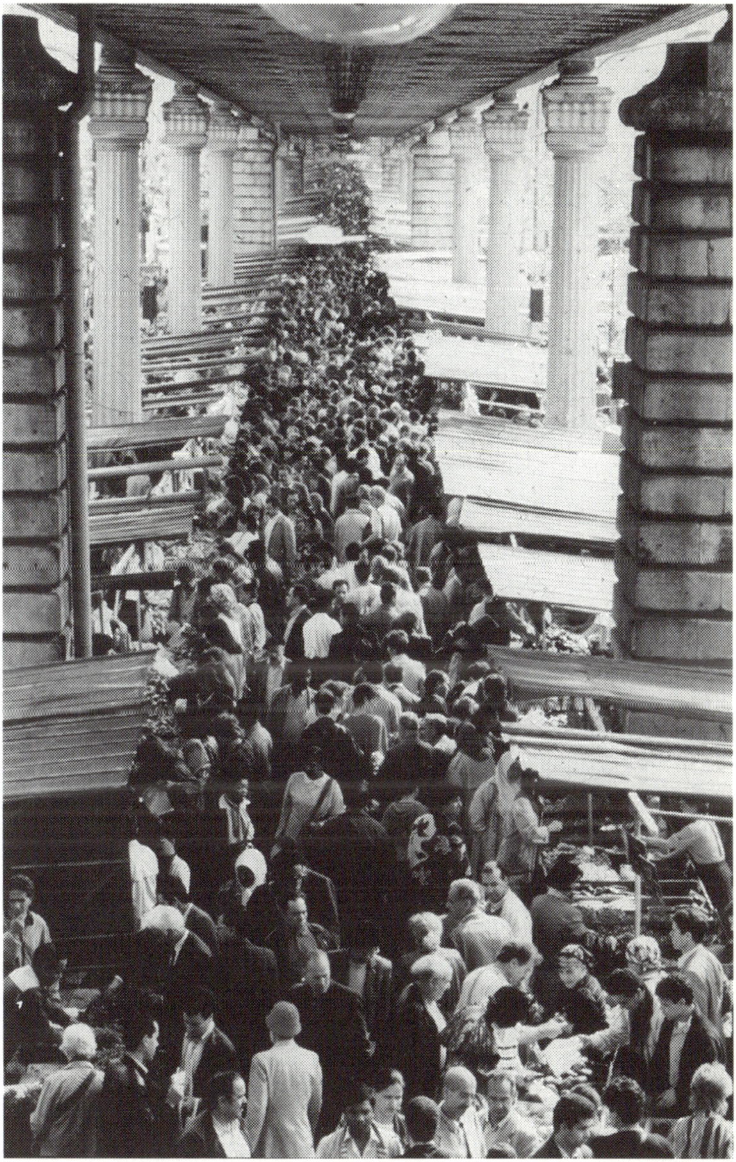

Photo n° 20 - E. Garrigues.
Le marché Barbès.

Chapitre 2

LA GOUTTE D'OR

ETHNO-PHOTOGRAPHIE DU QUARTIER SUD DE LA GOUTTE D'OR XVIIIème ARRONDISSEMENT DE PARIS 1985-1995 [1]

1 - Présentation

- Il s'agit de faire, en parallèle, l'étude ethnographique et sociologique d'un côté, photographique de l'autre, de l'évolution d'un quartier de Paris sur dix ans.

- Il s'agit, en même temps, d'approfondir pour moi le parallèle entre photographie et ethnographie, commencé il y a plusieurs années à partir des photographies de *Tristes Tropiques* de Claude Lévi-Strauss, et d'une tentative que j'avais faite de décrire un village des Cévennes par la photo.

L'hypothèse (le pari ?) - mettre la photographie au même plan que l'ethnographie comme expression-discours qui tente de détailler, de façon plus ou moins exhaustive, la réalité et la réalité sociale en particulier. Est-ce que l'une peut se passer de l'autre, concrètement ? Là est la question.

---

[1] Ce travail n'est pas terminé, loin de là. Le plan de rénovation a pris du retard. En 1999, il n'est toujours pas achevé. C'est pourquoi nous ne présentons ici qu'un bilan bref et synthétique des cinq premières années.
Le matériau que nous avons recueilli est considérable en effet. L'enquête se transforme en un suivi de l'évolution d'un quartier de Paris sur 15 ans.
Le matériau inclut près de 15.000 diapositives et des centaines de petits journaux d'observation de nos étudiants. A partir de ce matériau, différentes synthèses sont possibles. Par exemple, une histoire photographique de l'évolution du quartier – autre roman-photo réaliste possible – sur 15 ans.
C'est pourquoi nous réservons la synthèse de ce travail pour un autre ouvrage à part entière. Nous sommes parfaitement conscient de la valeur de ce matériau. Le Musée Carnavalet, par exemple, serait intéressé de se voir confier une sélection d'un bon millier de photos. L'étude de synthèse peut se révéler passionnante. Rappelons, par exemple, que les députés de ce quartier sensible pendant notre étude, ont été, successivement, Lionel Jospin, Alain Juppé, puis Daniel Vaillant.

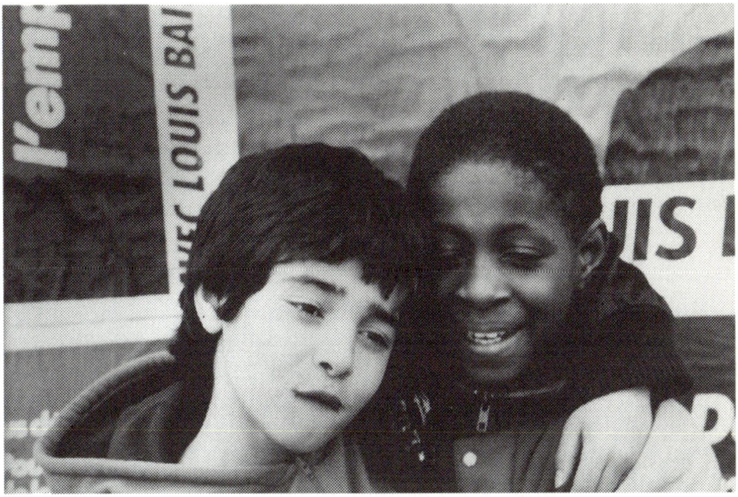

Photo n° 21 - E. Garrigues.
« 40 ethnies différentes ».

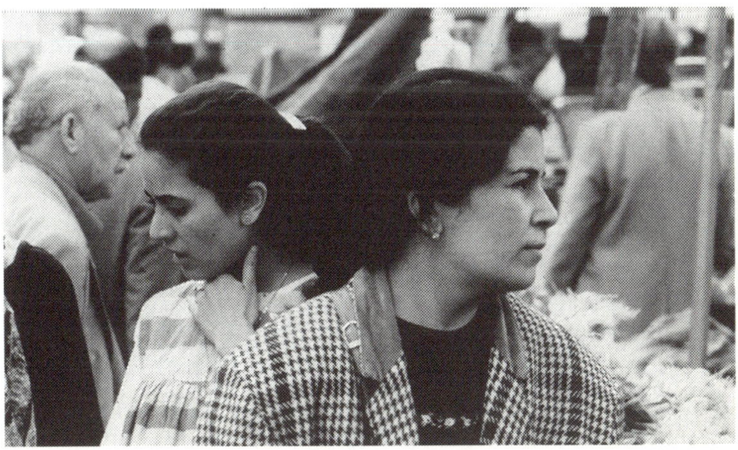

Photo n° 22 - E. Garrigues.
Femmes d'origine maghrébine non voilées.
Acculturation ?

Pour éprouver ce parallélisme et cette équivalence, le plus simple était d'avoir une pratique. Aussi, j'ai proposé à mes étudiants de licence, chaque année, de mener une investigation ethnographique *et* photographique, et de suivre le plan de rénovation du quartier de la Goutte d'Or.

Ce quartier a des caractéristiques précises que nous allons détailler. Il a un passé, une histoire... or, il fait l'objet d'un plan de rénovation immobilière d'une ampleur exceptionnelle ; et qui va prendre dix ans, de 1985 à 1995. Cette rénovation va forcément entraîner un bouleversement de la population qui y habitait jusque là. Nous faisons le pari pour la photographie qu'elle le montrera, le décrira, l'enregistrera, de façon aussi précise et détaillée que l'ethnographie.

Pour ce faire, je demande à chacun de mes étudiants, chaque année, de travailler sur le quartier de deux façons :

- en y faisant une série de prises de vue photographiques sur un thème précis ; (j'en fais moi-même autant, par ailleurs)en tenant, en parallèle, un *journal de terrain* (Cf. Mauss et le manuel d'ethnographie). Ce journal détaille ce qui ne peut être dit en photo, et peut analyser les conditions de la prise de vue, y compris les effets de cette démarche, *sur les autres* (réactions à la chose... il y a beaucoup à dire) et *sur soi* (série de prises de conscience... il n'est pas si facile de se promener dans la Goutte d'Or avec un appareil et d'y faire des photos : anecdotes de peur, de vol et d'agression ; crainte des réactions de superstition, de musulmans intégristes, etc.). Il y a même tout un trajet des prises de conscience, à différents niveaux : du racisme à la politique en passant par la psychanalyse, c'est tout le problème et la découverte concrète de l'altérité.

Bilan à mi-distance, en 1990

Depuis 1986, en quatre ans, nous avons fait plusieurs milliers de diapositives représentant une tentative de *corpus* plus ou moins systématique. J'ai archivé également une centaine de petits journaux de recherche des années 87 à 90 sur les thèmes de l'ethnographie du quartier : les femmes et les enfants de la Goutte d'Or, les associations du quartier, ses commerces, son histoire, ses écoles, ses marchés, la fin du marché, le « marché aux voleurs » etc., et sur les prises de conscience . Et,

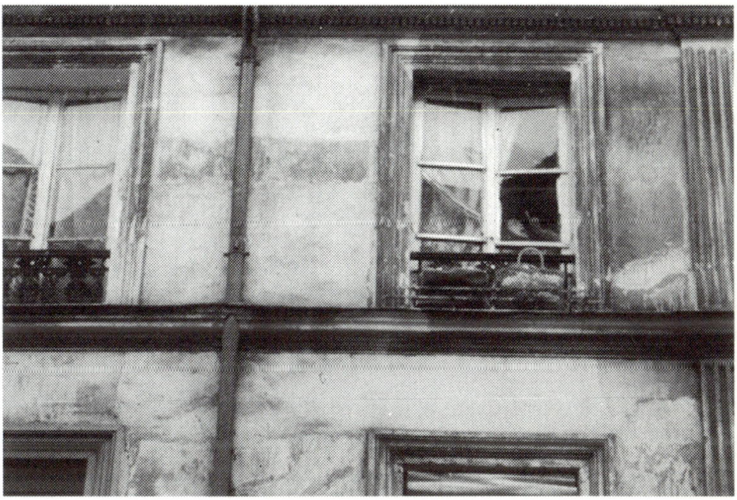

Photo n° 23 - E. Garrigues.
Espoir.

évidemment, des affiches, des journaux locaux, etc.

2. - Les objectifs du projet

Il s'agit de l'utilisation socio-ethnographique de la photographie, pour montrer que cette technique, trop connue pour être vraiment connue, peut rendre compte, avec la plus grande précision, de l'évolution des mouvements sociaux, les enregistrer, et servir autant de mémoire que d'analyseur. L'ethnographie classique s'est toujours faite avec un carnet à la main, souvent accompagné d'un appareil photographique. Il s'agit de montrer que ce qu'enregistre l'appareil de photo n'est pas moins précieux que ce qu'enregistre le carnet, prôné par Marcel Mauss.

Hormis sa dimension photographique, ce projet a de multiples objectifs ; citons-en quelques-uns :

- Objectif scientifique : anthropologie globale d'un quartier de Paris, sur 10 ans,
- Analyse de la spécificité de la photo comme technique d'analyse et de conservation ;
- Objectif pédagogique : apprentissage de l'observation, du terrain et de la pratique pour des étudiants qui se destinent à devenir chercheurs en sciences humaines, (Ces deux premiers objectifs ont été appréciés par Lévi-Strauss lui-même).
- Objectif politique : analyse d'une politique de rénovation d'un quartier de Paris, avec ses aspects sous-jacents économiques, idéologiques, urbanistiques et architecturaux, et sociaux évidemment ;
- Objectif méthodologique : analyse des effets de la pratique et de la pratique photographique sur les étudiants par l'intermédiaire de l'analyse de leurs propres journaux de recherche ;
- Analyse des effets de ces objectifs les uns sur les autres. L'originalité de cette démarche peut avoir des effets qui ne sont pas prédisibles/prévisibles.

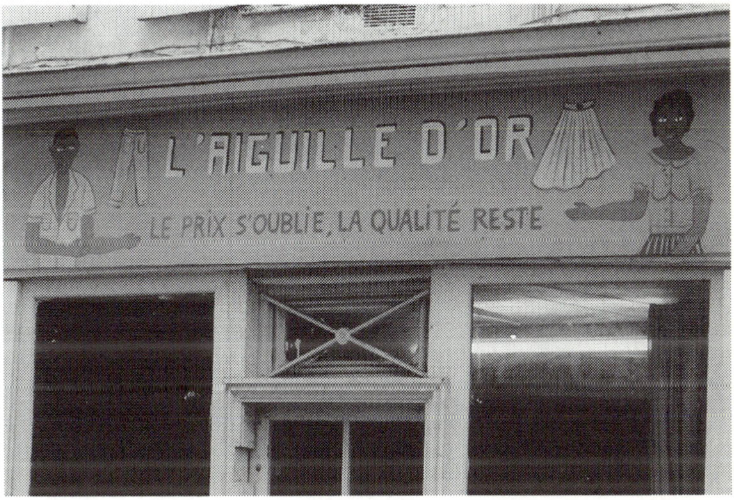

Photo n° 24 - E. Garrigues.
« Peintures naïves, dessus de portes ».

Il y a aussi une dimension éthique de cette démarche, qui a également pour effet de démonter un certain nombre de représentations factices à caractère raciste sous-jacent.

Enfin la démarche est généralisable, applicable à d'autres quartiers, secteurs, domaines, groupes sociaux etc. Belleville ou le 7e arrondissement, Montreuil ou Neuilly, les traces de la Révolution Française dans Paris ou la vie quotidienne sur le campus de Jussieu...

3.- Données globales du quartier

1 - Bref historique

Anciennement se trouvait, parmi les territoires annexés à la commune de la Chapelle, une région pittoresque et montagneuse où l'Abbaye de Saint-Lazare possédait des vignobles. Leur vin blanc était si réputé qu'il était offert aux rois de France le jour de leur couronnement. Et c'est en hommage à ce vin blanc que la Goutte d'Or doit son nom.

Dès le XVIIIème siècle, le commerce du vin et des poissons transportés depuis la mer du Nord par le chemin - aujourd'hui rue des Poissonniers - attire et fixe une main-d'œuvre qui est pauvre et sans instruction.

L'implantation de la Nitrière des cinq Moulins fin XVIIIème et la mise en service du chemin de fer (mi-XIXème) affirment encore le caractère ouvrier du quartier.

L'exode rural, dès la fin du XIXéme siècle, provoque l'arrivée dans le quartier des premiers immigrés : ceux de l'intérieur, des Auvergnats, des Bretons ; et ceux de l'extérieur : des Belges, des Italiens, et aussi des travailleurs en provenance du Maghreb. La présence d'Algériens ou de Tunisiens à la Goutte d'Or remonte donc maintenant à près d'un siècle. Plus précisément encore, c'est à la suite de la Commune de Paris que s'instaure, dans ce quartier, une coexistence pacifique d'ouvriers français et étrangers attirés par la modération des loyers et y vivant dans un climat de relative tolérance ethnique et culturelle.

Quartier populaire donc qui est redevable de sa célébrité à Émile Zola, car celui-ci en fit le décor de son roman *L'Assommoir,* un des premiers « best-seller » de la littérature française, en 1877.

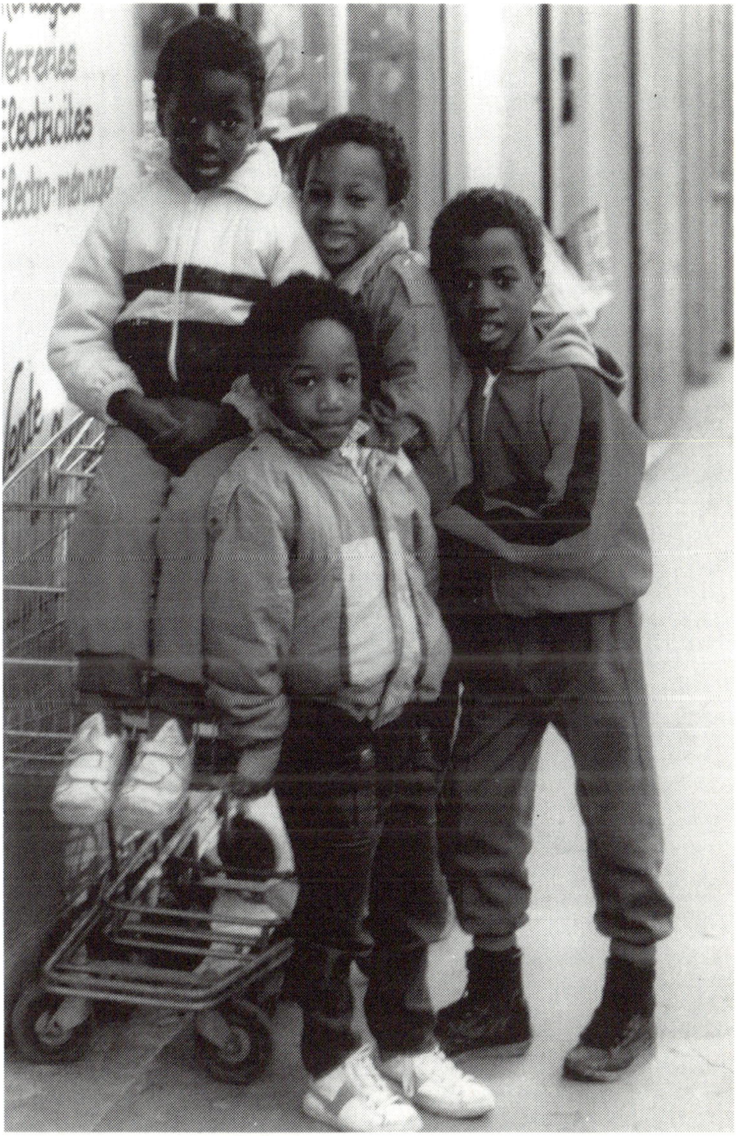

Photo n° 25 - E. Garrigues.
« 40 ethnies différentes ».

La première Guerre Mondiale va entraîner un besoin accru de main-d'œuvre qui sera trouvée dans les colonies dont celles d'Afrique du Nord. Ainsi, en 1918, le premier café arabe s'ouvre rue de Chartres, à la Goutte d'Or. La deuxième guerre mondiale, suivie de la reconstruction, accentuera encore le processus d'immigration dans le quartier. Enfin, les problèmes liés à la guerre d'Algérie nécessiteraient une étude spécifique. Disons que cette période a encore accentué cette image partiellement fausse d'un quartier « arabe » dans l'imaginaire de beaucoup de parisiens.

Qu'en est-il, en effet, des données démographiques du quartier, au moment où nous avons initié l'enquête et jusqu'en 1990.

2.- Données démographiques

Rappelons d'abord, pour avoir un ordre de grandeur global, les chiffres de l'immigration en France (sources : Ministère de l'intérieur - recensement INSEE 1982, données actualisées en 1984 - Rapport sur le statut de la femme dans le quartier de la Goutte d'Or - Ministère des Droits de la Femme). Tels étaient les chiffres officiels dont on pouvait disposer avant 1990. Ils restent proportionnellement exacts jusqu'en 1990.

1 – Portugais	860000
2 – Algériens	780000
3 - Marocains	520000
4 – Italiens	425000
5 - Espagnols	380000

- Population de la partie sud du quartier de la Goutte d'Or : 29 000 environ, en 1982, pour 186 000 dans l'ensemble du XIIIème arrondissement. Cette population représente donc 15 % de la population du XVIIIème arrondissement, celle-ci représentant elle-même 8,6 % du total de Paris « intra muros ». C'est une population qui décroît comme d'ailleurs l'ensemble de la population parisienne.

Cette population est constituée de plus *de 40 ethnies* différentes ; mais il faut rappeler que si la ville de Paris compte 16 % d'étrangers, le quartier de la Goutte d'or en compte deux fois plus, ce qui ne fait jamais que le tiers de sa population. Les deux autre tiers sont donc français, ethnie majoritaire.

Cette partie étrangère (le tiers, donc) de la population est composée de la façon suivante :

- Algériens	25 %	)	
- Marocains	14 %	(	50,8 %
- Tunisiens	11,8 %	)	
- Portugais	7,3 %		
- Espagnols	4 %		
- Italiens	2 %		
- Turcs	2 %		

et un certain nombre d'autres nationalités et ethnies dont l'origine est l'Europe (Yougoslaves, Polonais ...), l'Asie (Philippins, Vietnamiens, Cambodgiens, Indiens, Pakistanais ...), ou l'Afrique (Sénégal, Ghana, Mali, Côte d'Ivoire ...)

Les habitants originaires du Maghreb habitent plus volontiers dans la partie sud du quartier, celle que nous avons étudiée ; ceux originaires d'Afrique Noire, plutôt dans la partie Nord. Ces derniers sont d'ailleurs moins nombreux qu'on le croit généralement. S'ils sont souvent répartis en nombreuses ethnies (le Sénégal en compte plus d'une dizaine, dans les immigrants), les Noirs étrangers en France représentent une population de l'ordre de 100 à 150 000 personnes, car les autres sont Français !

Rappelons encore qu'en 1980, la France est, avec les Etats-Unis et le Canada, un des rares pays industriels dont la population d'origine migrante soit considérable : 18 millions de Français sont à cette date des descendants d'immigrants.

L'arrêt de l'immigration a changé son sens : les problèmes tournent autour du regroupement familial de ceux qui restent et des difficultés d'intégration de ceux qu'on appelle les « deuxième génération » (les Beurs, par exemple).

Sur la population du quartier, disons enfin très brièvement qu'elle est, en moyenne, plus jeune que la population parisienne, avec statistiquement plus d'enfants, moins de personnes âgées, et plus d'hommes que de femmes.

Cette population est, à la fois, statistiquement, plus active que la moyenne parisienne (62 % d'actifs contre 58 % pour Paris dans son ensemble) et comporte plus de chômeurs (10 % contre 8 %).

Cette population active compte très peu de cadres et de « classes moyennes » et beaucoup de ses membres sont ouvriers et employés : ces deux catégories représentent 40 % de la population active du quartier contre 25 % dans l'ensemble de Paris. Cette population habite des logement vétustes, insalubres, surpeuplés et sous-équipés par rapport à la moyenne des logements parisiens. Toutes ces données sont exposées de façon très rapide, j'en conviens, mais ont surtout pour but, outre l'information d'apporter du sens à la vision des images qui vont suivre, d'éclairer le sens de nos photos et de notre démarche photographique.

3.- L'ampleur de la rénovation immobilière

Cette rénovation s'étend sur un espace de 6 hectares et concerne 205 immeubles d'habitation, c'est-à-dire plus de 4000 logements. Sur ces logements, 1 100 d'entre eux seront détruits (28 % de la surface globale d'habitation) et 1 600 seront rénovés ou réhabilités. Ce qui devrait entraîner une hausse des loyers et des prix et donc un changement et une transformation de la population locale.

4.- Une fausse image du quartier

Ce quartier est souvent fantasmé comme dangereux. De plus cette image est grossie, amplifiée par les media. En fait, d'après les données officielles, la grande délinquance y est inférieure à la moyenne nationale. Quant à la petite délinquance, elle a un impact plus négatif que dans les autres quartiers. En effet, il comporte peu ou pas d'équipements collectifs, qu'ils soient culturels, sportifs, sociaux ou administratifs et quasiment pas de services publics. Ainsi, il n'y a ni postes, ni banques et trop peu de crèches ou d'écoles. Il n'y a ni cinéma, ni théâtre.

Un plan de rénovation urbaine s'imposait donc. Par contre, de nombreux commerces et restaurants lui donnent sa coloration spécifique. Ainsi ce quartier minuscule comporte : une cinquantaine d'épiceries orientales, une quinzaine de boulangeries tunisiennes, une trentaine de boucheries islamiques, une dizaine de bazars, une trentaine de magasins de tissus africains, une vingtaine de bijouteries spécifiques, une vingtaine de coiffeurs (« arabes » ou « noirs ») et plus de cent trente bars et petits restaurants « africains » au sens large, des magasins de matériel Hifi et de cassettes, et quelques agences de voyages (proposant des voyages vers La Mecque ou vers l'Afrique), enfin plusieurs librairies musulmanes.

4 – *Extraits de journaux étudiants*

1 - Quelques introductions et impressions personnelles

- Etudiante en 1987 :

Lorsque je disais autour de moi : « Je vais à la Goutte d'Or », mon entourage me répondait par ces qualificatifs : « La Goutte d'Or, c'est le quartier le moins français de Paris » - ou « Ce sont les squats, la drogue, la délinquance, la violence, les viols... »

En fait, j'ai voulu m'informer à la mairie du XVIIIème; le secrétaire de Mairie a été glacial et fermé, voire très hostile, dès qu'il a entendu les mots de Goutte d'Or et d'Université Paris 7.

Heureusement, deux heures de marche dans le quartier m'ont rapidement fait prendre conscience de toute la multiplicité qu'il pouvait recouvrir et de l'intérêt qu'on pouvait trouver à étudier ce lieu particulier ».

- Autre étudiante en 1987 :

« Je me suis aperçue que j'avais presque honte de me promener dans ce quartier avec mon appareil et que je le cachais sous mon manteau ; non par peur d'être volée, mais par crainte d'être vue avec un objet qui n'a pas sa raison d'être, selon moi, dans un tel quartier, vraisemblablement pauvre... »

- Etudiant en 1988 :

« Je rentre un peu inquiet de ma première promenade dans le quartier de la Goutte d'Or : je n'ai pas trouvé la mosquée, et puis je me demande comment je vais procéder pour prendre les photos. Ce qui m'intéresse, c'est de prendre les gens, mais ce n'est pas facile. Les rôles sont inversés, et c'est moi l'étranger... »

- Etudiante en 1987 :

« Cette enquête réalisée dans le quartier de la Goutte d'Or a, à mon avis, pour but exprès d'introduire des étudiants dans un quartier réputé cosmopolite, afin que ceux-ci puissent se rendre compte par eux-mêmes de la promiscuité des ethnies et de leur juste entente... ou mésentente.

Je n'ai rencontré aucun problème majeur quant à la prise en elle-même des photos, si ce n'est lorsque je me suis enquise à photographier un bar dans lequel un photographe d'origine arabe retouchait des photos à la peinture, ne voulant pas être filmé du fait qu'il travaillait dans l'illégalité la plus totale. Il me menaça de m'arracher mon appareil et de le briser si je m'entêtais dans ma résolution à le filmer... je n'ai donc pas insisté outre mesure »

2.- Sinon les journaux sont à contenu informatif et thématique. Par exemple

a. - Le problème des crèches familiales :
«Dire qu'il n'y a pas assez de crèches dans le XVIIIème n'est pas une nouveauté. 6 crèches et quelques 350 berceaux - les berceaux sont des places pour les enfants de 6 mois à 1 an c'est une goutte d'eau dans l'océan des nécessités... etc.

b. - Le grand marché Barbès, sous le métro.
« En étudiant le marché, on découvre qu'une répartition de l'espace s'est faite ethnie par ethnie, et spécialité par spécialité. Ainsi, aux Marocains les fruits et aux Algériens, les primeurs ; puis à l'intérieur de chaque ethnie, des spécialisations encore plus précises, même si on a l'impression de l'extérieur qu'ils vendent tous de la menthe. En fait, les épices sont une spécialité tunisienne, comme la pâtisserie également... etc. »

Cette démarche d'étude d'un quartier, qui repose autant sur l'ethnographie que sur la photographie, permet d'appréhender d'un peu plus près quelques problèmes de base, dont ceux de l'altérité et de l'identité. Recherche de soi à travers la recherche de l'autre, et réciproquement. Les extraits de journaux le disent, d'entrée de jeu. Les photos le montreront tout autant. Elles sont, à la fois, provocatrices de réflexion, supports d'analyse, mémoires, moyens d'expression, analyseurs, et bien d'autres choses, encore. Comme extraits de réalité interprétés, elles imposent en permanence, si on veut avoir un peu de rigueur, de faire la part de l'information, celle de la fiction, celle de l'autobiographie.... d'allier l'esthétisme et la science, de surmonter l'artificiel débat de l'art et de la science (artificiel, au fait, est-ce si sûr ?), de la forme et du fond, du documentaire et du conceptuel.

Y a-t-il une utilisation scientifique possible de la photo dans les sciences humaines qui dépasse le simple cap de l'illustration ? Est-ce le passage de l'illustration intégrant des discours idéologiques sous-jacents à son insu à celui de l'expression revendiquant aussi sa subjectivité et des énoncés inconscients qui lui échappent ? Probablement. Trouver des règles de classement de l'imposant tas de diapositives obtenues depuis 1986 peut faire l'objet d'un séminaire. C'est pour cette raison qu'à ce stade de notre processus (commun aux étudiants et à moi-même), je ne peux en montrer que des aspects tout à fait fragmentaires. Les photos qui précèdent sont donc des diapositives couleurs à l'origine dont on a tiré des copies en noir et blanc au laser.

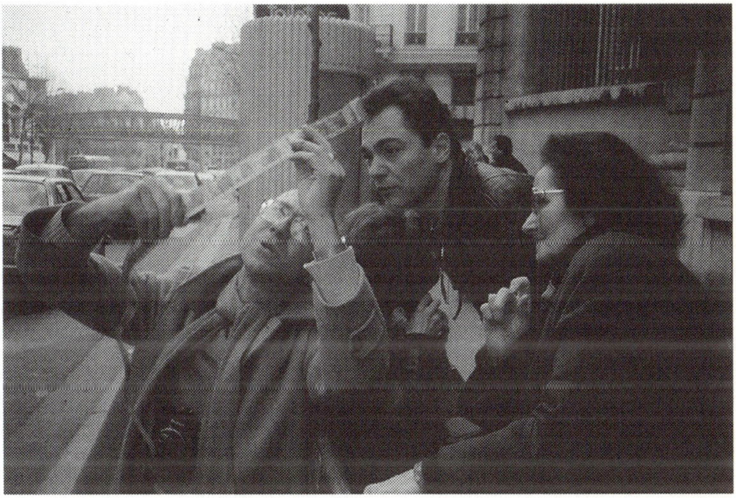

Photo n° 26 - Corpus Goutte d'Or.
E. Garrigues regardant un travail d'étudiant
en compagnie d'Yvette Troispoux.

Chapitre 3

LES VILLAGES NOIRS
(LA PHOTO COMME TRACE)

1 - LA PHOTOGRAPHIE COMME TRACE

> *« L'essence de la photographie ne peut être (si elle existe) que le Nouveau dont elle a été l'avènement »*
>
> *R. Barthes. La Chambre Claire.*[1]

> *« Ce n'est pas sans raison qu'on a comparé les vues d'Atget à celles d'un théâtre du crime. Dans nos villes est-il un seul coin qui ne soit un théâtre du crime, aucun passant qui ne soit un criminel ? ».*
>
> *W. Benjamin.*
> *Petite histoire de la photographie.*[2]

Depuis que la photographie existe, c'est-à-dire plus d'un siècle et demi, sa définition pose problème. Sous l'apparence de débats techniques, c'est son contenu, le lien fort mais particulier de ce dernier avec la réalité, et les effets sur les regardeurs, évoluant avec le temps, qui entraînent cette difficulté récurrente. Nous ne ferons pas le tour des différentes approches théoriques depuis le XIXème siècle ; mais nous retiendrons que toutes s'accordent à reconnaître à la photographie une dimension de trace. Trace chimique, physique, psychique, réelle ou métaphorique, symbolique ou imaginaire, indicielle ou iconique ; peu

---

[1] **R. Barthes**. *La Chambre claire*, note sur la photographie. Ed. Gallimard, Le Seuil, Cahiers du Cinéma. 1980 p. 15.

[2] **W. Benjamin**. *Essais 1. 1922-1934*. Ed. Gonthier. 1983. p. 168.

importe, car il y a au moins convergence sur cet aspect de la photographie comme trace. D'ailleurs, beaucoup de ces débats, que nous ne pouvons qu'évoquer ici, sous l'apparence d'une haute technicité conceptuelle, révèlent qu'à la difficulté de définir la photographie s'ajoute tout simplement celle de définir la réalité.

Quand on parle d'anthropologie visuelle, il ne s'agit que de films et on oublie toujours la photo qui est pourtant la matrice de l'anthropologie visuelle.

Partant de l'hypothèse que la photographie a été pour certaines démarches, une ethnographie visuelle (Margaret Mead et Gregory Bateson, E. Curtis ou encore Malinowski), voire une sociologie visuelle (l'œuvre d'August Sander sur la société allemande de l'entre-deux-guerres), nous avons ouvert cette hypothèse en proposant de l'analyser comme un révélateur épistémologique des sciences humaines, aussi bien métaphoriquement que concrètement, dans un certain nombre de tentatives de construction de la réalité sociale. Les prémices de cette attitude et de cette démarche méthodologique, on peut les trouver ainsi chez Philippe Ariès quand il interroge autant les documents écrits que les documents iconiques (peintures, enluminures mais aussi photographies comme contribuant à la constitution des représentations et à l'expression des mentalités et des sentiments) et qu'il démontre la démocratisation possible des représentations sociales à travers le passage progressif de la peinture de cour et de la galerie d'ancêtres vers la lente constitution de recueils de daguerréotypes et de photographies qui vont amorcer les albums de famille au cours du XIXème siècle.

On pourrait également citer Gisèle Freund et rappeler l'importance qu'elle accordait à la photographie dans certaines prises de conscience de groupe et d'identité de groupes, de classes sociales et de milieux, depuis la Commune de Paris jusqu'à la Révolution de 1917 ou jusqu'aux congés payés ; et du coup le rôle qu'elle a pu jouer dans certains mouvements sociaux, y compris récents, comme on va voir.

Certaines prises de conscience, individuelles ou collectives, provoquées par la photographie comme trace, vont nous permettre de distinguer différentes natures de cette trace et nous aider à cerner en quoi et de quoi il y a trace. Traces scientifiques, traces policières, traces esthétiques, l'éventail est assez ouvert, surtout maintenant ; il y a trace parce qu'il y a mémoire : mémoires individuelles et mémoires collectives. Rien n'est plus difficile à analyser que la mémoire, particulièrement dans sa dimension sociale et collective ; et quels rôles y jouent les images, les photographies, et la dimension visuelle de la pensée, la pensée visuelle.

La pensée visuelle

Nous parlons de pensée visuelle parce que nous pensons qu'il y a une dimension visuelle de la pensée ; l'étude approfondie de la photographie, depuis une dizaine d'années, nous a, en effet, amené à formuler cette hypothèse à partir d'une réflexion sur la mémoire et le souvenir. Mais souvenons-nous que la psychanalyse, dès le début du siècle, a montré que le psychisme fonctionne en terme d'associations d'idées et d'images. Nous pensons que la photographie peut contribuer a préciser le fonctionnement mental en terme d'associations d'images. Ce que la photographie apporte comme trace psychique et sociale, comme trace d'une mémoire individuelle et collective, W. Benjamin en a une intuition forte, que nous allons tenter de développer, et qu'il exprime ainsi : « *Oui, certes, une autre nature parle à l'appareil photographique en tant qu'elle parle à l'œil ; et sur un autre mode surtout parce qu'à un espace consciemment élaboré par l'homme se substitue un espace où il opère inconsciemment* »

En général, on se rend compte, par exemple, fut-ce en gros, de la démarche des gens, mais il est clair qu'on ne sait rien de leur attitude pendant cette fraction de seconde où se modifie cette démarche. Or, grâce à ses moyens auxiliaires, ralenti et accéléré, la photographie révèle une telle attitude. Elle seule nous renseigne sur cet **inconscient de la vue**[3] *comme la psychanalyse sur l'inconscient des pulsions* » En fait, ce n'est pas tellement le ralenti ou l'accéléré qui permettent de voir ce qu'on ne peut pas voir habituellement que l'instantanéisation (et sa fixation) d'une fraction de seconde d'un comportement saisi sur le vif et de façon inconsciente. De même, il n'y a pas un

---

[3] **W. Benjamin** ; *Essais 1. 1922-1934. Petite histoire de la photographie.* Bibliothèque Médiations. Ed. Denoël-Gonthier. 1983. p. 153. Souligné par moi.

inconscient de la vue et un inconscient des pulsions, mais un seul et même inconscient dont la photographie est capable d'enregistrer des traces, en instantané. L'intérêt de la citation, c'est cette notion de l'inconscient de la vue. Il y a longtemps que la prise de vue et l'examen attentif d'une multitude de photographies nous ont appris qu'il y avait un inconscient de la vue, ou encore que l'inconscient est autant constitué de mots que d'images ; ce qui confirme l'intuition de W. Benjamin. De plus, cette expression peut englober aussi bien l'inconscient du photographe que celui du regardeur. C'est pourquoi nous n'hésitons pas à parler de pensée visuelle ; il y a une dimension visuelle de la pensée d'une part, et comme il n'y a pas de pensée sans langage, comme l'a longuement démontré Merleau-Ponty dans la Phénoménologie de la perception, il y a également communication, consciente et inconsciente, par l'intermédiaire de ce langage qu'est la photographie et qui constitue une part importante de la pensée visuelle, d'autre part.

Ce qui rend la recherche sur la photographie passionnante, c'est sa dimension possible de matérialisation de traces de la pensée visuelle. La photographie a inscrit un regard, une vision, (avec sa partie inconsciente) du photographe comme regardeur ; elle a cette dimension intime et secrète à laquelle peu pensent. Puis elle va être vu par d'autres regardeurs qui, sans y penser consciemment, vont plus ou moins se projeter (cela dépend de l'intérêt que telle au telle photographie provoque ; nous renvoyons à la notion de punctum proposée par Barthes [4] pour cet aspect de la question), et s'embarquer dans un jeu d'associations, guidés à leur insu par leur inconscient de regardeur.

C'est à partir de ce genre de réflexion que l'on peut approfondir la nature de trace de la photographie, et comprendre ce qu'elle peut apporter à l'analyse de la mémoire comme mécanisme. Halbwachs a montré à quel point le passé est une reconstruction. P. Bourdieu de son côté a montré que l'usage le plus courant de la photo est la constitution domestique d'emblèmes domestiques. Nous avons tenté, dans leur sillage, d'approfondir cette approche de la photo comme trace de la

[4] **R. Barthes**. *La Chambre claire*. Op. cité p. 49.

mémoire, à partir de témoignages sur les photos de famille, pour pouvoir pénétrer un tant soit peu dans le contenu lui-même de la photographie : ce qu'elle dit de ce qu'elle ne dit pas, ce qu'on voit de ce qui n'est pas montré.

La mémoire de la photographie

W. Benjamin trouvait qu'on s'était trop interrogé sur la photographie comme art et pas assez sur l'art comme photographie ; à sa suite, on voudrait s'interroger sur la photographie comme mémoire, car c'est une de ses caractéristiques de base, voire une de ses définitions possible, mais il nous parait important aussi, et sans jouer sur les mots, de comprendre comment la mémoire fonctionne comme photographie, comme images fixées de moments précis, qu'on enfouie, et qui resurgissent de façon inopinée, sans prévenir, à l'occasion d'une association imprévue de souvenirs, par exemple. C'est ce qui peut se passer quand on consulte son ou ses albums de photo de famille. (Cf. chapitre 1, 2ème partie). Nous allons tenter d'approfondir ici la réflexion sur les liens entre la photographie comme trace et la mémoire, à partir d'une extraordinaire collection de photographie dont vous allez voir des extraits dans ce chapitre.

Tout d'abord, point important pour la recherche, plus on développe une analyse de la photographie, plus elle apparaît comme une matrice de recherches. Sa reproductibilité possible avait amené W. Benjamin à penser qu'elle bouleversait le statut de l'œuvre d'art, des autres œuvres d'art quand elles sont photographiées, faudra-t-il préciser, car la photo comme œuvre d'art n'est ni moins ni plus reproductible qu'une gravure : chaque tirage garde sa spécificité et donc son originalité. Cette piste de recherche est loin d'être close, évidemment.

Il y a une dimension intime permanente de l'usage de la photographie qui rejoint malicieusement, et probablement inconsciemment, la dimension autobiographique obligée, même si inconsciente, ou refoulée, d'une majorité de recherches en sciences humaines. Qui ne cherche pas à partir de ses passions ou de ses fantasmes pour comprendre l'humain ? c'est ce que n'hésitait pas à avouer et à préciser Lévi-Strauss dans *Tristes Tropiques*. Ce que la photographie permet de cerner, c'est la rétrospectivité de perspectives, la réversibilité possible des regards et des observations. C'est une leçon majeure de P. Bourdieu : les classeur classés par leurs classifications, dit-il, mais alors on peut ajouter les observateurs observables à partir de leurs observations, les preneurs de photos dévoilés non pas tant par ce qu'ils montrent en photo mais par le fait que cela dévoile en parallèle que ce qu'ils prennent en photo en dit autant sur eux que ce qu'ils croient prendre et montrer pendant ce temps là. Ce qui nous a amené à cette nouvelle appréciation de la photo qui consiste à en faire un révélateur épistémologique possible des sciences humaines dans leur capacité à observer et analyser la réalité sociale.

La photo arrache irréversiblement quelque chose de la réalité et la garde en mémoire, à la disposition d'éventuels regardeurs disponibles. D'ailleurs, l'appareil de photos et la prise de vues apparaissent eux-mêmes et rapidement dans la pratique du terrain, comme ce que le psychanalyste anglais bien connu Winnicot définit comme objets ou espaces transitionnels dans le rapport à l'autrui observé, voire photographié, dans l'observation.

Car la question de. fond qui surgit en permanence est toujours la même : peut-on travailler sur l'intime des autres et comment ? (Malinowski travaillant sur la sexualité des « sauvages », par exemple).

Ce que nous apprend l'étude de cette collection de photos c'est la nécessité d'utiliser (de façon « foucaldienne », les fameuses boites à outils théoriques) l'histoire, la sociologie, l'ethnographie et la psychanalyse - on voit mal d'ailleurs comment la sociologie qui se propose, dès son origine, d'être la synthèse des sciences humaines, pourrait se dispenser de ces différents apports - et cela d'autant plus qu'il ne s'agit pas tant de repérer les usages sociaux de la photo que de pénétrer enfin leur contenu, c'est-à-dire ce qu'elles disent de ceux qui les ont fixé, et surtout ce qu'elles disent à ceux qui les ont gardé et à qui il arrive de les regarder, mais aussi ce que cela leur fait, et comment ils en parlent. Il y a là un problème de fond que la sociologie n'a pas pu encore étudier : le contenu des photographies change constamment avec le temps, ce qui entraîne la transformation incessante du sens du contenu autant pour les photographiés que pour les regardeurs. L'étude de l'évolution du contenu, dans son importance sociale, nous apparaît infiniment plus féconde et révélatrice que l'étude du simple usage de la pratique. Comment approcher autrement les multiples liens sous-jacents et inconscients que les photos qu'on peut voir en illustration de cette réflexion provoquent ou ont provoqué, ou vont provoquer.

Dernier point méthodologique, qui se révèle un champ entier d'étude spécifique : la photo comme prétexte à entretien et à expression : la photo fait parler, fait écrire ; elle pousse à l'expression et peut devenir, sur le plan méthodologique, une technique d'entretien. Elle est aussi un champ entier de déclenchement d'écriture. Nous ne pouvons ici qu'évoquer rapidement ce registre immense de recherche entre la photographie et l'écriture. N'en donnons qu'un seul exemple : Brassaï, photographe et écrivain, a longuement travaillé sur l'œuvre de Proust. Il montre, dans une étude publiée récemment,[5] qu'il y a une relation forte entre la photographie et l'art même de Proust. Non seulement Proust était un collectionneur passionné de photographies, mais encore sa technique narrative des changements de perspective, d'angles d'optique et de cadrages, sans parler de l'importance de certaines photographies dans le cours du récit, semblent directement influencées par la photographie. Et surtout Brassaï rapproche la « mémoire involontaire » de « l'image latente » telle qu'elle apparaît dans le bain du révélateur. Proust lui-même fait de la photographie une métaphore de la mémoire involontaire. C'est dans la photographie, née elle aussi du désir d'arrêter l'instant, pour le fixer à jamais dans une sorte d'éternité, que Proust a trouvé sa meilleure alliée.

Ce qui permet de comprendre que la mémoire est une dynamique, constamment active, et non une statique.

La photographie est bien, alors, une mémoire des absents et du passé ; elle est même un des médias privilégiés de la mémoire. Mais la mémoire nous joue constamment des tours, entre ce qu'elle ne dit pas de ce qu'elle dit, et entre ce qu'elle montre de ce qu'elle ne montre pas, comme la photo.

---

[5] **Brassaï.** *Marcel Proust sous l'emprise de la photographie*. Gallimard 1997. Enfin certains livres de C. Simon, M. Duras, H. Guibert , etc. sortent directement de souvenirs photographiques ou de photographies. Cf. 1er chapitre de cette 2ème partie. La recherche systématique reste à faire.

Un des aspects les plus essentiels, c'est que la photographie provoque et évoque autant la présence que l'absence. Ce jeu sur la présence-absence permet de mieux saisir le processus actif de la pensée visuelle. Dans mon étude sur les albums de famille, par exemple un de nos correspondant nous adresse la photo d'un lac. C'était le lieu de vacances de son grand-père et d'un de ses amis. Dans son album de famille, il choisit cette photo, car pour lui, elle représente son grand-père, mais il ne réalise pas que le regardeur ne voit qu'un lac pendant que lui y voit son grand-père. C'est ce télescopage de vision qui nous incite à parler de pensée visuelle. « Pendant que je te dis ça, je vois ça, et ce que je vois, c'est justement ce que je te dis ». La photo comme mémoire du passé parle des absents dans le présent du regardeur ; elle joue comme une métonymie : un détail arrache la signification, l'emporte, l'impose. A ce moment là, elle peut montrer autre chose que ce qu'elle représente.

W. Benjamin a bien vu ce jeu des différentes temporalités, déjà évoqué, quand il parle de la photo comme « le lieu imperceptible où, dans la façon d'être singulière de cette minute depuis longtemps révolue, niche encore aujourd'hui l'avenir, et si éloquent que, par un regard rétrospectif, nous pouvons le retrouver ». C'est ce que fait C. Génin, ancien directeur de la communication de Kodak-Pathé, quand il commente ainsi l'envoi d'une photo de ses trois enfants : « Icône familiale. Evocation du bonheur. Garder une trace. Quoiqu'il arrive cette image correspondra toujours à la réalité de cet instant ». Mais venons-en à la collection de Gérard Lévy.

2 – LA PHOTOGRAPHIE COMME ELEMENT DE BASE DE LA CONSTRUCTION ET DE LA DECONSTRUC-TION D'UNE MEMOIRE

LES VILLAGES NOIRS EN FRANCE ET EN EUROPE OU « LE ZOO HUMAIN»

> *« Après ces coups de feu, je me réveillai – à partir d'ici interviennent peu à peu mes propres souvenirs – dans une case de l'entrepont du vapeur de Hagenbeck ».*
>
> *Communication à une Académie.*[6]
> *F. Kafka*

Dans toute cette étude, notre fil conducteur était de considérer la photographie comme trace qui permet de comprendre comment fonctionne la mémoire et la pensée visuelle. La découverte et la rencontre, grâce à Gérard Lévy, de son exceptionnelle collection de cartes postales anciennes, montrant photographiquement le phénomène des « villages noirs » en France et en Europe, entre 1877 et 1930, nous imposent soudainement d'élargir encore notre propos dans sa dimension sociologique et historique. Cette collection permet de comprendre la difficulté qu'ont les sociétés à accepter et à assumer les moments les plus sombres de leur histoire comme elle aide à préciser comment peut se constituer, à travers les vicissitudes sociologiques et idéologiques, le savoir du regard des individus. Le regard est lié au bagage culturel du regardeur ; son acuité et son intelligence de ce qu'il voit sont liées à ce bagage.

Gérard Lévy, en nombre d'années d'une patiente recherche, a accumulé plusieurs milliers de photographies, montrant des exhibitions de villages noirs, en France et en Europe pendant plus d'un demi-siècle. Le phénomène est une expression d'un

---

[6] **F. Kafka**. *La colonie pénitentiaire et autres textes*. Coll. Folio. Gallimard 1999.

moment particulièrement extensif de la colonisation par les nations d'Europe en voie d'industrialisation accélérée d'un certain nombre de pays d'Afrique et d'Asie à la fin du XIXème siècle. Ainsi, la France et l'Angleterre, comme l'Allemagne et la Hollande, avaient leurs empires, en Afrique en particulier. Les expositions universelles de la fin du XIXème siècle étaient l'occasion de faire connaître dans ces pays d'Europe les productions de leurs colonies. Parmi tous ces produits importés et exhibés, l'un d'entre eux pouvait provoquer une curiosité humaine particulièrement puissante : l'homme de ces contrées lointaines et sauvages car non civilisées.

G. Collomb montre bien l'évolution de la construction du regard à l'égard des « sauvages » dans la présentation des photographies de Roland Bonaparte exposées au Musée des Arts et Traditions populaires à Paris en 1992.[7] « A l'image du bon sauvage installé dans un confortable état de nature, que le XVIIIème siècle des philosophes avait tant célébrée, le XIXème siècle positiviste va opposer celle du sauvage, primitif ou déchu, que la science anthropologique naissante entreprendra de situer sur une échelle de l'humanité. Construction théorique d'une représentation hiérarchisée de l'humanité et politiques coloniales se conjuguent, se renforçant et se légitimant l'une l'autre. » C'est bien ce que l'on constate en regardant ces photographies montrant ces exhibitions d'humains à l'occasion d'expositions universelles d'abord, puis d'expositions coloniales puis progressivement d'expositions exotiques de toutes sortes à Paris et en province, en France et dans les pays voisins et consistant essentiellement à faire de la démonstration de ces humains primitifs bizarres un des clous (au sens du stigmate) de la chose.

L'ignominie de cette chose, qu'on ne peut peut-être apprécier que maintenant, dans une histoire rétrospective du regard, impose une rigueur éthique dans l'analyse du phénomène. Elle permet de comprendre, en effet, un instant particulier et particulièrement long, de l'archéologie de la

---

[7] **G. Collomb**. *La construction d'un regard.* Catalogue de Kalina : Des améridiens à Paris. Exposition des photographies du prince Roland Bonaparte au Musée de l'Homme. Créaphis 1992. P. 19.

construction de l'anthropologie comme science humaine, et nous insistons volontairement sur ce qualificatif d'humain, pour rappeler qu'il s'agit du lent passage d'une anthropologie physique naturaliste (on mesure les crânes) à une anthropologie sociale et culturelle (on étudie les mœurs sans les juger moralement).

Roland Bonaparte photographie les indiens d'Amérique du Nord au Jardin d'acclimatation à Paris, avant d'avoir l'idée de les photographier chez eux. Le Jardin d'acclimatation, créé, au XIXème siècle, est destiné à acclimater à Paris des plantes, des animaux, voire des « hommes », pourquoi pas. Il faut voir les sauvages ici, à Paris, avant de s'acclimater, lentement mais sûrement, à l'idée de les observer chez eux. Lent trajet de la science de l'homme et de la considération de l'homme par l'homme dans toutes ses variations humaines possibles. On voit bien qu'on peut observer à travers ces milliers de cartes postales sur plus d'un demi-siècle la façon dont l'homme observe et considère l'homme, aussi bien d'un point de vue scientifique (point de vue savant par exemple), que d'un point de vue plus collectif, plus proche de la mémoire collective quotidienne, ce que Gérard Lévy ne peut s'empêcher d'appeler le « Zoo humain ». En effet, la plupart de ces expositions n'hésitaient pas à reconstituer, de façon fantaisiste, les villages, l'habitat, les échopes, les cases, etc, de tous ces humains bizarres et exotiques ; et l'espoir secret des managers professionnels de ces spectacles était qu'une des femmes importées accouche d'un enfant, comme sommet de l'exhibition et de l'attraction, là encore comme clou du spectacle destiné à attirer les visiteurs payants, ou encore le sommet de ce numéro de cirque pour le dire autrement.

Cette collection mérite une étude spécifique à part entière, que nous avons entamée par ailleurs ; nous ne pouvions que la présenter brièvement dans cet exposé. Elle ouvre un champ de recherche spécifique sur l'archéologie de l'anthropologie scientifique contemporaine car elle permet de mieux comprendre que l'objet et le sujet d'une science humaine sont en rapports dialectiques et évoluent en parallèle. En effet, pendant que nous étudions scientifiquement cette collection et, grâce à elle, ce phénomène des « villages noirs », nous contribuons aussi à affiner et à préciser la construction scientifique de notre regard.

Nous ne pouvons oublier que les « villages noirs » en France apparaissent en 1877, à peine une génération après l'abolition « définitive » de l'esclavage en 1848 ; et ne disparaissent que quelques années avant l'apparition des camps de concentration et d'extermination. Ces rapprochements historiques nous paraissent importants pour comprendre un peu comment fonctionnent et évoluent les représentations collectives et le psychisme collectif.

Petit rappel historique et détaillage thématique de la collection

Il convient maintenant de donner une idée de l'ampleur du chantier scientifique que suppose, à mon avis, l'étude rigoureuse de cette collection :

1 - Histoire des exhibitions du Jardin d'Acclimatation

Isabelle Gala a fait cette histoire pour le Musée des Arts et Traditions populaires dans un excellent mémoire qui recense les exhibitions de 1877 à 1912 seulement. On commence en 1877 avec les Nubiens et les Esquimaux et en 1912 ce sont des « nègres » que l'on montre ; entre les deux citons les gauchos de la pampa, les fuegiens , les cynghalais, les Peaux-Rouges, les hottentos, les dahoméens, les égyptiens, les hindous, les lilliputiens, etc. . Cette liste ressemble plus à un inventaire à la Prévert qu'à des exhibitions ethnographiques ; ce qui était pourtant leur titre officiel. On comprend alors l'intérêt de l'ethnographie à l'envers, ou plutôt d'une analyse rétrospective de l'histoire de l'ethnographie en se servant justement des progrès qu'elle a accomplis depuis le début du siècle.

2 – L'importance des Expositions Universelles

Etude et comparaison des Expositions (1878-1889-1900, etc., jusqu'à 1937, par exemple) à Paris, car Paris vivait au rythme de l'Exposition Universelle. Chacune d'entre elles présentait une section coloniale. Les villages reconstitués furent inaugurés en 1889 à l'Esplanade de Invalides ; en 1900, c'est toute la colline du Trocadéro qui fut transformé en « kaléidoscope colonial » , dit Isabelle Gala. Il y a donc un rôle important des expositions, universelles, coloniales, puis locales dans le développement du phénomène des villages noirs au niveau national puis européen.

3 – L'analyse des 20 premières « exhibitions ethnographiques »

Les 7 premières se veulent scientifiques et pédagogiques de 1877 à 1883 ; d'ailleurs, le Musée d'Ethnographie du Trocadéro est crée en 1879. A partir de 1883 commence l'aspect « cirque », car il s'agissait, à l'époque, de convaincre le public qu'il voyait des sauvages à coloniser et à civiliser, voire à utiliser économiquement. Pour le dire vite, à la suite d'Isabelle Gala, au XVIIIIème siècle, les guerres de conquêtes sont mal acceptées car très meurtrières ; elles contribuèrent à percevoir et faire percevoir ces groupes exotiques importés comme issues de société de « sauvages » ou de primitifs comme on disait à l'époque.

Au XXème siècle, les conquêtes faites, il n'y a plus réellement de sauvages, mais des sujets coloniaux que l'on imprègne de la civilisation. Ainsi pendant que des artistes (les Surréalistes ou Picasso, par exemple) s'intéressent à l'art nègre et pensent que le « sauvage » devient celui auprès duquel on peut se ressourcer pour retrouver une certaine authenticité perdue, pour le public ce sont les colonisés, les nègres. Cela montre l'intérêt d'une étude continue de l'histoire de l'évolution des mentalités, à travers les regards sociaux, donc les photographies de l'époque. D'où ce quatrième axe :

4 – Les représentations sociales sont en retard sur la réalité – Les différences de regard

Il y a un décalage du regard entre celui des publics et celui des savants. Là encore, pour le dire rapidement certains savants comprennent vite qu'on « dénature » les dits sauvages à les exhiber passivement et exilés de leur contexte culturel, mais pas tous. Si bien qu'on peut esquisser une typologie des regards à quatre niveaux :

a – Le public voyeur : il faudrait nuancer. Le public, cela ne veut rien dire, évidemment. Le grand public ou l'homme moyen sont des raccourcis stéréotypés qui n'ont rien à voir avec une sociologie sérieuse. Disons ces publics de spectateurs qui viennent et payent pour voir sont, le plus souvent, convaincus de leur supériorité par rapport à ceux qu'on leur exhibe.

b – Les savants, souvent vulgarisateurs, qui croient à l'évolutionnisme et partagent les préjugés et stéréotypes de ces publics, voire qui les confortent dans ces préjugés ; qui entretiennent l'idée ou le fantasme du cannibalisme comme comportement de sauvage, par exemple.

c – Les savants, minoritaires et plus prudents, qui doutent de l'évolutionnisme et sentent la bêtise possible des préjugés.

Car évidemment, maintenant, ce qu'on peut voir dans les photos, ce sont les préjugés et l'ignorance du regardeur de l'époque. D'où la nécessité de cette lecture rétrospective de ces documents photographiques. Pendant ce temps-là,

d – Les exhibés, eux, réalisent très bien qu'on attend d'eux une comédie, une mise en scène. Il faut donc analyser, là aussi, leur regard sur le processus, évidemment, voire le reconstituer avec l'aide de leurs descendants. Ce n'est pas facile mais s'avère possible.

5 – Les thèses des savants de l'époque sur ces exhibitions ethnographiques

C'est bien là où cette collection extraordinaire se révèle être une archéologie visuelle de l'anthropologie.

Faut-il rappeler les différences entre ethnographie, ethnologie, et anthropologie ?

Le débat oppose les évolutionnistes, majoritaires, à ceux qui anticipent le relativisme culturel. S'il y a débat, c'est là qu'il risque de se situer ; même s'il est dépassé depuis le début du siècle, voire avant.

A la suite de Simmel et de Durkheim (est fait social, toute manière de faire, de penser et de sentir), je pense qu'il est indispensable de faire une sociologie des sens, de l'œil et de l'oreille en particulier. Je ne crois pas qu'on puisse regarder et écouter sérieusement, en même temps. Avant de regarder, souvenons-nous des conseils de Mauss, dans son manuel d'ethnographie : il faut recenser systématiquement tous les aspects :

6 – Recenser tous les aspects qui se dégagent des photos de cette collection.

- - les peuples
- - les lieux – les villes – les emplacements en France et en Europe – les lieux sont souvent des zoos, à Paris les Folies Bergères
- - les types de savants (Manouvrier – Topinard – etc.)
- - les attitudes des savants – leurs écrits- leur vocabulaire (l'un parle déjà le relativisme culturel et compare les paysans d'Auvergne et les paysans de Guyane, en imaginant d'inverser les conditions de vie – l'autre parle d'orifice qui sert de bouche, par exemple, ou de dents carnassières)
- - les types de publics
- - les imprésarios, c'est-à-dire médiateurs/producteurs – managers – promoteurs – directeurs de zoo ou de cirque – négociants – par exemple, les frères Gravier ; Barbier ou le fameux Hagenbeck
- - **Hagenbeck** mérite une monographie à lui tout seul. Négociant à Hambourg d'animaux de tous pays, il est manageur et pourvoyeur de ces animaux, avec les hommes qui vont avec, pour le zoo de sa ville et d'autres villes ou pays.
- Les photographes et les types de photographe : Pierre Petit, **Roland Bonaparte** ou Maurice Buquet, par exemple.
- Les déplacements en Europe et l'organisation des tournées : c'est là où on peut parler de zoo humain, puisque les lieux d'exposition sont souvent des zoo et qu'il s'agit **d'achats, de ventes et d'échanges** d'exhibitions d'humains.
- L'humain comme marchandise - Marx n'est pas loin - l'exploitation de l'homme par l'homme, n'y est-on pas encore ? On reproche à l'avance aux victimes d'êtres consentantes et d'être ignares d'à quel point on peut se servir d'elles... d'où ce

fantasme de la supériorité. C'est le simple rapport de force, "la loi de la jungle", la dialectique du maître et de l'esclave, comme disait Hegel dans sa Phénoménologie de l'esprit.

- Les biographies de ceux qui tournent, à travers les personnages photographiées et qu'on peut reconnaître d'une photo à l'autre.
- Les conditions matérielles des exhibitions. Les rémunérations, les conditions matérielles faites à ceux qu'on exhibe, les soins ou manques de soins, comme les vaccinations (est-ce pour se protéger d'eux ou pour les protéger ?).
- L'évolution des sentiments et des mentalités à leur égard (on les considère souvent comme des brutes. cf. Malinowski).
- C'est là qu'il faut toute une étude, que j'ai ébauchée, sur la dimension érotique des exhibitions, car on dénude des hommes et **surtout des femmes, évidemment**, pour le plaisir du regardeur, ou pour érotiser les photos qu'on prend d'elles.
- L'évolution de l'auto-considération des exhibés ; leurs prises de conscience progressives, ou leurs exigences progressives. Ainsi certains célibataires veulent qu'on leur fournisse des femmes pendant leur séjour.

- Il faudrait analyser les différents livrets écrits sur eux, les notices pour le public, les auteurs de ces livrets, leur vocabulaire et leur style, etc... Les articles de journaux de l'époque. Les mises en scène et en théâtre de tout cela, mises en scène de village, de défilés, de scènes reconstituées, de luttes, etc. **Les sens de ces mises en scène**. Il faut faire une véritable ethnographie à l'envers, l'ethnographie des mises en scène et donc, pour finir, il faut faire l'analyse de contenu systématique des photographies elles-mêmes.

7 – Analyse des photographies.

C'est le plus important , si j'ose dire ; là encore, il faut se livrer à une analyse ethnographique, sociologique et psychanalytique de ces photographies :

- à nouveau, les peuples montrés, les scènes montrées, les **portraits**, les mises en scène et en spectacle, les artisanats montrés et pourquoi ; les **scènes types** : naissances,

accouchements, mariages, vaccinations, spectacles, combats, vie quotidienne, le repas sous l'œil des visiteurs, etc…

- .les types de village, leur fabrication, la description systématique d'un de ces villages, **un village africain à Nantes en 1904**, en 35 photos formant un ensemble. La collection « Gérard Lévy » comporte ce document.

- la beauté de ces photos. **Leur dimension surréaliste**.

- les textes et correspondances qui accompagnent les cartes postales, comme révélateurs des mentalités de l'époque.

Conclusion

Il s'agit d'une analyse rétrospective, une sorte de psychanalyse sociale d'un moment et d'une époque (plus d'un demi-siècle, jusque 1930) et même jusqu'à nos jours :

- « Ouest-France, 19 avril 1994 : Un zoo près de Nantes expose des hommes, des femmes, et des enfants amenés là avec des animaux. Scandale »

mais aussi :

- « Le Monde », 5 mai 1998 : « vingt » nègres marrons » guyanais en balade sur la planète Paris » . Ils sont invités à Paris pour célébrer le 150ème anniversaire de l'abolition de l'esclavage. Apparemment le sens a complètement changé, mais le journaliste ne peut s'empêcher de les comparer aux « astronautes débarquant sur la lune ». La planète est-elle vraiment partageable… ?

Le sens a-t-il changé ou non ? C'est dur à dire . Une amie psychanalyste me faisait remarquer que montrer des humains, cela se fait aussi dans les asiles et hôpitaux psychiatriques ; il y a une tradition de la présentation des malades et des cas.

Boris Cyrulnik, dans un recueil d'essais sur la condition animale, insiste sur les zoos et leur analogie avec l'hôpital psychiatrique. Je cite un article de Libération qui cite Cyrulnik : « Les Grecs, intéressés par la démocratie, ne construisaient pas de zoos, alors que les Romains bâtissaient des vivariums » où étaient entreposées les bêtes des jeux du cirque. On trouvait, dans les ménageries de la Renaissance, une collection de Tartares et de Maures. L'enfant sauvage de l'Aveyron avait été logé au Jardin des Plantes. L'hôpital psychiatrique de Bedlam, à Londres, fut construit, au XIXème siècle, sur le modèle des zoos.

Espérons que les photos qui accompagnent cette brève étude pourront nous aider à mieux déconstruire et construire notre mémoire collective, si elle existe.

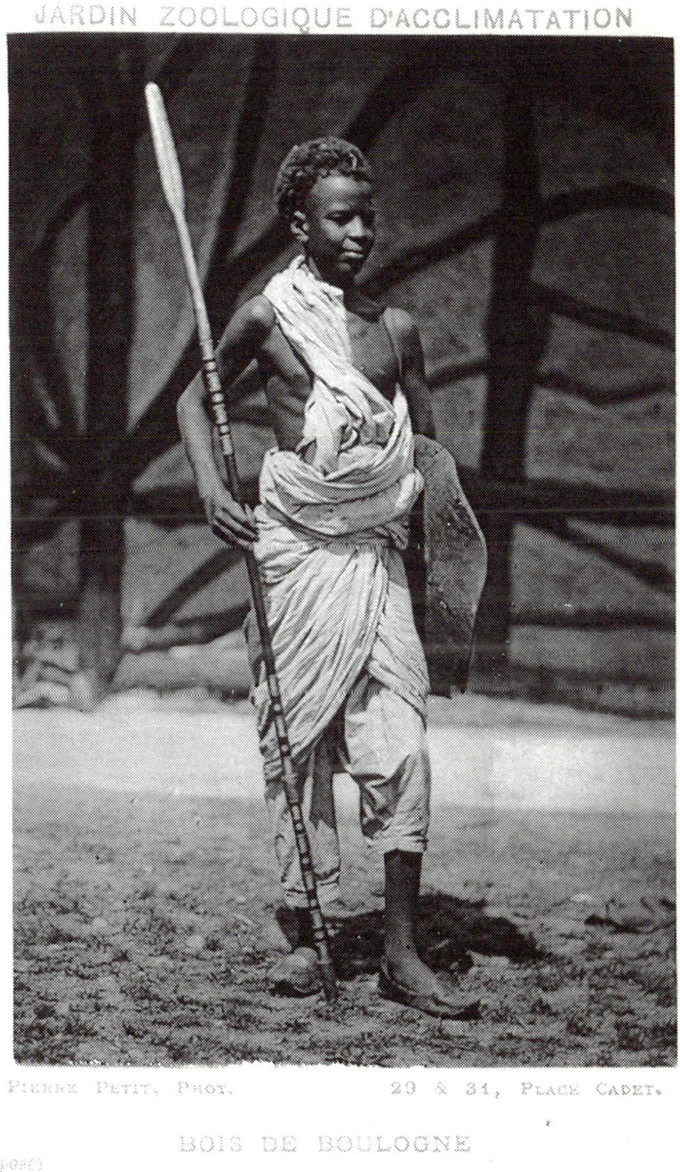

Photo n° 27 - Nubien. 1877.

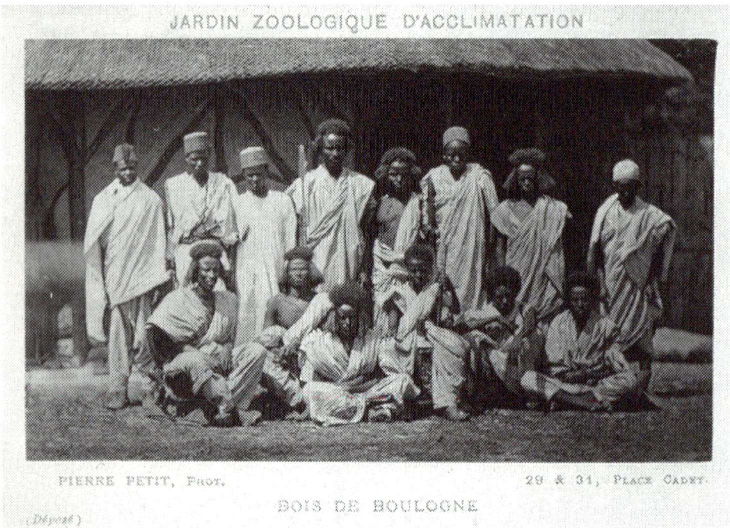

Photo n° 28 - Groupe de Nubiens (?)
au jardin zoologique d'acclimatation. 1877.

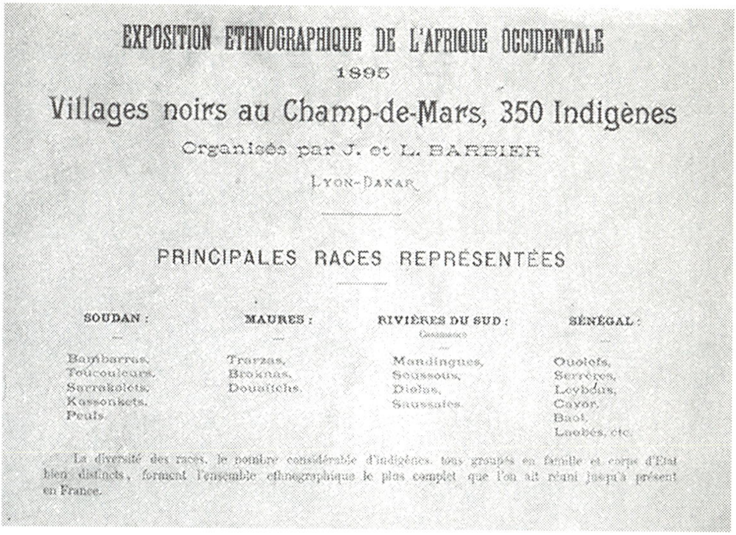

EXPOSITION ETHNOGRAPHIQUE DE L'AFRIQUE OCCIDENTALE

1895

Villages noirs au Champ-de-Mars, 350 Indigènes

Organisés par J. et L. BARBIER

LYON-DAKAR

PRINCIPALES RACES REPRÉSENTÉES

SOUDAN :	MAURES :	RIVIÈRES DU SUD :	SÉNÉGAL :
Bambarras,	Trarzas,	Mandingues,	Ouolofs,
Toucouleurs,	Broknas,	Soussous,	Serrères,
Sarrakolets,	Douaïtchs.	Diolas,	Leybous,
Kassonkets,		Saussaies.	Cayor,
Peuls.			Baol,
			Laobés, etc.

La diversité des races, le nombre considérable d'indigènes, tous groupés en famille et corps d'État bien distincts, forment l'ensemble ethnographique le plus complet que l'on ait réuni jusqu'à présent en France.

Photo n° 29 - Villages noirs au Champ-de-Mars.
1895. Verso.

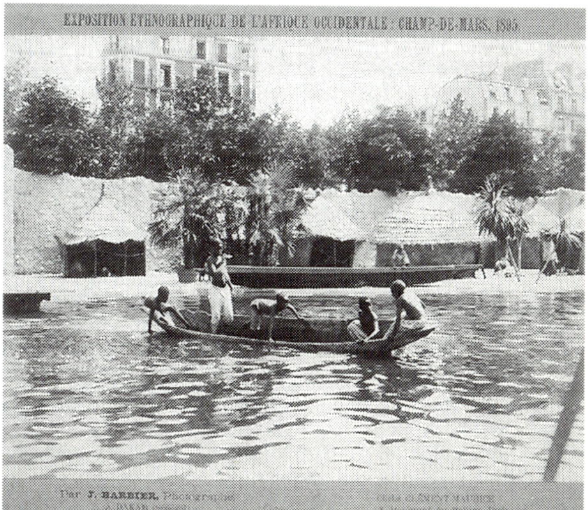

Photo n° 30 - Villages noirs au Champ-de-Mars.
1895. Recto.

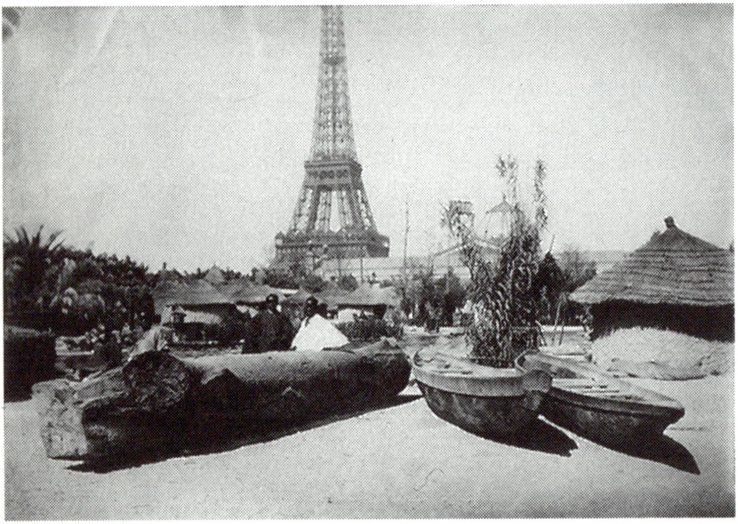

Photo n° 31 - Village noir au Champ-de-Mars. 1895.

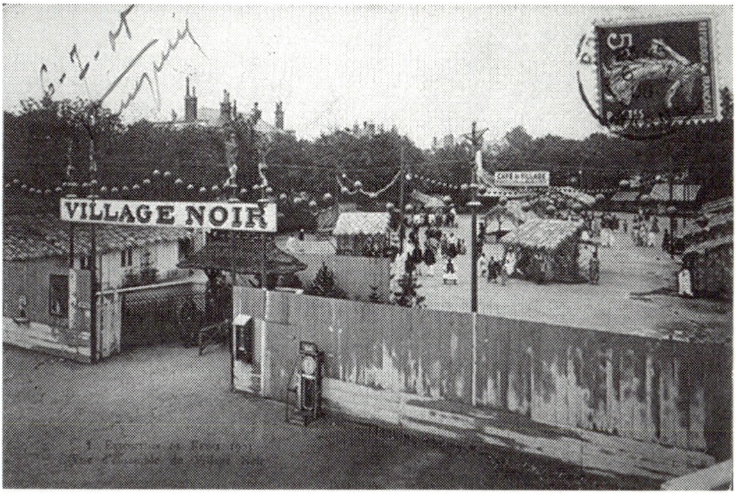

Photo n° 32 - Village noir à Reims. 1903.

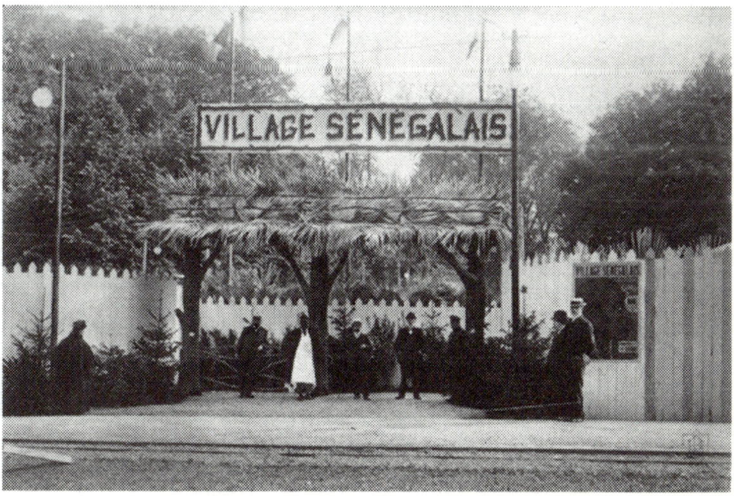

Photo n° 33 - Village noir à Arras. 1904.

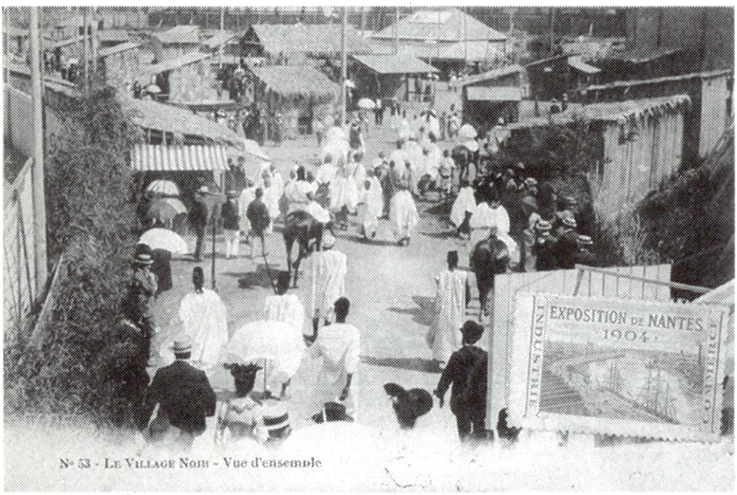

Photo n° 34 - Village noir à Nantes. 1904.

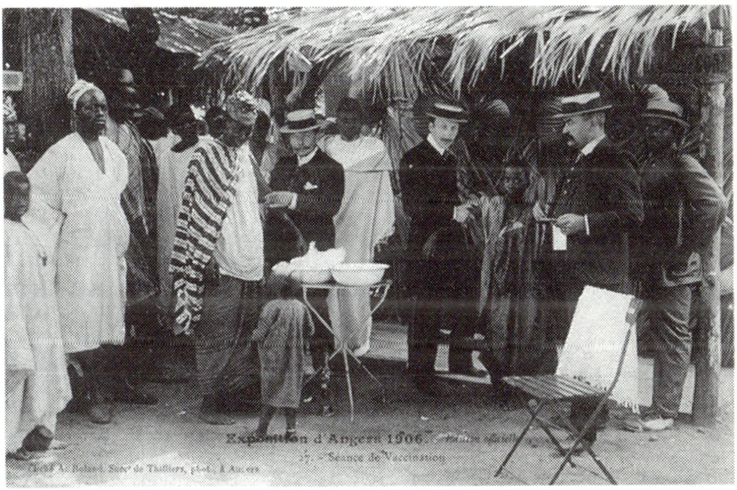

Photo n° 35 - Village noir à Angers. 1906.
La séance de vaccination.

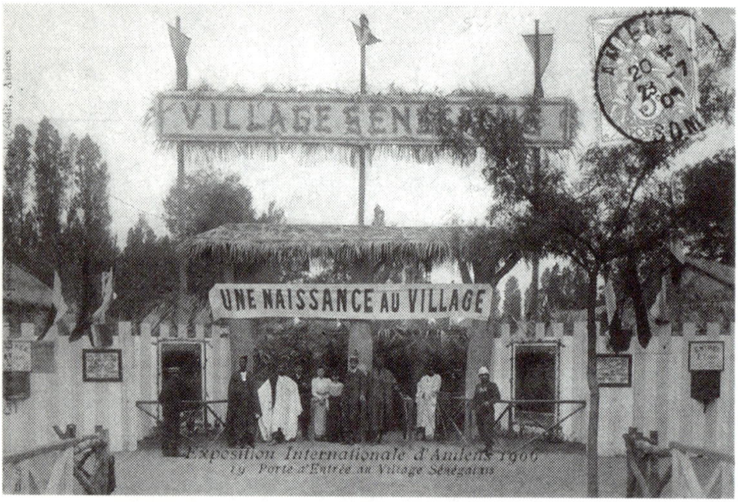

Photo n° 36 - Village sénégalais à Amiens. 1906.
Une naissance au village.

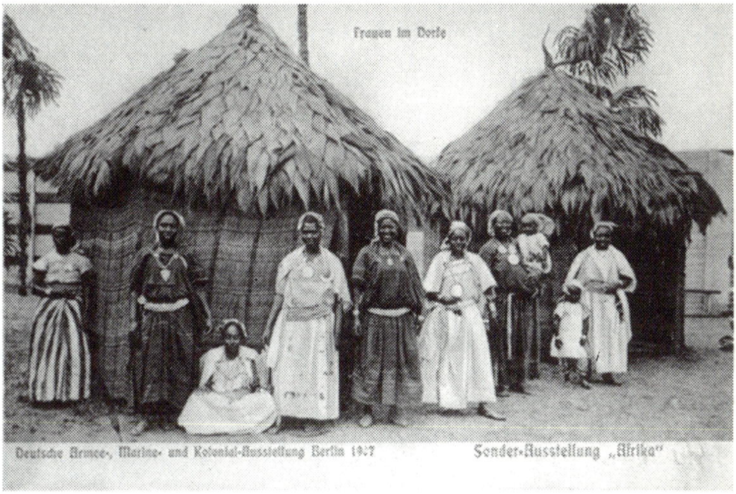

Photo n° 37 - Village noir à Berlin. 1907.

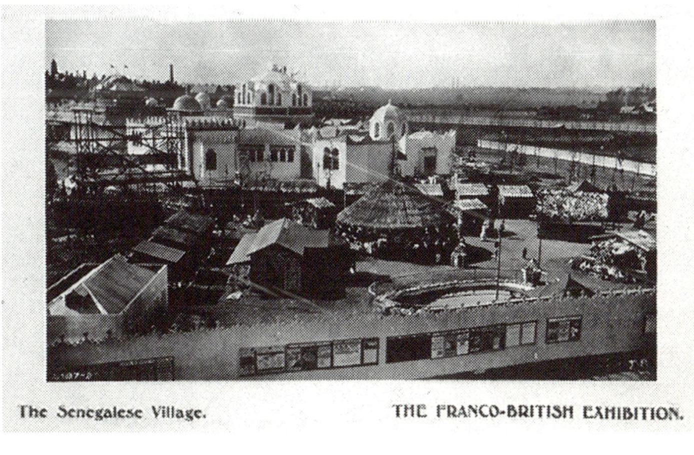

Photo n° 38 - Village noir à Londres. 1908.

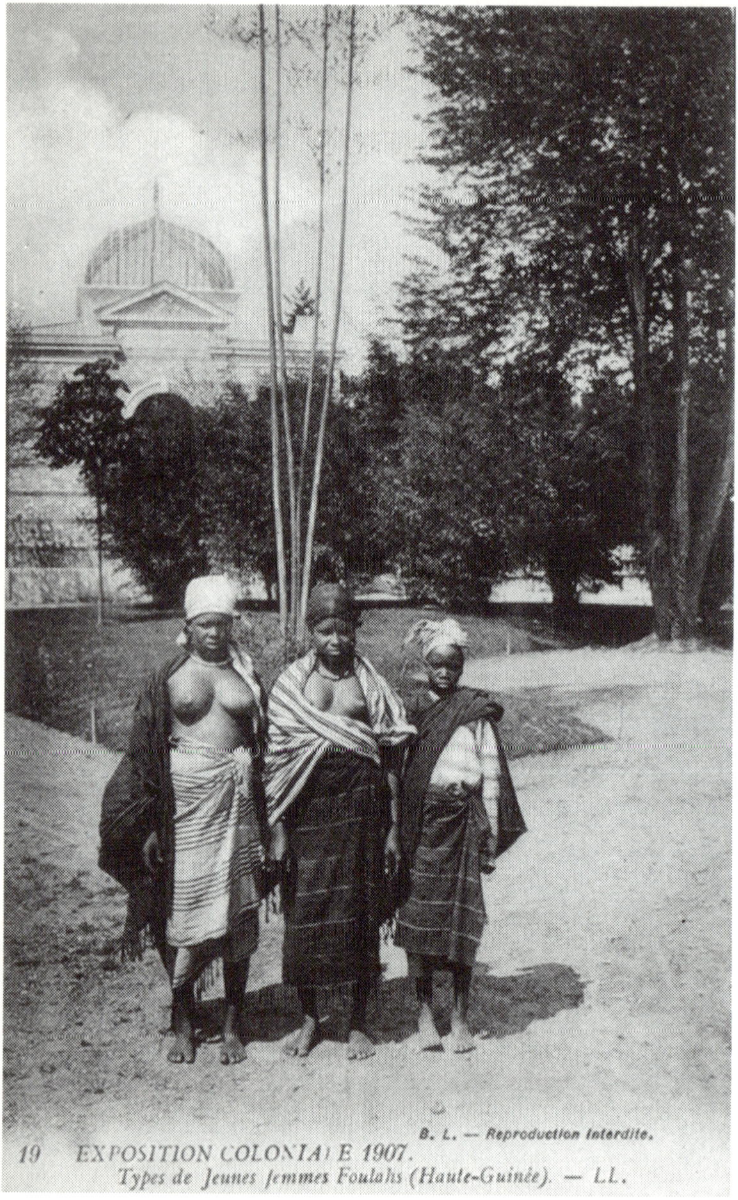

Photo n° 39 - Femmes aux seins dénudés pour la photographie. 1907.

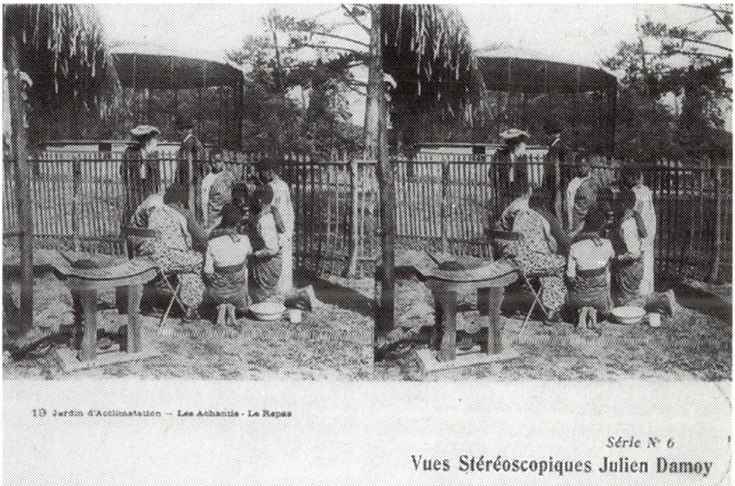

Photo n° 40 - Le repas des Ashantis au jardin d'acclimatation
ou le zoo humain.

Conclusion

Avons-nous suffisamment démontré que la photographie peut être un langage et une écriture ? La suite de notre démarche, et d'autre ouvrages, de nous et d'autres, nous permettront d'avancer dans cette voie. Il a fallu longtemps à la photo pour s'affirmer comme art, même si certains ont fait des photographies à caractère artistique, dès le début. Maintenant, et avec le recul, on peut se rendre compte qu'elle a eu une influence décisive sur l'ensemble des arts au cours de ce siècle. Ce que nous sommes en train de réaliser aussi, c'est son apport scientifique possible. Pour y parvenir, il fallait bien tenter de préciser ce que nous avons appelé à dessein les savoirs de la photographie. Nous l'avons fait parce que nous nous demandons s'il n'y a pas un passage charnière entre l'usage que des savants peuvent faire d'elle en science (la photo comme technique), et celui qui leur permettrait de faire de la science avec elle, de s'exprimer scientifiquement en photographie (la photo comme écriture, langage ou expression scientifiques). Pour y parvenir, il fallait aussi préciser encore et toujours le lien particulier que la photographie entretient avec la réalité et sans se laisser embarquer dans les querelles d'école qui y voient trop de réalité ou qui dénient toute réalité possible. Nous avons été aidé dans cette recherche par le parallèle que nous avons fait entre ce que la photographie fait de la réalité et ce que les sciences humaines elles-mêmes font de la réalité.

S'il y a une dimension autobiographique des sciences humaines, il y a aussi une dimension autobiographique de la photographie, etc… Il se peut qu'après avoir bousculé l'ensemble des arts, la photographie soit amenée à bousculer une partie des sciences humaines. Elle le peut par tout ce qu'elle peut apporter dans la compréhension du regard, de la vision, et cela sur le plan individuel comme sur le plan collectif ; enfin et surtout sur le plan de la pensée visuelle, de la dimension visuelle de la pensée. Freud, dans « *L'interprétation des rêves* »[1], dit ceci : « Pendant la veille, l'esprit se représente et

---

[1] **Freud**. *L'interprétation des rêves*. P.U.F. Edition de 1976, p. 53.

pense en images verbales et en langage ; pendant le rêve, par de véritables images sensorielles ». Nous trouvons cette distinction entre images verbales et images sensorielles tout-à-fait stimulante et généralisable. On peut l'appliquer à la pensée en général, comme à la photographie. Dans la pensée, il y a les images verbales, comme les comparaisons par métaphores, et les images sensorielles pour tenter de visualiser et transmettre des sensations. Et certaines photos sont plus verbales pendant que d'autres sont plus sensorielles.

C'est cette comparaison, ce rapprochement entre images de la pensée, images du rêve et images photographiques qui peut nous permettre de mieux préciser les fonctionnements de la pensée visuelle, du regard et de la vision, sur les plans individuels et collectifs. C'est dans cette direction, parmi d'autres, que nous continuerons de chercher.

Préparant la réunion annuelle de notre association, Anthropologie et Photographie, sur le thème : « Photographie ethnographique et édition : qu'est-ce que les ethnologues font de leurs photos et les publient-ils ? »[2], nous avons eu l'occasion de faire un premier bilan des usages scientifiques de la photographie. En effet, tant qu'à plaider depuis plus de 15 ans pour une approche scientifique de la photo, et pour une reconnaissance de sa capacité à exprimer aussi bien de la science que de l'art, il est intéressant de savoir si cette démarche a un écho.

Nos entretiens avec Jean Malaurie et Claude Lévi-Strauss, pour l'ethnographie, avec Jean Duvignaud et Edgar Morin, pour la sociologie, nos dialogues avec A. M. d'Ans qui nous a incité à constituer plusieurs numéros de l'Ethnographie sur la photo, nous ont conduit, il y a 10 ans, à créer une association spécifique, qui devient un réseau d'inter-relations et qui a des échos aux Etats-Unis (David Sapir et l'université de Charlottesville en Virginie) au Maroc (université de Fès) , ou en Espagne etc… La génération qui nous précède nous a aussi ouvert la voie.

---

[2] La réunion a eu lieu le 29 juin 1999 à la Maison des Cultures du Monde. L'Association a son siège social à l'UFR de Sciences Sociales de l'Université Paris 7 Denis Diderot, place Jussieu à Paris.

Un travail éditorial est à l'œuvre, depuis la création de la collection Terre Humaine jusqu'aux publications plus récentes de la Revue Noire, en passant par un certain nombre de revues comme Gradhiva et Xoana. C. Lévi-Strauss a publié ses photos (cf. infra).

Nos réunions d'étude nous ont amené à rencontrer des collègues plus jeunes cherchant dans la même direction. De même, notre association et nos réunions suscitent des échos qui nous sont transmis sous forme d'envois des publications ou d'annonce d'enseignements dans ces domaines faits à Paris ou en province. Si bien que, pour conclure provisoirement ce premier volume, nous voudrions juste signaler les points de plus forte convergence et les hypothèses les plus stimulantes.

Ce qui nous encourage, personnellement, c'est la confirmation de nombre d'hypothèses et de propositions, ou de constats faits en 1989 et 1990 pour le numéro de l'Ethnographie 109. On voit se dessiner trois étapes correspondant à trois générations de chercheurs : la génération qui me précède ouvre la voie par la publication ; la mienne développe une réflexion qu'elle transmet sous la forme, non seulement de publications, mais encore, et surtout, d'enseignements universitaires et d'expérimentations (comme notre recherche ethnophotographique sur la Goutte d'Or depuis 15 ans) ; notre génération forme donc des chercheurs qui n'hésiteront pas à pousser plus loin les expérimentations et les pratiques, avec une rigueur qui tiendra forcément compte des connaissances et savoirs accumulés et synthétisés.

Une maîtrise accrue et développée de la photographie montre qu'elle a beaucoup d'atouts : elle peut emmagasiner beaucoup de données comme on l'a vu et elle a enfin acquis, par sa valeur de mémoire, de témoignage, d'analyseur, de participer à la construction d'hypothèses de recherche. Mais trop peu de chercheurs osent engager une véritable réflexion scientifique sur elle : c'est pourquoi le réflexe de la majorité d'entre eux, par prudence, est de dire qu'une photo, pour être scientifique, ethnologique par exemple, doit obligatoirement être liée à un discours écrit ou oral. Nous pensons, en fait, qu'il faut directement considérer la photographie comme un fait social ou un fait ethnographique, et non comme sa transcription, son inscription ou sa traduction, et du coup, l'analyser, la commenter ou l'interpréter dans cette optique.

Il y a tout un art, toute une science du montage entre l'écriture et la photographie, et à l'intérieur du discours photographique lui-même. On peut considérer chaque photo comme un fait instantané, avec son et ses sens, puis étudier les changements et variations de ces sens quand on considère un ensemble, un corpus qui monte en un seul ensemble des centaines de ces instantanés et de ces sens. Des fractions de seconde (chaque photo) enchassées dans une temporalité sur dix, quinze ans, voire plus, peuvent permettre de comprendre le lien entre le temps et le sens, et les changements de sens dans le temps.

On peut aussi mettre sur pied progressivement toute une rhétorique spécifique de la photo, aussi bien dans les différents sens qu'elle peut prendre quand elle est insérée dans des séries ou des corpus que pour chaque photo prise en elle-même. C'est pourquoi nous continuerons à essayer de préciser, au fur et à mesure de nos expérimentations pratiques, de nos réflexions théoriques, ou de nos analyses de corpus ou de collections, ce qu'on peut appeler cette rhétorique spécifique, ou encore le langage et l'écriture photographiques.

La photographie a, en effet, une dimension métaphysique car elle aide à préciser et à voir les rapports entre le temps et le sens.

Bibliographie

ARIES Philippe - L'enfant et la vie familiale sous l'Ancien Régime. Ed. Plon, Paris 1960.

ATGET - Paris. Bibliothèque Nationale, Mission du Patrimoine photographique, Musée Carnavalet, Institut Français d'architecture. Présentation de Laure Beaumont-Maillet. Ed. Hazan, Paris 1992.

BALANDIER G. – Afrique ambiguë. Ed. Plon 1957.

BARTHES Roland – La Chambre Claire. Note sur la photographie. Ed. Gallimard, Le Seuil, Cahiers du Cinéma. Paris 1980.

BATAILLE Georges – L'Erotisme. Paris 1957.

BENJAMIN Walter - Essais 1 et 2. Paris 1971
- Petite histoire de la photographie ; L'œuvre d'art à l'époque de sa reproductibilité technique ; in : Sur l'art et la photographie. Ed. Arts et Esthétique, Paris 1997.

BONAPARTE Roland – Photographies. Cf. l'Ethnographie n° 104, 1988.

BOURDIEU Pierre - Un art. moyen. Etude collective, avec L. Boltanski, R. Castel, J.C. Chamboredon. Ed. de Minuit - Essai sur les usages sociaux de la photographie. Paris 1965.
- La distinction, critique sociale du jugement Ed. de Minuit, Paris 1979.

BRASSAÏ - Marcel Proust sous l'empire de la photographie. Ed. Gallimard, Paris 1997.

CARTIER BRESSON Henri – Cartier-Bresson photographe. Paris 1979.

COLLOMB Gérard – Kalina. Des Amérindiens à Paris. Photographies du prince Roland Bonaparte présentées par Gérard Collomb. Ed. Créaphis, Paris 1992.

COLONNA Fanny – Aurès l'Algérie – 1935-36 – Photographies de Thérèse Rivière. Paris 1987.

CONORD Sylvaine – Doctorat sur la photographie comme technique d'investigation.

COUTANCIER Benoît – « Peaux-Rouges ». Autour de la collection anthropologique du Prince Roland Bonaparte. Ed. de l'Albaron, Paris 1992.

CURTIS Edward – Scènes de la vie indienne en Amérique du Nord, Paris 1976 – Photopoche, Paris 1990.

DAENINCKX Didier – Cannibale. Ed. Verdier, 1998.

DAUPHINE Joël - Canaques de la Nouvelle-Calédonie à Paris en 1931. De la case au zoo. Ed. l'Harmattan, 1998.

DEBRAY R. - Vie et mort de l'image en Occident. Ed. Gallimard, 1992
- Cahiers de Médiologie. Ed. Gallimard 1996-97.
- Travail médiologique, 1996.

DERIAZ (LES) – Cinq générations de photographes vaudois. Ed. Stemmle, 1988.

DETAMBEL Régine – Album. Ed. Calman-Lévy, 1995.

DORNIER Sarah – Doctorat sur les albums de famille en milieu paysan.

DUBOIS Philippe – L'acte photographique. Ed. Nathan, Paris 1990.

DUPEREY Annie – Le Voile noir. Ed. Le Seuil, 1992.

DURAND Régis – Le regard pensif. Lieux et objets de la photographie, Paris 1988.

ETRANGES ETRANGERS - Photographie et exotisme, 1850-1910 – Photopoche, Paris 1989.

FLAHERTY Robert – Photographer Film maker – The Inuits 1910-1922, Vancouver 1980.

FRANK Robert – Les Américains. Ed. Delpire, Paris 1985.

FREUND Gisèle – Photographie et Société. Ed. Le Seuil, Paris 1974.

GALA Isabelle - Des sauvages au jardin – Les exhibitions ethnographiques du jardin zoologique d'acclimatation - 1877-1912. Mémoire pour le Musée des Arts et traditions Populaires.

GARAT A.M. – L'Album de famille, 1994.

GARRIGUES Emmanuel – « L'Image photographique », in Internationale de l'Imaginaire, Paris 1987.
- Réflexions sur les photos de Lévi-Strauss, Paris 1989.

Sous la direction de E. GARRIGUES – Photographie et Ethnographie, numéro spécial de l'Ethnographie n° 109, 1991.
- Famille et Photographie, numéro spécial de l'Ethnographie n° 120, 1997.

GAUTRAND Jean-Claude - Les Séebergers. L'aventure de trois frères photographes au début du siècle. Ed. La Manufacture, 1995.

GUIBERT H. - Le seul visage. Ed. de Minuit, 1984.

HALBWACHS Maurice - Les cadres sociaux de la mémoire. Ed. Albin Michel, Paris 1992.

HINE Lewis – Library of Photographers. Ed. Viking, New-York 1974.

KAFKA – Préparatifs de note à la campagne. Ed. Gallimard.

KOUDELKA Josef – Exils, Photocopies, Paris 1988.

LEHNERT & LANDROCK – L'Orient d'un photographe, Paris 1988.

LEIRIS Michel – L'Afrique fantôme. Ed. Gallimard. Paris 1934.

LEITE Miriam Moreina – Portraits de famille. Sâo Paulo 1992.

LÉVI-STRAUSS Claude - Tristes Tropiques. Ed. Plon, Collection Terre Humaine. Paris 1955.
- Saudades do Brasil. Ed. Plon 1994.

LÉVI-STRAUSS Claude et ERIBON Didier – De près et de loin. Ed. Plon, Paris 1988.

LINS de BARROS Miriam Morôes – Album de famille. Rio de Janeiro 1992.

MALINOWSKI Bronislav – Journal d'Ethnographe. Ed. Le Seuil 1986.

MASFERRE Edwardo – People of the Philippine Cordillera – Photographies 1934-1956. Philippines 1988.

MAUREL Christian – L'Exotisme colonial – 150 photographies, Paris 1980.

MEAD Margaret – Mœurs et sexualité en Océanie. Ed. Plon, Paris 1956.

MEAD Margaret et BATESON Gregory – Balinese Character, a photographic analysis New-York 1942.

METRAUX Alfred – Le Vaudou haïtien, Paris 1958.
- Haïti – La terre, les hommes et les dieux – Photographies de Pierre Verger et Alfred Métraux, Neufchâtel 1957.

MILLER Judith – Album Jacques Lacan. Ed. Le Seuil 1991.

MOHOLY NAGY LASZLO – Vision in motion, Chicago 1947.

Nouvelle Histoire de la Photographie. Ed. Bordas 1994, sous la direction de Michel Frizot.

PESSOA Fernando - Le livre de l'intranquillité. Ed. Christian Bourgois, Paris 1988.

PHOTO MAGAZINE – Spécial primitifs. Paris 1990

PROCHASKA David – « L'Algérie imaginaire – Jalons pour une histoire de l'iconographie coloniale ». In Gradhiva, Paris 1990.

LA RECHERCHE PHOTOGRAPHIQUE - N° 8 - La famille. Février 1990.

SANDER August – Hommes du XXème siècle. Ed. du Chêne, Hachette. Paris 1980.

SIMON Claude – L'Herbe. Ed. de Minuit 1966.

SONTAG Suzan – Sur la photographie. Col. 10-18. Paris 1983.

SYLVESTER David – Entretiens avec Francis Bacon. Ed. Skira 1996.

TISSERON S. - Le mystère de La Chambre Claire. Photographie et inconscient. 1996.

TOURNIER A. - Petites proses. Ed. Gallimard, collection Folio, 1988.

VERGER Pierre – Orisha – Les Dieux Yorouba en Afrique et au Nouveau Monde. Ed. A.M. Métailié, Paris 1982.
- Dieux d'Afrique, réédité par La Revue Noire. Paris 1954.

WIAZEMSKY A. – Albums de famille.

La collection de cartes postales de Monsieur Gérard Lévy (inédite) Paris 1998.

Table des Photographies

Nous présentons la table des photographies en indiquant, quand c'est possible, et dans l'ordre de leur apparition dans le livre : le numéro de la photo, son auteur, son titre, sa date.

Les photographies de C. Lévi-Strauss (1935–1939)

La Goutte d'Or

La collection Gérard Levy

Les photos 1 (Roland Bonaparte), 6 (Mission du Cap Horn) et 7 à 18 (C. Lévi-Strauss) font partie de la collection du Musée de l'Homme et de sa photothèque et sont publiées avec son autorisation. Les photos 27 à 40 sont extraites de l'exceptionnelle collection de Gérard Levy.

Table des matières

Collection Champs Visuels
dirigée par Pierre-Jean Benghozi,
Jean-Pierre Esquenazi et Bruno Péquignot

Philippe ORTOLI, *Clint Eastwood, la figure du guerrier*, 1994.
Philippe ORTOLI, *Sergio Leone, une Amérique de légendes*, 1994.
Georges FOVEAU, *Merlin l'Enchanteur, scénariste et scénographe d'Excalibur*, 1995.
Alain WEBER, *Ces films que nous ne verrons jamais*, 1995.
Jean-Pierre ESQUENAZI (e.d), *La télévision et les télespectateurs*, 1995.
Jean-Pierre ESQUENAZI (dir.), *Télévisions, la vérité à construire*, 1995.
J-P. ESQUENAZI, *Le pouvoir d'un média: TF1 et son discours*, 1995.
Joël AUGROS, *L'argent d'Hollywood,* 1996
Eric SCHMULEVITCH, *Réalisme socialiste et cinéma, le cinéma stalinien*, 1996
Georges FOVEAU, *Chasseurs en images, visions d'un monde*, 1996.
Patricia HUBERT-LACOMBE, *Le cinéma français dans la guerre froide*,1946-1956, 1996.
Alain-Alcidre SUDRE, *Dialogues théoriques avec Maya Deren*, 1996.
Andrea SEMPRINI, *Analyser la communication,* 1996.
Khémaïs KHAYATI, *Cinémas arabes, topographie d'une image éclatée*, 1996.
Isabelle PAPIEAU, *La construction des images dans le discours sur la banlieue parisienne,* 1996.
A. BA, *Télévisions, paraboles et démocraties en Afrique Noire*, 1996.
Martine LE COZ, *Dictionnaire Gérard Philipe*, 1996.
Pierre BARBOZA, *Du photographique au numérique. La parenthèse indicielle dans l'histoire des images*, 1996.
Yves THORAVAL, *Regards sur le cinéma égyptien (1895-1975)*, 1997.
Dominique COLOMB, *L'essor de la communication en Chine, publicité et télévision au service de l'économie socialiste de marché*, 1997.
Jean-Pierre ESQUENAZI, *La communication de l'information*, 1997.
Laurent JULLIER, *L'écran post-moderne*, 1997.
Gérard LEBLANC, *Scénarios du réel,* 2 tomes, 1997.
Jean-Paul DESGOUTTE, *L'utopie cinématographique. Essai sur l'image, le regard et le point de vue*, 1997.

Collection Champs Visuels
dirigée par Pierre-Jean Benghozi,
Jean-Pierre Esquenazi et Bruno Péquignot

Michel AZZOPARDI, *Le temps des vamps.1915-1965 (Cinquante ans de sex appeal)*, 1997.
José MOURE, *Vers une esthétique du vide au cinéma*, 1997.
René NOIZET, *Tous les chemins mènent à Hollywood*, 1997.
Eric LE ROY, *Camille de Morlhon, homme de cinéma (1869-1952)*, 1997.
Régis DUBOIS, *Images du Noir dans le cinéma américain blanc (1980-1995)*, 1997.
Ariel SCHWEITZER, *Le cinéma israélien de la modernité*, 1997.
Denis RESERBAT-PLANTEY, *La vidéo dans tous ses états. Dans le secteur de la santé et le secteur social*, 1997.
Pierre-Jean BENGHOZI, C. DELAGE, *Une histoire économique du cinéma français (1895-1995). Regards croisés franco-américains*, 1997.
Gérard CAMY, *Sam Peckinpah*, 1997.
Eric SCHMULEVITCH, *Une décennie de cinéma soviétique en textes (1919-1930). Le système derrière la fable.* 1997.
S. P. ESQUENAZI (dir), *Vertov, l'invention du réel*, 1997.
Marie-Françoise GRANGE, Eric VANDECASTEELE, *Arts plastiques et cinéma, les territoires du passeur,* 1997.
Henri AGEL, *Le beau ténébreux à l'écran*, 1997.
Michel AZZOPARDI, *Massimo Girotti : un acteur aux 100 visages*, 1997.
J. MOTTET, *L'invention de la scène américaine. Cinéma et paysage.* 1998.
Roger ODIN, *L'âge d'or du documentaire*, 2 tomes, 1998.
M.F. GRANGE, E. VANDECASTEELE, *Arts plastiques et cinéma, les territoires du passeur,* 1998.
Jacques WALTER, *Le Téléthon*, 1998.
Pierre GRAS, *Médias et citoyens dans la ville*, 1998.
A. BA, *Les téléspectateurs africains à l'heure des satellites*, 1998.
J.L. DENAT, P. GUINGAMP, *Les tontons flingueurs et les barbouzes,* 1998.
JJ. BOUTAUD, *Sémiotique et communication, du signe au sens,* 1998.
Stéphane CALBO, *Réception télévisuelle et affectivité,* 1998.

Achevé d'imprimer sur les presses de Lavauzelle Graphic
sous le n° 0026010 en février 2000